歴史文化ライブラリー

575

賃金の日本史

仕事と暮らしの一五〇〇年

高島正憲

吉川弘文館

目　次

近世　都市化の進展と職業の多様化

歴史にあらわれた賃金――プロローグ

その日稼ぎの人びと

近世後半の一九世紀前半から半ば頃の世相を描いたとされている『文政年間漫録』に、以下のような庶民の生活にかんする記述がある。

大工が云、一日工料四匁《もんめ》弐分、飯米料一匁二分をうく、但一年三百五十四日の内、正月節句・風雨の阻《なやみ》などにて六十日も休として、二百九十四日に銀一貫五百八十七匁六分なり、夫婦に小児一人の飯米三斛《こく》五斗四升、此代銀三百五十四匁、房賃《たなちん》百廿匁、塩・醤・味噌・油・薪・炭代銀七百目一日銀壱匁九分余なり、道具家具の代百廿匁、衣服の価百廿匁、親属故旧の音信・祭祀仏事の嚫施《しんせ》百匁等、都合一貫五百十四匁許《ばかり》を費《ついや》して、僅に七十三匁六分を余せり、若子二人あるか、又外に厄介あれば終年の工料を尽して以て供給に足ず、何の有余を得て酒色に耽楽《たんらく》することを得んと云う、是工匠の労と産《なりわい》とを勘知《かんち》の大略なり。

（『文政年間漫録』）

これによると、大工が一日働いてもらえる賃金（工料）は銀四匁二分、それに加えて賄い（飯米料）として一匁二分だった。当時は太陰暦だったので一年は三五四日換算となるが、そのうち正月や年中行事、風雨などで働けない日が六〇日あったとすれば、残りの二九四日分を働いて稼げる額、すなわち年間収入は一貫五八七匁六分となる。

（［4.2匁＋1.2匁］×294日＝1,587.6匁）

一方の年間支出は、妻と子供の三人家族なので、米（飯米）三石五斗四升は三五四匁、塩・醤油・味噌・油などの調味料と薪や炭の燃料代で七〇〇匁、住んでいる長屋の家賃（房賃）一二〇匁、道具・家具代一二〇匁、衣服代一二〇匁、親戚や昔なじみとの音信・冠婚葬祭に一〇〇匁、しめて一貫五一四匁となる。

（354匁＋700匁＋120匁＋120匁＋120匁＋100匁＝1,514匁）

年間収入一貫五八七匁六分から、この年間支出を差引いた額は七三匁六分となる。

（1,587.6匁－1,514匁＝73.6匁）

このようにして計算すると、当時の大工の収入は決して多くはないものの何とか繰越し

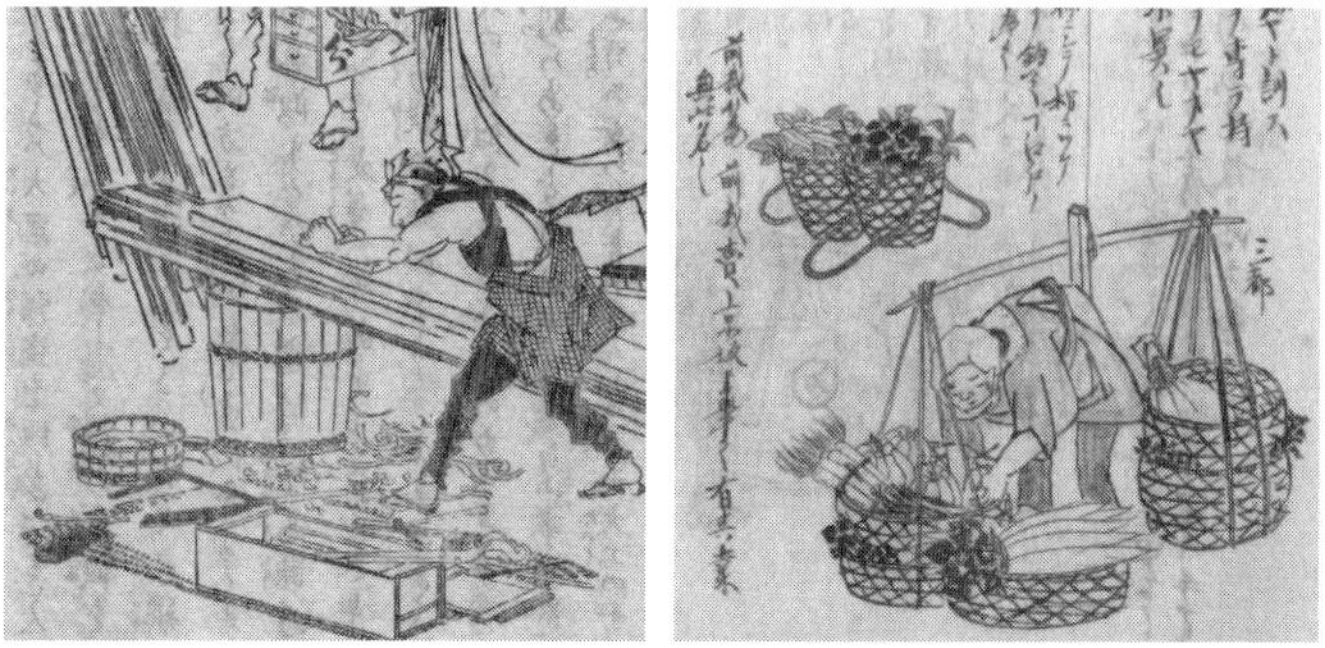

図1　大工（左）と行商人（右）

大工は『主従心得草』（国立公文書館デジタルアーカイブ），行商人は『守貞謾稿』（国立国会図書館デジタルコレクション）より．右の行商人は左右の端に籠がついた竿に商品を入れて売り歩く棒手振と呼ばれた．籠には大根や葱などの野菜類があるので青物売りであることがわかる．

分があったようにみえるが、世の中はそう簡単にはいかない。もし子供が一人増えて二人になったとしたら、もしくは急な支出が別途発生したとすれば、おそらく年中休み無しで働いても家計は赤字になり、酒を飲むようなぜいたくなど到底無理、という話である。

もう一つ、別の町人の生活についても紹介しておこう。

菜籠《ながたま》を担《かたけ》て晨朝《しののめ》に銭六七百を携へ、蔓菁《かぶらな》・大根・蓮根を買、我力の有かぎり肩の痛むも屑《かず》とせず、脚《あし》に信《まか》せて巷を声ふり立、蔓菁めせ、大根はいかに、蓮も候、芋や芋やと呼はりて、日の足もはや西に傾くころ家に還るを見れば、菜籠に一掴《つかみ》はかりの残れるは、明朝の晨炊《あさめし》の儲なるべし、家には妻いぎたなく書寐の夢まだ覚やらず、懐にも幼稚《おさな》き子等二人許《ばかり》も横竪に並臥《ならびふ》したり、夫は我家に入て菜籠かたよせ竈《へつい》に薪さしくべ、財布の紐とき、翌日の本貨を算除、また房賃をば竹筒に納などする頃、妻眼を覚し精米の代はと云、すはとて二百文を擲出《なげだ》し与ふれば、味噌もなし醤もなしと云、亦五十文を与ふ、妻小麻笥《おごけ》を抱て立出るは、精米を買に行なるべし、子供這起て爺々、菓子の代給《たまへ》と云、十二三文を与ふれば、是も外の方へ走出つ、然《しかして》猶残る銭百文余または二百文もあらん、酒の代にや為けん、積て風雨の日に心充にや貯ふるらん、是其日稼の軽き商人の産《なりわい》なり、

（『文政年間漫録』）

これは青物売りの行商人についての記述である。収入は雇主から支払われる賃金ではなく、自身で稼いでいるものである。早朝に銭六〇〇文で蕪菜・大根・蓮根などの商品を仕入れ、日中は肩に負担のある重い天秤をかけながら大声で野菜の名を連呼しながら売り歩き、夕方頃に家に帰る様子が書かれている。妻と子供はまだ昼寝中なのだろうかウトウトしているので、夫が竈に薪を入れて火をつけて、財布の中の売上げから、翌日の仕入代金や家賃を差し引いているところ、ようやく妻が目を覚ます。妻に精米代二〇〇文と調味料代五〇文の買い物代を渡し、さらに子供はお菓子代一二・三文を与えているが（ここで「精米」とあるので都市部では玄米ではなく白米を食べていたことが分かる）、こうして差引す

ると一〇〇文ちょっとか二〇〇文が手許に残ることになる。そこから酒代を出したり、雨など天気が悪く商売ができない日のための貯金をしたりするのである。これが妻と二人の子の四人世帯のその日稼ぎの行商人の姿となっている。

ただし、これはしっかりと貯金ができている者の場合であり、続きに以下のような記述もある。

但是は猶本貨を持し身上なり、是程の本貨も持ぬものは人に借に、暁烏《あけがらす》の声きくより棲鴉《せいう》の声きく迄を期とす、利息は百文に二文とか、三文とか云、一両に二百文の利息、然も一日の期なり、一月に六貫の割と知る、但借人は七百の銭にて一日に一貫二三百文にも売上るゆゑ、七百文の銭に廿一文の利息を除て、其外に五百七十五文の稼あり、依て借も貸も共に利ありて損なし

（『文政年間漫録』）

つまり、お金がない場合は借金をすることになるのだが、この借金は「暁烏《あけがらす》（夜明けに鳴くカラス）の声きく」早朝に借りて「棲鴉《せいう》（ねぐらにつくカラス）の声きく」夕方に返すという一日で期日を区切るもので、利息は一〇〇文に二文か三文、もしくは一両に二〇〇文であることから、日率二～三％の利率であることがわかる。もっとも、七〇〇文を借りて、それをもとに商売すれば一日に一貫二～三〇〇文の売上げがあるので、借りた分の

七〇〇文に利息二一文をつけて返済しても、まだ五七五文も手許に残る。つまり、借りる方も貸す方も損をしない関係であるということになっている。

この大工や棒手振の生活の事例の他にも、武蔵国豊島《としま》郡徳丸村（現在の東京都板橋区）に住む農夫の話として、農家の世帯の収支についての記述もある。詳細は割愛するが、一年間頑張って農作業をして米や野菜をつくっても、年貢・農作物栽培の諸経費・生活費・雇い人への給料・交際費などを差引けば、手許に残るのは金二分か三分ほどで、「風寒暑湿に冒され一二月も怠惰する時は、収穫に損ありて医薬の価に充るに足らず」、つまり病気になって一・二か月働けなくなると農作物の収穫量も減ってしまい、薬を買うこともできないと、生活の辛苦がつづられている。

もっとも、このように描かれた当時の人びとの生活の姿が代表的なものであったかどうかの確証はない。仮にここでとりあげた町人の生活がある程度実態を反映しているといえるのなら、行商人は借金をしてもまだ手許に取り分が残っているように、そこそこの暮らしはできていたかもしれないし、逆に天候に左右されて仕事ができない日もあったり、収入があっても体力的にしんどい仕事であれば年をとってからも同じようにできるとは限らない。かつては近世の百姓が厳しい年貢の取立てや飢饉にさいなまれて貧困にあえいでいたという貧農史観が支配的であった時代もあったが、そうしたイメージはここ二〇年から三〇年ほどの間にずいぶん修正されてきており（佐藤・大石一九九五）、近世半ばからは、百姓らは旺盛な消費意欲を持って主体的により良い生活を求めて行動していたことも指摘されている（平野二〇〇四）。それに、『文政年間漫録』に描かれている世帯の収入と収支はどちらかというと（単純ではあるが）数量モデル的であり、実際の家計にはもっと複雑な側面もあるだろう。とはいえ、いつの世でも庶民の大半は、お金持ちとは違って収入と支出のやりくりで日々苦労していたのかもしれない。

賃金を歴史で考える

このように昔の人びとの賃金にかんするエピソードをみていると、その姿は現代に生きる私たちとそう変わらないようにもみえてくる。もちろん、過去の出来事というものは、それぞれの時代の文化や慣習に規定されているものなので、「過去から学ぶ」といっても、安易に現在との類似点から結論を追い求めるのは良くない。それでも、いま私たちが生きている社会に照らし合わせて歴史をみることによって、遠い過去の出来事をより身近な存在として触れることができるだろうし、歴史の経験からいまの社会を理解することに役立つものを見つけることができるかもしれない。

もう少し具体的に考えるなら、昔の人びとの賃金は高かったのか低かったのか、そして、その賃金は生活していくのに十分だったのかどうかということ、つまり、賃金で生活する人びとの生活水準はどの程度のレベルであったのだろうか。さらにつきつめれば、その賃金の額はどのように決められていたのだろうか、その背景にある社会はどのような社会であったのだろうか、その社会の背景にあったメカニズム、たとえば労働市場はどのように機能し、それは今と同じ論理ではたらいていたものだったのだろうか、興味はつきない。

賃金を分析するということは、見たときの印象や想像するイメージではなく、何らかの賃金にかんする具体的な指標をもちいて生活の質をみるということである。現代社会であれば、最低賃金・平均賃金や世帯収入など、さまざまな数的情報が調査統計の資料として公表されているが、他方、歴史に目をむけると、そうした体系立って整理された形での賃金の情報は時代をさかのぼるほどに存在しなくなっていく。日本において現代のような統計制度が整備されるのは明治時代以降のことであるので、それは致し方のないことだろう。数量データを主に扱う経済史学の分野である数量経済史の研究では、前近代の賃金労働者の代表的存在である大工・職人の労働形態に言及した文献的研究は存在しているが、それでも前近代の賃金そのものを対象としたものはそれほど多くはないのが現状である。

料金受取人払郵便

本郷局承認

6427

差出有効期間
2026年1月
31日まで

郵便はがき

113-8790

東京都文京区本郷7丁目2番8号

吉川弘文館 行

愛読者カード

本書をお買い上げいただきまして、まことにありがとうございました。このハガキを、小社へのご意見またはご注文にご利用下さい。

お買上**書名**

＊本書に関するご感想、ご批判をお聞かせ下さい。

＊出版を希望するテーマ・執筆者名をお聞かせ下さい。

お買上書店名　　区市町　　書店

◆新刊情報はホームページで　https://www.yoshikawa-k.co.jp/

◆ご注文、ご意見については　E-mail:sales@yoshikawa-k.co.jp

ご氏名《ふりがな》		年齢　　歳　　男・女
〒□□□-□□□□ ご住所	電話	
ご職業	所属学会等	
ご購読新聞名	ご購読雑誌名	

今後、吉川弘文館の「新刊案内」等をお送りいたします(年に数回を予定)。
ご承諾いただける方は右の□の中に✓をご記入ください。 □

注文書

月　　日

書　名	定　価	部　数
	円	部
	円	部
	円	部
	円	部
	円	部

配本は、○印を付けた方法にして下さい。

イ．下記書店へ配本して下さい。
（直接書店にお渡し下さい）

（書店・取次帖合印）

書店様へ＝書店帖合印を捺印下さい。

ロ．直接送本して下さい。
代金（書籍代＋送料・代引手数料）は、お届けの際に現品と引換えにお支払下さい。送料・代引手数料は、1回のお届けごとに500円です（いずれも税込）。

＊お急ぎのご注文には電話、FAXをご利用ください。
電話 03−3813−9151（代）
FAX 03−3812−3544

（ご注意）

・この用紙は、機械で処理しますので、金額を記入する際は、枠内にはっきりと記入してください。また、本票を汚したり、折り曲げたりしないでください。

・この用紙は、ゆうちょ銀行又は郵便局の払込機能付きＡＴＭでもご利用いただけます。

・この払込書を、ゆうちょ銀行又は郵便局の渉外員にお預けになるときは、引換えに預り証を必ずお受け取りください。

・ご依頼人様からご提出いただきました払込書に記載されたおところ、おなまえ等は、加入者様に通知されます。

・この受領証は、払込みの証拠となるものですから大切に保管してください。

収入印紙
課税相当額以上
貼　　付

印

この用紙で「本郷」年間購読のお申し込みができます。

◆この申込票に必要事項をご記入の上、記載金額を添えて郵便局でお払込み下さい。

◆「本郷」のご送金は、４年分までとさせて頂きます。

※お客様のご都合で解約される場合は、ご返金いたしかねます。ご了承下さい。

この用紙で書籍のご注文ができます。

◆この申込票の通信欄にご注文の書籍をご記入の上、書籍代金（本体価格＋消費税）に荷造送料を加えた金額をお払込み下さい。

◆荷造送料は、ご注文１回の配送につき500円です。

◆キャンセルやご入金が重複した際のご返金は、送料・手数料を差し引かせて頂く場合があります。

◆入金確認まで約７日かかります。ご諒承下さい。

※現金でお支払いの場合、手数料が加算されます。通帳またはキャッシュカードを利用し口座からお支払いの場合、料金に変更はございません。

※領収証は改めてお送りいたしませんので、予めご諒承下さい。

お問い合わせ　〒113-0033・東京都文京区本郷７－２－８
吉川弘文館　営業部
電話03-3813-9151　FAX03-3812-3544

この場所には、何も記載しないでください。

払込取扱票

02 東京

通常払込料金加入者負担

口座記号番号	金額
00100－5－244	千 百 十 万 千 百 十 円 ※

加入者名　株式会社　吉川弘文館

料金　　備考

各票の※印欄は、ご依頼人において記載してください。

ご依頼人・通信欄

フリガナ
※お名前
郵便番号　　電話
※ご住所
※

〈この用紙で書籍代金ご入金のお客様へ〉
代金引換便、ネット通販ご購入後のご入金の重複が増えておりますので、ご注意ください。

◆「本郷」購読を希望します

購読開始　　号より

1年　1000円（6冊）　3年　2800円（18冊）
2年　2000円（12冊）　4年　3600円（24冊）
（ご希望の購読期間に○印をお付け下さい）

日附印

裏面の注意事項をお読みください。（ゆうちょ銀行）（承認番号東第53889号）

これより下部には何も記入しないでください。

切り取らないでお出しください。

記載事項を訂正した場合は、その箇所に訂正印を押してください。

振替払込請求書兼受領証

口座記号番号　00100－5－244　通常払込料金加入者負担

加入者名　株式会社　吉川弘文館

金額　千 百 十 万 千 百 十 円 ※

ご依頼人　おなまえ ※　　様

料金　　日附印

備考

この受領証は、大切に保管してください。

そもそも前近代の歴史研究、なかでも数量分析を手段として研究する場合、時代がさかのぼればさかのぼるほど、資料に書かれた数的情報の量が少なくなり、その情報としての質についてもそのまま利用できない、という歴史特有の問題に直面する。これは賃金にかかわらず物価や人口、生産といった数的情報をあつかうトピックの歴史研究に共通するものでもあるが、実は、それら物価の変動を観察・分析する物価史や、ある時代の全国人口・都市人口の推計、人口成長を分析する歴史人口学などは、かなり分厚い研究蓄積が存在する。これらの研究分野では歴史資料の質と量の問題をかかえながらも、統計学・経済学のツールをもちいた実証的な研究成果が数多く生まれている。もちろん、経済学方面でも歴史資料にあらわれた賃金にかんする情報をデータベース化して数量的に分析した研究は複数存在しているが、近接分野である物価史研究の充実ぶりに比較すると驚くほど少ない。

何が前近代賃金史の研究を阻んでいるのか

そうなると、問題の所在は別のところにあるといえよう。そこで考えられるもう一つの理由は、前近代社会には、明治時代の近代工場制度の確立によって生まれた「賃金のみによって生計をたてる」労働者という概念があてはめづらいということではないだろうか。たしかに古代・中世には寺社に雇われた大工や都市における単純作業に従事した雑業者の賃金の記録が存在し、近世においても商家・農家の奉公人や豊富な種類の職人の賃金情報を古文書から得ることは可能ではある。しかし、こうした賃金労働者の社会全体に占める人口割合は前近代ではかなり低かった。近世は統計データが存在しないので詳細はわからないが、明治期初頭で有職者における工商業の割合は一〇%、雑業者を入れても二〇%程度であったことを考えると（『現住人口静態ニ関スル統計材料』）、それ以前の時代の賃労働を生業《なりわい》としていた人びとの全人口に占める割合はかなり低かっただろう。

それでも、前近代日本の賃金にかんする数量データをもちいた研究がまったくなかったわけではない。その研究は戦前期にさかのぼることができるが、ここでは、主に戦後の数量経済史による先行研究について、何がどこまで明らかになったのか、そしてどういった課題があるのか、その概略を以下に簡単にみておこう（なお、近年の国内外の近世・近代の賃金史については、斎藤修による一連の賃金研究に詳しく、本書においても参考としている〔斎藤一九九八・二〇〇八〕）。

数量データによる前近代賃金史の挑戦

数量データによる前近代賃金史研究の嚆矢は、一九六〇年代に梅村又次が発表した建築労働者の実質賃金推計である（梅村一九六一）。著者は近代経済成長（Modern Economic Growth）が始まった明治期以降の諸分野にわたる歴史統計を国民経済の計算体系にもとづいて推計・加工した統計書シリーズである『長期経済統計』を大川一司・篠原三代平らと整備したことでも有名な経済学者である。この論文は対象となる時期を一八世紀から二〇世紀までの約二世紀にわたって設定し、近世については三井文庫の保管資料から得られた京都の越後屋呉服店が雇入れ支払った大工・左官・畳屋の賃金の情報を、近代は商工会議所や労働省による調査にかかれた大工・左官・石工・瓦葺工・煉瓦積工などの複数職種の平均賃金をもとに実質賃金の趨勢を概観したものである。その狙いとしては、明治維新が準備されつつあった時代、すなわち近世後半からの物価・賃金を比較して、明治期以降の近代化にともなう資本主義的な経済成長が、それに先立つ近世の実質賃金をどれほど改善させることができたのかを検討することとしている。その結果、建設労働者の実質賃金は近世後半から幕末にかけて下降していったが、維新期以降は改善し、第一次大戦期までその着実な上昇を維持したことを明らかにした（図2・A）。

また、梅村論文の翌年には、佐野陽子による前近代から近代にかけての賃金推計が発表された（佐野一九六二）。ここで利用された資料は、戦前期に金融研究会が編纂した『我国商品相場統計表』に集録された江戸・東京の一九世紀前半から後半にかけての約一〇〇年間の物価・職人賃金で、その大部分を当時の東京商法会議所（現在の東京商工会議所）会頭であった渋沢栄一が収集した膨大な物価・賃金資料に依拠したものである。興味深いのは、同時期の実質賃金系列であるにもかかわらず、先に発表された梅村系列とは違った実

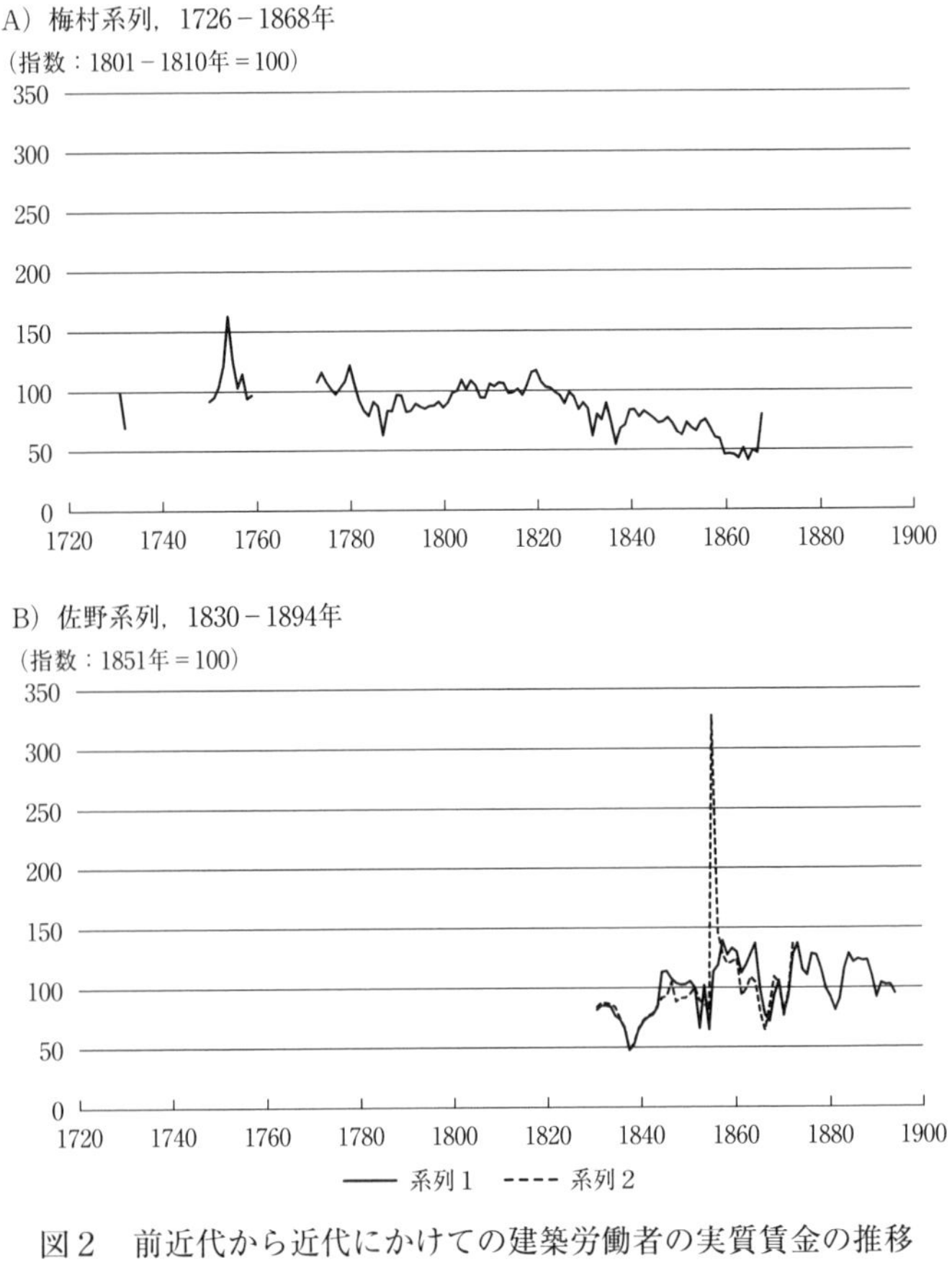

図2　前近代から近代にかけての建築労働者の実質賃金の推移

梅村（1961），佐野（1962）より作成．それぞれ期間および基準年を100とした指数にてあらわしている．基準年は違うがトレンドをみる上での参考として縦軸の上限および横軸の期間を統一している．梅村系列については1880－1958年までの系列があるが，佐野系列との比較をあらわすグラフにしたため，1868年までとしている．

質賃金の推移となっていることであろう（図2・B）。また、渋沢栄一の収集資料の別データを利用してもう一つの系列を作成しているが、それがまた違った動きを見せており、特に一九世紀半ばの急激な上昇は違和感を覚えることだろう（この理由については、後ほど近世を取りあつかう章で説明するので、記憶の片隅にとどめておいてもらいたい）。

全体的な傾向としては、幕末期にかけて実質賃金が低下傾向をみせた梅村系列とは対照的に、佐野系列は上昇傾向をみせている。これは、梅村系列が京都の職人賃金であったのに対して、佐野系列は江戸・東京の系列であったこと、また梅村系列が利用した三井文庫の資料にある職人は三井家のお抱え職人であったため、そのベースの上昇の動きは市場の動向よりも後れた可能性があったことが考えられる。

なお、ここで出てくる「実質賃金」という概念だが、これと対になる概念として「名目賃金」がある。たとえば、サラリーマンがこれまで毎月二〇万円の給料をもらっていたのが、景気が良くなったので、ある月から給料が四〇万円に上がったとしよう（そんな気前の良い会社があるのかは別問題としてだが）。たしかに額面上は給料が二倍になっているので、これまでの二倍の買い物ができるかもしれないが、仮に世の中の物価も二倍になっていると、買い物できる量はそのままである。その逆に、給料は二〇万円のままなのに、物価が二倍になってしまうと、買い物できる量はこれまでの半分となり、生活は当然苦しくなる。ここでの給料の増減というのはあくまでも額面上、すなわち名目上の増減になるので、実際に受け取った給料そのものは名目賃金ということである。そして、その給料が実際の物価を反映した状態でどれだけ買い物ができるか、いいかえれば給料で購入できる買い物の量、もしくは購買力をあらわしたものが実質賃金ということになる。概念としてはお金の額というよりは、何らかの基準となるもの、すなわち指標・指数とみるべきものだろう。また、この買い物には物品の購入だけでなくサービスを受けとることも含まれる。つきつめれば、人びとの生活水準の状態を知る手がかりとなるのである。

実質賃金は、名目賃金を消費者物価指数で除することによって計算される。消費者物価指数とは、消費者が購入するさまざまな商品やサービスの小売価格の変化を測定したものである。経済学では、この消費者物価指数で除することを通常「デフレート」するという。梅村系列および佐野系列の実質賃金も、資料に書かれた名目賃金を白米・味噌などの生活に必要な各種の小売品をもとに算出した物価指数でデフレートして導きだしたものである（ただし、この場合の生活水準とは、購買力の水準という意味に限定されることには留意は必要である）。

この幕末維新期をはさんだ実質賃金の趨勢をみたとき、経済学者が近世から戦後まもない時期までの長期の実質賃金を推計した意味がわかってくるだろう。すなわち、賃金を指標とした生活水準が前近代から近代・現代でどのように変化したのかというフィルターを通すことでみえてくる、その背景にあった前近代から近代へと大きく変わった日本の経済社会の原動力をみようとした、あるいは日本の近代経済成長そのものへの強い関心があったということである。

なぜ歴史上の賃金を分析するのか

しかし、賃金で測る生活水準の歴史は、そのように近代化を前提としたものだけで語ることのできるものでもないのも事実であろう。実質賃金の計測だけでなく数量的な分析手法をとる歴史研究は、どちらかというと数量モデル的であり、そこで描かれるのはあくまでも仮想的に考案された労働者の賃金であり、実際の歴史では、さまざまな地域や時期によって、さまざまな要因で賃金の高低が当然存在しており、その労働をした人は独身であったり、家族がいたりすることも考えれば、単純化することへの危険性は無視できない。賃金だけでなく、家族・世帯、労働市場などさまざまな要因をみる必要もある。そのための議論としては、近世という前近代社会での人びとの生業としての労働が、明治期以降の近代社会における賃労働へと構造的な変容を経験したことをどのように評価するのか、という視点が求められてくる。

梅村推計および佐野推計以降も、こうした問題関心から前近代の賃金史の研究は進められ、近年では、単純な賃金（もしくは実質賃金やそれにもとづく生活水準の指標）という数値についての数量的な変遷ではなく、賃金と労働を生み出す労働市場とそれを生み出した市場と制度についての歴史的な分析という視点に到達している。もう少し具体的にいえば、農業や商工業をいとなむ人びとはどのような生活行動をしていたのかということに着目した、賃金データを軸に職業構造や家族構造、労働市場、労働時間・余暇時間などの幅広い観点からの生活経済の歴史的分析ということになる。つきつめれば、常に姿をかえる社会経済の大きな時間軸のうねりに対して人びとがどのように反応していたかを、長期の時系列として観察することによって分析するともいえるだろう。

ところで、ここまで近世・近代の賃金の数量分析について説明してきたが、さらに時代をさかのぼって古代・中世の文書資料から賃金・物価にかんする数的情報を集めて何とかデータ化することは可能であろうか。

古代・中世にまでさかのぼることができるのか

実は、古代・中世の資料における数的情報量はデータ分析をするにあたって決して少なくはない。たしかに中世は日本列島が実質的には分権的に支配されていたという中央集権国家不在の時代なので、全国情報を網羅したような明治時代以降の統計資料は存在しないが、各地の荘園支配領主であった寺院・神社の経営文書が存在している。それら寺社は主に京都に本拠を構えていたのだが、その建物建築の際に雇った大工などの職人の賃金にかんする情報は思いのほか豊富である。また、古代は中央集権国家の建設をめざした律令国家が存在しており、断片的ではあるが、律令国家の官人たちや平城京・平安京での寺院建設に従事した人たちの賃金についての情報を得ることが可能である。

もっとも、すべてにおいて満足のいくデータが直接資料から入手できるわけではないが、古代・中世の個々の賃金資料を可能なかぎり収集して時系列データとして組み立てれば、何とか賃金の数量的分析はできなくはない。実際、これまでも文献史学の分野では奈良の正倉院文書に残る物価・賃金の情報を利用した研究はなされており、多くの経済的事象が明らかになっている。また、数量経済史の分野でも、そうしたデータ分析が困難な時代についても入手可能な情報からデータベースを構築して経済学的な分析を試みる研究も発表されてきている。

本書でやりたいこと

前置きが長くなってしまったが、本書ではいくつかの課題を設定したい。

一つは、これまでに述べてきたように、賃金データの歴史的研究をさらに古代・中世についても考えてみることである。もちろん、先にも述べたように歴史学における分厚い研究蓄積があるので、本書ではそうした知見にもとづいて、かつもう少し数量的な分析にシフトして賃金の歴史を考えてみたい。

そして、その古代・中世にまで延伸した数量的な賃金研究を、近世との連続性で俯瞰してみたい。これまでの研究は、近世なら三井文庫、近代以降は統計調査資料というように、整理された資料からの数的情報の取得が可能な時代の分析が中心となっており、ある特定の時代や地域ごとに分けてそれぞれ個別に分析にされてもいたものが多い。それらをつなげて長期的にみた場合、どのような発見があるのだろうか？

また、これから本書のいたるところで説明することになるが、賃金データを利用して数量分析することの意義とその方法論についても考えてみたい。特に実質賃金の妥当性については いまだ議論の俎上にあるといってよく、こうした課題に近年の数量経済史がどのように取り組んでいるのかについても、現在進行中のものではあるが、現時点での解釈とその展望について紹介したい。

ただ、本書での議論の中心となる「推計」とは、その計測された結果が絶対で永遠のものではないということに注意しておいてほしい。歴史研究というものは常に議論を重ねて深化していくものであるが、数量経済史も概念としては同じである。推計結果とは、研究された時点で、その研究が利用可能な資料・データと考えうる推計方法によって導き出されたものである。そして提示された結果が議論され、新たな問題関心や分析方法が生まれ、ときには新資料が発掘され、そして新しい推計が誕生していくのである。

そのように考えれば、あらゆる歴史的な研究手法の中から数量的アプローチによる分析を選択することの意味は、その研究結果がこれまでの先行研究の成果に比較して——この場合、先行研究の多くは文献中心で定性的なものとなるが、経済学寄りで定量的なものに対しても——どのように位置づけることができるのかを探り、新たな議論の場を提供することにあるのではないだろうか。

そこで本書では、いま一度、原点に立ち返って、データそのものを軸とした数量的なアプローチで賃金の歴史に挑んでみたい。そして、特定の時代にこだわらずに、古代から近代初頭までをまたぐ超長期の賃金データを活用した賃金史の試みをしたい。当然、対象とする期間が長くなるので、文献・数量を問わず、これまでの先行研究の成果も幅広く援用することになるだろうし、その時代時代を象徴するようなエピソードを資料そのものに「語らせる」ことで紹介することも必要だろう。なぜなら、当時の資料に書かれたそのままの文章が、その資料の書かれた時代の空気を最も色濃くにじませていると考えるからである。

近年の経済史研究における数量志向的ともいえるアプローチは、かつての実質賃金の分析への賛否を含む議論を惹起させなくもない。その意味では本書での試みは「新しくて古い」ものなのかもしれない。

なお、日本の歴史上さまざまな職業や商売がみられるが、本書では賃金データにかんしては——特に中世以降の時代では——大工・鍛冶のような職人および日雇の都市雑業者を中心に定量的な分析をしている。これは時系列分析としてある程度まとまった賃金の数的情報がもっともよく残っているのがこれらの職業だからである。逆にいえば、それ以外の職業についてはは情報がまったくないわけではないが、データ構築するほどまでは観測数が揃っていないことを、あらかじめおことわりしておく。結果として職人の賃金の歴史が中心となっているのはこうした事情があったためである。職人といってもその定義は広いが、ここでは特定の技術によって加工生産をして手間賃を得る独立した手工業者を職人としてあつかう。また、説明の流れで、職人・日雇および雑業者をそれぞれ「熟練」（skilled）・「非熟練」（unskilled）の労働者とみなして表現している。

本書のテーマである「賃金」についても、労働への対価として働いた者が受け取る報酬はすべて「賃金」で統一している。近代以降のある時期までは「賃銀」という表記が主流であったが、政府の公文書や調査書には早い段階から「賃金」も使われていた。本書が主に対象としている前近代でも「賃銀」「作料」「手間賃」など、呼称の幅が広いだけでなく言葉のもつ意味についての違いもあるが、それらは本文中で必要に応じて説明する。文献や記録など分析に必要な材料をあらわす「資料」については、歴史学研究で用いられる「史料」との違いを厳密に区分することによる混乱を避けるため、すべて「資料」と表現している。

（本書は日本学術振興会科学研究費補助金・若手研究「前近代日本の長期賃金データの数量的分析、8－19世紀」（課題番号19K13755）の成果の一部である）

古代　日本の賃金のはじまり

神話と貨幣

神話のなかの労働者

序章でみたように、本書では古代からの賃金の歴史をたどることになるが、そもそも日本において働いた者へその労働の対価として何らかの物品を渡すという、いわゆる「賃金」というものの原型なるものは、いつ、どのように誕生したのだろうか？

まず、神話の世界からみていこう。

是歳、弓月君《ゆづきのきみ》自百済《くだら》来帰、因以奏之曰、臣領己国之人夫百二十県而帰化。然因新羅《しらぎ》人之拒、皆留加羅《から》国。爰遣葛城襲津彦《かずらぎのそつひこ》、而召弓月之人夫於加羅（後略）

（この年、百済から弓月君がやってきた。奏上して、「私は私の国の一二〇県の人びとを連れてきてやってきました。しかし、新羅人がこれを邪魔するので、皆、加羅国にとどまっ

ています」と言った。そこで葛城襲津彦を遣わして、弓月の人びとを加羅国によんだ

（『日本書紀』応神天皇一四年春二月条）

この記述では、百済から弓月君がたくさんの百済人を率いて日本に来たとある（実際は、三年たっても襲津彦が帰ってこないので、平群《へぐりの》木菟宿禰《つくのすくね》ら兵を遣わして、やっと弓月の民が来たとなっている）。加羅とは伽耶《かや》ともいわれる朝鮮半島の南部にあった小国群の総称で、地理的には百済・新羅の両国に隣接していた。弓月君は日本に土木や養蚕などの技術を伝えた秦氏《はたうじ》の先祖ともいわれている。同様の記述は他にも確認され、「倭漢直《やまとのあやのあたい》祖阿知使主《あちのおみ》、其子都加使主《つかのおみ》、並率己之党類十七県而来帰焉（倭漢直の先祖の祖阿知使主が、その子の都加使主、並びに十七県の自分の輩を連れてやってきた）」（『日本書紀』応神天皇二〇年秋九月条）とあり、その系譜の渡来人は製鉄・土木技術などをもたらしたとされている。

応神天皇の在位および、その歴史的事実の検証については諸説があるが、仮に応神天皇の時代が五―六世紀頃とすれば、いまから一五〇〇年ほど昔の時代に、大陸や朝鮮半島から人びとが海をこえて日本に移住してきたということになる。こうした大陸からの移住者は渡来人と呼ばれ、それぞれに大陸で培われた先進的な知識や技術を古代日本にもたらし、その後の日本の国造りに大きく貢献したとされている。海外からの渡来人の移住は、専門技術労働者の受入れでもあった。当時の日本は、すでに統一された中国や、高句麗《こうくり》・百

済・新羅《しらぎ》の三国が並立していた朝鮮半島とは違い、東アジア世界のなかで、ようやく国のかたちをつくり始めたばかりであった。そんな古代日本にとって、最先端の文明国であった大陸諸国から得られるものは何でもほしかったことは想像に難くない。

日本にむかえられた渡来人たちがもっていた技術・知識はさまざまなものであった。それは、土器、製鉄、養蚕、学問、医学などで、彼らはその技術をもとにした専門職集団としてそれぞれの地域に集住した。それら渡来人村の名残はいまでも地名に確認することができる。たとえば、現在の京都市右京区や大阪府寝屋川市にある太秦《うずまさ》という地名は、先にも出てきた秦氏という養蚕・土木技術などをもった渡来人たちが住んでいたことに由来する。ほかにも、畜産業を生業とする渡来人たちの村もあり、現在の大阪市の東成区から生野区付近にある「猪飼野《いかいの》」という地名は、豚（猪）を飼育する技術をもっていた百済人が集住していたことから付けられている（なお、行政上の地名としては一九七三年に消滅している）。

このように、日本古代の草創期の時点で、人びとが専門的な技術・知識を生業に活かしていたことを記録からうかがい知ることはできる。もちろん、大陸からの技術導入以前にも、そうした類いの労働は存在していたであろうし、専門的でなくとも一般的な肉体労働や雑業者は、おそらく人びとが稲作をはじめ集団で住みだした頃からあっただろう。そうした労働は無償もしくは強制的な労働であったかもしれないし、そうでなかったかもしれない。この時代に一般に広く流通する貨幣というものが日本国内に存在していたかどうかははっきりとはわからない。また、資料中にもこの時期に労働者に何かしらの対価を支払ったという記録は存在していないようである。

実態として労働に対して賃金が明示的に支払われた日本での最初の公的記録は、正倉院に保管されている古代の公文書記録に書かれたものであるが、その前に、その労働に対して支払われた賃金の尺度をあらわす貨幣について、その誕生の経緯についても触れておく必要がある。

貨幣の誕生

賃金を語る上で貨幣の問題は避けて通れないものである。確かに貨幣とは、先にも説明したように、賃金の名目価値をあらわすものだけでなく、実質価値を計測する際の単位として有用であるのも理由の一つである。しかし、それだけではない。貨幣はその発生の初期段階においては鋳造貨幣ではなく現物貨幣であったことはよく知られているが、日本の前近代社会では長い間、鋳造と現物の両貨幣が併存していた古代や、再び鋳造貨幣から現物貨幣に再シフトしたり、種類も額面も同じ価値である鋳造貨幣でも磨滅・破損といった物質的状態の違いによって価値が違った中世のような時代があった。そうした貨幣の形態および価値の違いや変化は、つまるところ貨幣を使用する当時の人びとの、貨幣を貨幣たらしめていた意識の違いや変化に求められるからである。その概念の背景を知る手がかりとして貨幣誕生の過程をみておこう。

そもそも日本に限らず貨幣はどのように誕生したのだろうか。現在、広く通説として認知されているものは、貨幣が交換のための道具として生まれたという考え方である。この場合、貨幣が生まれる以前の社会では、取引というものはモノとモノの物々交換というかたちでなされていたということになる。ただし、この物々交換は、取引をする当事者の間で、それぞれが所有するものはお互いに必要とするものでなければならない状況が前提となる。これを「欲求の二重の一致（double coincidence of wants）」というが、実際の社会でそのような状況は頻繁に起こるとも限らないので、交換という行為の場はかなり小さいものとならざるをえない。こうした物々交換における制約を取り除くために何らかの媒介物、すなわち貨幣が生まれることとなる。

こうした貨幣の起源を物々交換における制約の解消に求める考え方は、ジョン・ロー、アダム・スミスやカール・マルクスをはじめ多くの経済学者らによって議論されてきた。その前提として、貨幣が誕生する以前の社会が物々交換による経済であったこと、そしてその物々交換の困難の克服のために貨幣が自然発生的に生まれたとする「歴史的事実」を想定していること、つまり貨幣自生説となっていることに気づく。

もちろん、貨幣の誕生については別の考え方も存在する。たとえば、古代ギリシャのアリストテレスは、貨幣は社会を構成する人びとの申合せによって人為的に作られたのだと主張した。これは最も古い貨幣論の一つでもある（古川二〇二〇）。近年では、貨幣の起源を負債や信用という概念に求めるという考え方もある（グレーバー二〇一一）。たとえば、ある人がある人へ欲しがっているモノを贈与すると、贈与された側の人は贈与してくれた人に対して何らかの「借り」をつくったこと、すなわち負債もしくは負債感のようなものが生まれ、よっぽどの傲慢な人間でなければ、遅かれ早かれ何らかの返礼をするはずである。つまり、モノの贈与と返礼という互いの交換の場が設定され、そこに生まれた負債という概念こそが貨幣のはじまりということになる。このとき、返礼は贈与の後に時間差をともなって発生するイベントになるが、ここでは負債というものは感覚的な「負債感」というべきもので、それを表象するために具体的に生まれたものが貨幣ということになる（飯田二〇一三）。実際に、贈与と返礼による交換が前近代の世界のさまざまな地域であったことは歴史的にも確認されている（モース一九二五）。ただし、この場合は「負債は返済すべきもの」という道徳的観念を人びとが共有しているという前提にたっていることが鍵となる。また、ある社会の誰かが他の誰かに負った債務（ここではモノだけでなく、債権者の権利も含まれる）は、その保有者によって別の第三者への支払いに使われることも、貨幣の概念にあてはまることになる。

本書では貨幣論そのものに踏み込むことはしないので、貨幣のはじまりについて、どれかの説を積極的に支持することはしない。実際、歴史上においては貨幣というものの使われ方や概念に多様性を確認できるからである（鎮目二〇二一）。ただ、少なくとも貨幣は、その時代その時代において必要とされる貨幣としての地位を獲得していたというのは事実である。つまり、価値の交換もしくは負債の証明などとして何かしらのモノが利用され、それが貨幣として機能することになったという歴史上に観察された出来事であることは間違いない。その意味では、人びとが貨幣を貨幣として用いていることが、貨幣が貨幣である所以となっている、ということになる（岩井一九九八）。

古代の日本では、頴稲《えいとう》（穂首で刈り取って稲穂が付いた状態の稲）や布といった現物が貨幣として流通していたようであるが、中国の史書に「国出鉄、韓《かん》・濊《わい》・倭《わ》、皆従取之、諸市買皆用鉄、如中国用銭、又以供給二郡（〈弁辰の〉国では鉄が産出され、韓・濊・倭の人びとは皆この鉄を取っている。さまざまな商取引に皆この鉄を用い、それは中国で銅銭を用いるのと同じである。また、この鉄は帯方・楽浪の二郡にも供給されている）」（『魏志』東夷伝・弁辰条）という記述があり、対馬・壱岐の倭人たちは、中国人が銭を使うかのように鉄を使って物を買っていたとある。ここに出てくる鉄とは斧状鉄板や鉄鋌《てってい》のことである（図3）。

これらの鉄製品の用途については、鉄素材そのもの、もしくは権威をあらわす宝物として利用されたなどの諸説があるが、日本列島で鉄の生産がはじまる五世紀末まで、朝鮮半島からの交易によって得た鉄が貨幣として利用されていた可能性も指摘されている（東二〇一二）。

貨幣は、列島内で上記のような経緯で生まれたのか、それとも大陸・朝鮮半島にあった貨幣という概念が列島に渡ったものなのか、どちらなのかは断定することはできない。ただし、先の『魏志』の記述にもあったように、人びとは古墳時代の数世紀のあいだに、列島全域ではないにしても、鉄などの金属、頴稲や布といった現物を貨幣的なものとして利用していたのは確かであろう。

図３　鉄鋌（宮内庁書陵部蔵）
奈良県宇和奈辺陵墓参考地の旧陪冢ろ号からの出土品．鉄鋌は，朝鮮半島で製作されたものと考えられているが，交易によって日本に持ち込まれた．この陪冢からは鉄鋌282点，小鉄鋌590点が出土しており，畿内を中心に他の考古遺跡からも多数の鉄鋌が出土している．

鋳造貨幣のはじまり

列島における鋳造貨幣にかんする国内文献で最古のものは『日本書紀』顕宗《けんぞう》天皇二年一〇月癸亥条にある「冬十月戊午朔癸亥、宴群臣、是時天下安平、民無徭役、歳比登稔、百姓殷富、稲《いね》斛《ひとさか》銀《しろかねの》銭《ぜに》一文、馬被野（冬十月六日、群臣と宴を開いた。この時、天下は平安で、人びとは徭役に使われることもなかった。穀物はよく稔り、百姓は富み栄えた。稲は一石が銀銭一文で買うことができた。牛馬は野にはびこるほど多くなった）」という記述である。ここにあらわれた「稲斛銀銭一文」というのが銀銭のことであるが、この顕宗天皇の在位時期を現在に西暦にあてはめると西暦四八六年となり、その史実としての評価については確定することはできない。また、中国の史書に「是年天下安平、人無徭役、歳比登稔、粟斛三十、牛羊被野」（『後漢書明帝記』）という極めて近い記述があることから、これに拠ったものではないかと考えられる。

確実に存在したと考えられる鋳造貨幣は、七世紀半ば頃に作られた無文銀銭（定量に重量調整された地金の銀）である（今村二〇一五）。この無文銀銭とは、中央に小さな孔があいた文字のない銀貨で、重さを調節するために銀片を貼り付けたものや、円形や田の字方などの記号や文字が刻印されたものもあり、種類も統一されたものではなく、後の時代の銅貨とはずいぶんイメージの違うものである。無文銀銭は畿内を中心に遺跡からの出土例があるが、実際にどの程度流通したかは不明である。当時の列島内での銀そのものが希少な状況では、頴稲や布といった現物貨幣にとって代わることはなかったと考える方が自然かもしれない。ただし、弥生時代から古墳時代にかけて、大陸からの貨幣が銅や鉄の鋳造技術とともに列島へ入ってきており、そうした大陸由来の銭やそれを模倣した銭が交易に利用されていた可能性もまったく否定はできない（日本銀行調査局編一九七二）。

この時期、日本はそれまでの大王《おおきみ》を首長とした有力氏族の連合勢力であるヤマト王権が、大化改新をへて唐の律令制（刑法である律と、行政法・民事法などをつかさどる令からなる法典にもとづいた統治制度）にならった中央集権の国づくりを進めていた。そうした「日本」という国家が意識されていくなかで、権威の象徴としての役割も貨幣は担っていた。『日本書紀』天武一二年（六八三）四月壬申条に「自今以後、必用銅銭莫用銀銭（今後は必ず銅銭を用いよ。銀銭を用いてはいけない）」と、銀銭ではなく銅銭の利用を進める詔がある。また、『日本書紀』持統八年（六四二）三月乙酉条、『続日本紀《しょくにほんぎ》』文武三年（六九九）一二月庚子条にも、銭貨をつくるための鋳銭司《じゅせんし》が設置されたという記録を確認することができる。一九九八年（平成八）には奈良県飛鳥池遺跡から富本銭が鋳型などのさまざまな鋳造用語とともに出土しており、七世紀後半には金属貨幣がつくられていたことは確かである。

『続日本紀』和銅元年（七〇八）二月五月甲戌条に「始置催鋳銭司（はじめて催鋳銭司をおいた）」、同年五月壬寅条に「始行銀銭（はじめて銀銭を使用させた）」、同年八月己巳条に「始行銅銭（はじめて銅銭を使用させた）」と、貨幣の鋳造が行われたとある。この貨幣が国内で初めて広範囲に流通したとされる和同開弥《わどうかいちん》である。資料にもあるように、当初は銀銭・銅銭が発行されていたが、発行から一年ほどで銀銭の使用は廃止され、銅銭に一本化されている。

和同開弥がつくられた背景として、発行の数ヶ月前に武蔵国秩父郡（現在の埼玉県秩父市）から銅が献上され、元号が慶雲から和銅に改元されたことに関連づけることもできなくはないが、実際には、律令国家をめぐる当時の社会経済の状況をみた方が理解しやすいかもしれない。まず、政治的な側面として、貨幣の鋳造・発行・流通の機能を独占することで、中央集権国家としての律令国家を示す必要があったことがあげられる。七世紀後半から八世紀初頭にかけて、ヤマト王権から律令国家へと国家体制を整備するなかで、貨幣を発行することは、すなわち国家の権威の象徴でもあった。

次に、律令国家の財政事情という側面も考えられる。和銅三年（七一〇）に藤原京から平城京への遷都がなされたが、その時点での平城京は建設の途上であり、都の造営や国家事業としての寺院建設など、大量の建築用物資や労働者への労賃が必要とされており、そうした諸費用の支払い手段に貨幣が用いられたのである。また、貨幣の発行による律令国家の収入も見逃せない要素である。というのも、当時、標準的な銅の単位である一斤（約六〇〇グラム）の値段は銅銭五四枚であったが、その銅一斤を原材料として見た場合は一六〇枚以上の銅銭をつくることができた（井上二〇二二）。単純計算で考えれば、銅銭一枚で購入可能な原料としての銅に換算すれば三枚以上の銅銭がつくれることになり、その発行収入からくる利益は、膨張する律令国家の建設には魅力的なものであっただろう。国家が発行する貨幣は、銀銭のような原材料価値と貨幣の価値が同等である商品貨幣ではなく、原材料以上の価値をもつ名目貨幣であり、そこに国家財政に収益をもたらすシステムがあった。

もっとも、一地方の銅の産出によって元号が変わるほどのインパクトがあったということは、逆に考えれば、銅の供給量がそれほど安定していない可能性も考えられ、事実、国家による銭貨の発行にもかかわらず、地方においては税収入が穎稲であったことから、銭貨の流通は平城京および畿内に限定されていた可能性もある。その意味では、平城京における支払手段としての銭貨という位置づけが、より意味をもつのではないだろうか。

古代の労働者たち

賃金と貨幣

賃金の話に戻ろう。支払手段としての貨幣として、この時期によく見られる記録が賃金にかんするものである。先述のように、労働に対して賃金が支払われた日本での最初の公的記録は、律令政府によって作成された文書であり、すべてではないが、少なくない数のものが現存している。中央集権国家をめざした律令政府は、その行政機能にもとづいて事務書類（公文書）を作成していたが、一定期間の使用年限の後、用済みになったものは廃棄されていた。しかし、当時、紙は非常に貴重なものであったので、片面だけ使用された背面の白い紙は反古紙として再利用されていた。奈良時代には仏教経典の写経事業が平城京の東大寺写経所で国家事業として実施されており、写経所では入手した反古紙も使って事務作業が行われていたが、そうした鎮護国家としての事業で使われた書類は、仏教普及を広く進めていた聖武天皇・光明皇后に関係する宝物や資料を保管する正倉院に収蔵されることとなった。つまり、表面は写経所の事務的な公文書、裏面はもともと別用途で作成された公文書となっているのである（栄原一九八七）。そこには、賃金以外にも、戸籍や財政、寺院造営関係、地方行政文書など、さまざまな律令国家の情報が記録されている。

賃金を記録した公文書のなかでも情報量が多いのは、平城京の下級役人についてのもので、記録の量だけでなく種類も充実している。寺社の建築労働者についての記録もそこそこであるがまとまった量がある。それぞれ下級役人は仏教経典の写経事業に、建築労働者は仏教寺院建設にたずさわった人たちのものが多い。つまり、当時、国家的プロジェクトとしての仏教関連事業が進められていたため、その結果として仏教にかかわる一連の記録が残ったということになり、それは正倉院文書として現存する公文書の性格ともおおむね一致するものである。

建築労働者の賃金

ではまず、本書において最後まで長期的に登場することになる建築労働者の賃金についてみてみよう。前近代を通じて毎年の時系列データを構成するとまではいかないが、もっとも豊富な賃金データを我われに提供してくれるのは建築関係の仕事に従事する人びとの記録である。その意味では建築労働者は日本

B. 賃金の分布

	1人あたり賃金（文）															
	4	5	6	10	11	12	13	14	15	16	17	18	20	40	50	60
木工						1	2	4	5	7	5	1	1			
桧皮葺工				10												
石工				5			1									
採桧皮工									4							
土工				1				1		2						
垣築工				2												
瓦葺工				2	1											
山作工				1						1	1					
塗工				3												
瓦作工				1												
桴工														1	1	
彩色																1
雇夫	1	1	1	2	2	1										
計	1	1	1	27	3	2	3	5	9	10	6	1	1	1	1	1

データベース」より作成. 賃金労働者へ銭で支払われた賃金で1人あ
金データがどの国に何点あるかをあらわす（例：近江国の木工へ支払
がどの価格で何点あったかをあらわす（例：木工で16文が支払われた

の前近代賃金史における主役ともいえる。

表1は奈良時代の記録にあらわれた建築労働者の賃金にかんする情報のうち、一人あたりの賃金で、かつ銭払いであったことが判明するものをまとめたものである。データは国立歴史民俗博物館が提供する「データベースれきはく」の「古代・中世都市生活史（物価）」（以下、「歴博データ」）から採っている。このデータベースは日本の古代・中世（八世紀から一六世紀）までの代表的な史料を調査し、京都を中心とした列島全域における人びとが消費したモノの値段やサービスの価格（賃金など）についての記録を抽出し、データベース化したものである。その項目は、食料、衣服、材木、畳、不動産などのさまざまな物価から、

表1　奈良時代の建築労働者の賃金

A. 地域

	大和国	近江国	伊賀国	丹波国	不明	計
木工	2	24				26
桧皮葺工		10				10
石工	1				5	6
採桧皮工		4				4
土工		4				4
垣築工	2					2
瓦葺工	3					3
山作工			1	1	1	3
塗工	1	2				3
瓦作工	1					1
桴工		2				2
彩色師	1					1
雇夫	7				1	8
計	18	46	1	1	7	73

国立歴史民俗博物館「古代・中世都市生活史（物価）
たりの額がわかるものを対象としている．A表は銭の賃
われた賃金データは2点）．B表は各職人の賃金データ
賃金データは7点）．

建築造営における工賃や物資の移動にかかった運賃など多岐にわたるもので、古代・中世文書から得られた数的情報を網羅的に検索することができるようになっており、しかも、ウェブサイトにアクセスすれば誰でも利用が可能となっている。

賃金データの概要について説明しておくと、歴博データで検索してヒットする奈良時代の建築労働者のデータ数は一〇〇点である。そのうち、一人あたり賃金で米などの現物貨幣での支払いも含むデータは八四点あり、そこから銭払いに絞った七三点が表にまとめられている（ただし、検索キーワードや検索設定によってヒット件数に差は出る）。

地域別にみると、大和国・近江国が大半を占めている（表1・1A）。近江国の観測数が多いのは石山寺関係の資料が多かったからで、すべて天平宝字六年（七六二）のものである。それ以外のデータも奈良時代半ばのものがほとんどで、前半のものは極めて少ない。古代において銭貨は畿内もしくはその周辺を中心に流通したとすれば、銭貨による賃金

データが畿内にしか確認できないこととも整合的である。職種別にみると、何らかの技術をもっている労働者では、木工と桧皮葺工《ひわだぶき》についての情報が多く、石工や瓦葺きといった他の技術者がつづいている。これとは別に雇夫の賃金についてもある程度のまとまった数がえられる。

興味深いのは、職種によって支払われた賃金に差がつけられていることだろう（表1・B）。木工の賃金は一二文から二〇文の間に分布しており、その最頻値は一六文で一七文と一五文がそれに続いていることから、奈良時代の畿内における木工の賃金は一六文前後であったことになる。それに対して他の技術者はそのほとんどが一〇文に集中しており、木工とそれ以外の技術者の賃金に格差があったことがわかる。この木工という職業は歴博データにおける分類名称で、実際の資料には「様工」という名で登場するものが多い。様工について諸説はあり、今日における大工のような存在とみることもできなくはないが、建築関係全般に通じた技術者と推測されており、律令政府からもその高い建築技術と知識が認められたが故の高賃金であったと考えられる（ただし、この様工が何らかの技術集団を率いている長だとすれば、その部下の分も含めての取り分という可能性も捨てきることはできない）。

技術者で例外なのは、彩色《さいしき》（六〇文）と桴工《いかだ》（四〇文・五〇文）であろう。彩色は元の記録をみれば、阿弥陀浄土図の作成にかかわった五〇人に向けて支払われたものとなっており、仏教画という高度な絵画技術をもっていたとすれば納得のいく額である。桴工は山から伐採した木材で筏を組み、その筏そのものの木材や物品を運搬する技術者であるが、筏を組み立て、川を下るという専門的かつ危険な労働への対価ということになる。

また、雇夫の賃金は四文から一二文と広い幅になっており、高いものは木工以外の技術者のものに匹敵するのは意外であるかもしれない。しかし、データ上の数字だけではなく、元の資料をたどってみると、この雇夫の記録には年齢による階層情報も記載されており、四文から六文は少丁（一七才以上二〇歳以下の男子）、一〇文から一二文は正丁（二一歳以上六〇歳以下の男子）のものであることがわかる。つまり、同じ労役でも年齢身分によって賃金に差がつけられていたことになる。ただ、それが技術者と同等の賃金になることの理由については記録の上からは確定的なことはわからない。

なお、表には記載していないが、現物貨幣で支払われた賃金のうち米で支払われたものの多くは、その単位が「束」となっている。そのうち一人あたりの賃金が判明するものは六点あるが、うち五点は一束なので（残りの一点は五把、すなわち〇・五束）、米払いの場合は一人一束というのが奈良時代の標準的な建築だったのだろう（ただし、この賃金が木工のような熟練労働者なのか雇夫といった非熟練の雑業者なのかは分からない）。人数が不明なものも含めて現物払いの建築労働者の賃金は越前国と周防国しかなく、サンプル数が一二しかない極少データなので断言はできないが、先の畿内における銭貨による支払いとは対照的に、それ以外の地域では支払われる賃金も現物であった可能性をうかがわせるものである。

律令官人の仕事と生活

奈良時代の仕事で最も情報が豊かな下級役人の賃金についてみていこう。ここでの下級役人とは、主に国家事業として実施されていた東大寺写経所での仏教経典の写経に従事していた人たちである。

写経事業で働く下級役人

写経事業で働くためには律令国家が実施する試験に合格しなければならず、その意味では彼らは現在の国家公務員に近い。写経事業は分業体制が敷かれており、経生《きょうせい》・経師《きょうし》（経典を書写する係）、校生《こうせい》（教典を校正する係）、題師（教典の題字を書く係）、装潢《そうおう》（教典の装丁をする係）、界生（紙に縦横の線を引く係）、筆生（筆を作る係）、案主（上記の作業を統括する事務責任者）などにわかれていた。以下、写経事業の中心的作業である経典の写経を担っていた写経生（経生）の事例をもとに説明しよう。

写経生の賃金は、写した経典の枚数に対していくらという、基本的には出来高制によるものであった。経典の長い巻物のうち紙一枚分を写して五文程度がもらえた。賃金は銭貨以外にも布などの現物で支給されることもあり、四〇枚で布一端となっている。資料には実際の仕事量が次のように記録されている。

法花経八十巻　用紙三千二百卌張
上馬養卌四　若櫻部梶取三百卌　赤染人足七十四張　下道主五百六十六
飽田石足三百八十九張　大友装万呂二百六十　工石主三百二　三國人主五百卌六
安吉浄成四百張　大宅酒名百廿五　阿刀老足二百四張
廿五日検上馬養
（「経疏間校帳」『大日本古文書』一一ノ二九）

これによると、法華経八〇巻を写経するのに三二〇〇枚の紙を使い、その作業内訳は、上馬養《かみのうまかい》四四枚、若櫻部梶取《わかさくらべのかじとり》三四〇枚、赤染人足《あかそめのひとたり》七四枚……というように個々人の作業量が管理されていたことになる。ただし、写された経典は奉納されるものだから、誤字脱字は当然許されるものではないし、そもそも紙は貴重品であったので、もし写経した内容にミスがあった場合は、何文字あたりいくら減給といった厳格なペナルティが課されていた。

一正経人充布施法
　毎一行堕折紙四張余同此法
　毎五字堕折紙一張余字同此法
　毎廿字誤折紙一張
凡奉写経者、可正所誤、若不正畢、経十日以上、折写人料、与将正人、如上法之、
　自今以後恒為例之
（「写経布施校生勘出装潢作物法例」『大日本古文書』三ノ四八八）

この資料に書き上げられたルールによれば、写経に間違いがあった場合、脱落一行で四枚分、脱落五文字で一枚分、誤字二〇文字で一枚分の取り消しとなっていた。このチェック作業は校生が担当していたが、確認の際、もし間違いを見逃してしまうと、次にあげる資料のような、校生へのペナルティも細かく規定されていた。これによれば一文字の脱落を見逃せば一文、一行だと二〇文、誤字五文字で一文の罰金となっていた。

取書生書誤料与正人法
　毎一字堕取銭一文
　毎一行堕取銭廿文
　毎五字誤取銭一文

右、非公事外、懈怠不正、折与如上、倶時正日、主当并校人共勘経所誤字員、細注連署賜申、自今已後恒為例之、到宜承行、故符

（「写疏所符」『大日本古文書』二ノ三五二―三五三）

仕事の状況については、写経生はそれぞれに私宅をもってはいたが、写経所の宿舎に泊まり込みでの作業を基本としていたようである。

写経生の仕事ぶり

標準的な写経生の一日をたどってみると、日の出とともに起床し、朝食をとった後の午前中は机に向かって写経に取り組み、昼に餅や団子などの軽い間食をとって午後も写経の仕事を続け、夕方に夕食をとって宿舎に戻るというもので、必要に応じて夜勤をするものもいた（栄原一九九二）。支給される食事は、白米飯・汁物・海藻か野菜類が一～二皿、漬物、塩などの調味料という質素なもので、さらに下働きになると、玄米飯・海藻類一皿、塩というより質素なものだったとされている（図4）。なお、資料に書かれた情報をもとに写経生に支給された食材をそのまま計算すると、一日五〇〇〇キロカロリー以上の栄養価となってしまうが、これは実際は余剰分も給与としていたと考えられている（三舟・馬場編二〇二二）。ただし、炭水化物と塩分が多く、生活習慣病にかかっていた可能性も指摘されている。

このような勤務形態だったので、一日の労働時間はだいたいではあるが約一〇時間とい

ったところだろう。私宅へは休暇願を提出しないと帰れない制度であり、残っている記録をみると六〇~九〇日の間隔で休暇願を提出していたが、実際に彼らがとっている休暇日数は一回あたり二~三日くらいで、すぐに写経所の宿舎に戻って働いていたようである。

このようにみてくると、奈良時代の写経生の労働環境はかなりの長時間労働、超過勤務と

上級役人の食事

下級役人の食事

図4　平城京の役人の食事（復元）（坪井〔1980〕より）
1979年に放映されたテレビ番組の企画で作られたもの．平城京で働く役人の食事には，下級役人でも漬物や汁物が付いているなど復元にはいくつかのバリエーションがあるが，いずれも質素なものとなっている．上級役人の食事はデザートのような高坏や焼き魚が付くなど，下級役人よりは豪華である．

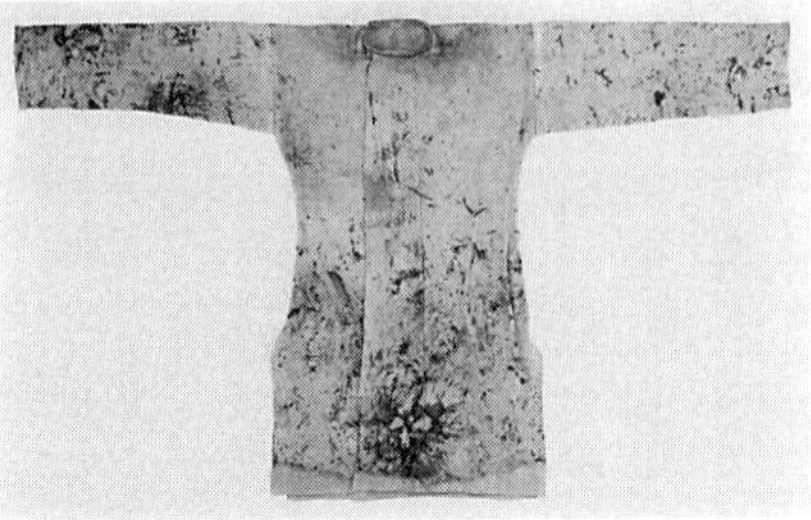

図5　下級役人の衣服（正倉院宝物）

布袍《ぬのほう》という．白麻布の上着だが，全体的に濃褐色の飛沫がかかっている．この上着の袖裏には「久米浄《じょう》衣《え》返上」との墨書がある．浄衣とは写経生や官営諸大寺の雑務者に支給された仕事着の総称．全体的に汚れが激しいが，右袖口の汚れから，この浄衣の持ち主であった久米某は右利きだったと考えられる．

いえる。浄《じょう》衣《え》とよばれる写経生の作業衣が正倉院に現存しているが、その汚れ具合をみてもその仕事が決して楽なものではなかったことを物語っている（図5）。

実際に写経された経典の実物をみるとわかるのだが、非常に整った文字で整然と経典が書かれていることに驚く。厳しい労働環境で写経という細部にわたる注意が求められる作業は、写経生にとっては肉体的のみならず精神的にも大変な仕事だったかもしれない。

写経生の厳しい労働事情は、彼らが写経所に提出した「請《しょう》暇《か》解《げ》」という休暇願に書かれた休暇理由にもあらわれている。現存する休暇願のうち、最も多い休暇理由は病気で八五件にものぼる。病気のなかでも特に多いのが赤痢・下痢などの消化器系のものが二九件で、足腰などの痛みが二〇件、疱瘡などのできものが一一件と続いている（栄原一九八五）。食品の保存技術が進んでいなかった上に、栄養バランスの悪い写経所の給食からすれば当然かもしれない。また、平城京の遺跡から発見された糞便からは寄生虫が確認されている。足腰の痛みは一日中座り作業で写経を続けるという労働環境からくるものであろう。珍しいものに、浄衣の洗濯のために休暇を願い出ているものがあるが、現存する浄衣の汚れ具合や二〜三ヶ月にわたる超過勤務でそれを着続けていたことを考えれば、衛生環境があまり良くはなかった可能性もある。もっとも、中には神経の図太い輩もいたようで、「詐病」すなわち仮病によって不正に欠勤する事例もあった（虎尾二〇二一）。

役人の借金

劣悪な労働環境とともに写経所で働く人びとを悩ませたのが借金である。

正倉院文書には「月借《げっしゃく》銭《せん》解《げ》」という写経生が写経所に提出した借金証文が百通ほど残っている（栄原二〇一八）。「月借銭」というのは、読んで字のごとく一ヶ月の金利がきめられた借金のことで、「解」とは上司や組織（ここでは写経所）に提出する書類のことをいう（図6）。実際の文面は次のようなものである。

謹解　申請月借銭事
合参佰文　利別月《つきごと》卅九文　質物布二端
右《みぎ》件銭、限二箇月之内、本利共備将進上。若過期限料給時質物成売、如数進納。仍
録事状謹解。
宝亀三年二月十四日　給　當麻鷹養

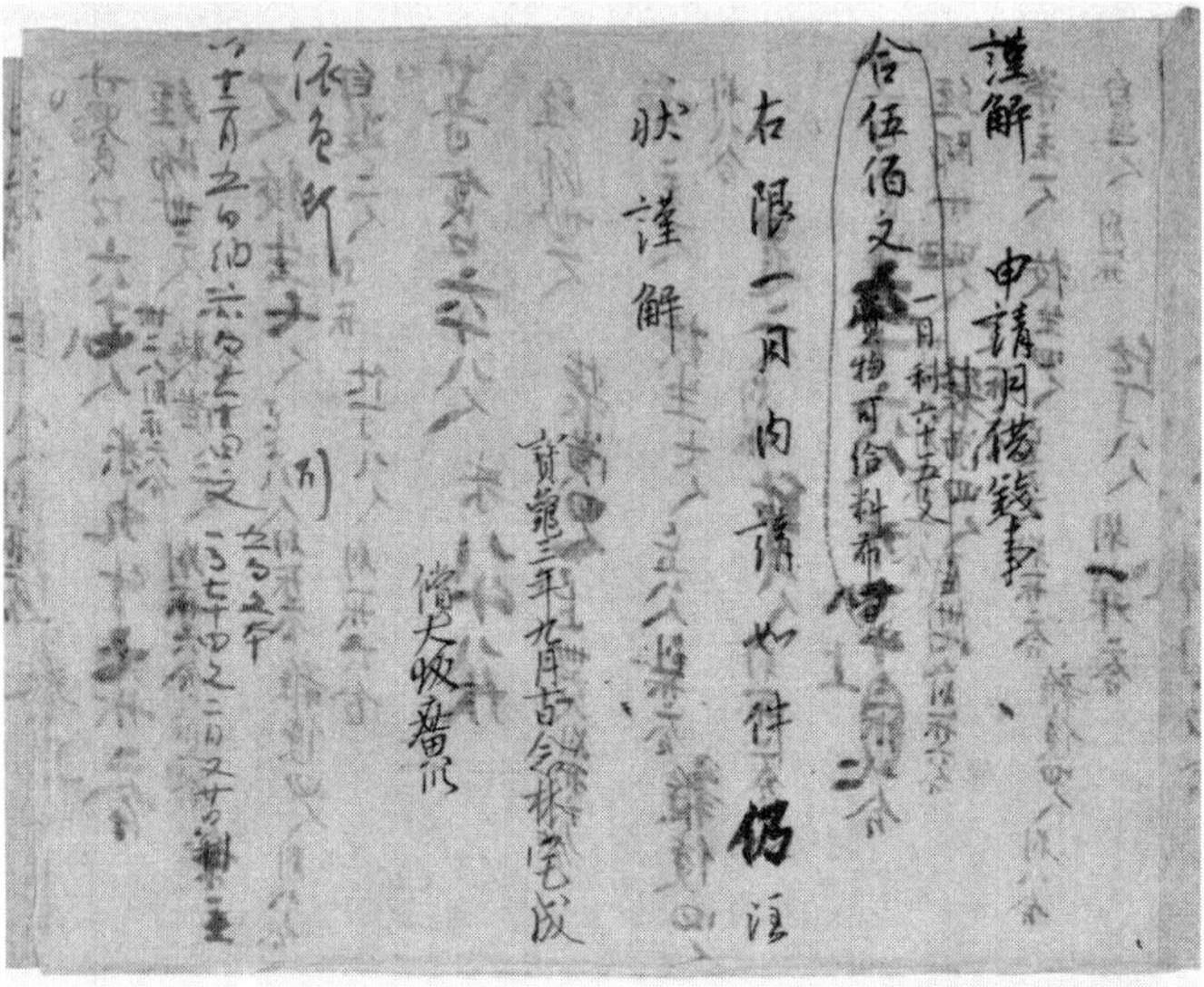

図6　写経生の借金証文「念林宅成《ねんりんやかなり》月借銭解」（正倉院宝物）

写経生などの写経所の職員たちが借金をする際に作成された証文を月借銭解という．772年（宝亀３）９月10日に年500文を，月65文の利息，質物を給料の布にして借りたもの．後半部分には，12月５日に借りた500文と２ヶ月と20日の利息分174文，計674文を返済した経緯が朱筆で追記されている．うっすらと透けてみえる裏面に書かれた日付や，食料とその量，人数などから，この月借銭解は写経所の食料米にかんする事務帳簿の紙背文書であることが分かる．

償　若倭部益国

〔自署〕「敢男足」

〔以下別筆〕「依員行　　司　上馬養」

「三月廿四日納卅九文　利」

「四月廿四日納利卅九文」

「六月十三日納三百六十五文　三百文本 六十五文五十日利」

「當麻鷹養月借銭解」（『大日本古文書』六ノ二七二―二七三）

内容は、月卅九文（三九文）の利息・布二端の質物で写経所から三〇〇文（参佰文）を借りるものである。本文では、借りた三〇〇文の銭は二ヶ月内に元本も利息もそろえて返納すること、もし期限内に返せない場合は、給料をあてるか質物を売却して充てることを約束している。借主（給）は當麻鷹養《たぎまのたかかい》、保証人（償）は若倭部益国《わかやまとべのましくに》と敢《あへの》男足《をたり》の二人、上馬養《かみのうまかい》が書類を受け取って確認したことになっている。後半の三行は月借銭解を提出してから元本・利子の返却のたびに追記されたもので、借金から一ヶ月後に利子を、その一ヶ月後も利子を返済しているが元本は返しておらず、さらに二ヶ月後（借金から四ヶ月後）になってやっと元本とその間の利子をまとめて返済できた、ということになっている。ところで、この借金の利子は月利一三%で（後に一五%に上げられている）、単純に年利

表２　写経生・巧清成の借金と返済の経緯

宝亀３年（772）	６月13日	借金	500文	（月利13%）
	６月13日	返済	500文＋利子130文（２ヶ月分）	
	12月５日	借金	500文	（月利13%）
宝亀４年（773）	２月４日	借金	100文	（利率不明）
	３月28日	給料	2611文（布６端２丈２寸）	
	４月５日	返済	利子260文＋（４ヶ月分）	
	６月25日	給料	2611文（布６端２丈２寸）	
	７月10日	返済	500文＋利子200文（３ヶ月分）	
	７月11日	借金	500文	（月利15%）
	９月10日	給料	2000文（布５端）	
	９月25日	返済	利子183文（２ヶ月＋13日分）	
	10月29日	給料	1000文（布２端２丈１尺）	
	11月５日	返済	500文＋利子96文（１ヶ月＋９日分）	
	12月25日	給料	800文（布２端）	
宝亀５年（774）	９月19日	借金	500文	（月利15%）
（年未詳）		借金	100文	（月利15%）

『大日本古文書』6ノ313，423，536，492，549-550，561，21ノ51，268，22ノ220，23ノ51，378-379より作成．布は１端400文で銭に換算した．給料は現物で支給されていたので，平城京の市場で銭に換金されていたと考えられる．度重なる借金のため，給料が入ってもすぐに返済にまわされていたことがわかる．なお，巧清成は別の写経生の月借銭解に支払い保証人の「償人」としても名前を確認できる．

に計算しなおせば一五六％になる。当時の律令の規定では二ヶ月で一二％強、一六ヶ月でも一〇〇％を超えないように決まっていたことを考えると、この利子率は当時においては相当に高い利子率であった。

この月借銭解の借主である當麻鷹養は校生で、保証人の若倭部益国と敢男足は経師であるので、おそらく彼らは写経所で働く同僚だったのだろう。実は、他の月借銭解をみると、當麻鷹養は別の資料でも三〇〇文を借りており、若倭部益国にいたっては別の資料では他の経師の保証人になっているだけでなく、自身も六〇〇文を借りていることもわかる。このような、写経所で働く人びとが借金を重ねたり複数の保証人になったりするといった複合的な事例は他の月借銭解で何度も確認することができる。表2は写経生の巧清成《たくみのきよなり》が借りた借金と返済についての経緯を給料とあわせて数年にわたってまとめたものだが、いつも借金の利子を返すのが精いっぱいで、給料が出ればすぐに借金の返済に充てられ、また借金をするという、自転車操業のような状態であった。先にも触れたように、確認できる月借銭解は一〇〇通ほどであるが、これは現存している資料の数であるので、実際には相当な人数の下級役人が借金をしていたことになる。月借銭とは写経所より出ているので、いうなれば、借金というよりは実質的には給料の前借りに近いものだったともいわれている。

そもそも写経所という律令国家の公的機関で働いているはずであるのに、少なくない数の下級役人が借金をしていたのは何故なのだろう。これには諸説があるが、この時期の平城京では急激なインフレーションにより物価が高騰したことなどで、生活が厳しくなったために借金に頼らざるをえなかったともいわれている。中には、商売の元手として借金をする者や、資産運用をする者もいたが、それらはごく少数であったと考えるのが自然だろう。また、あえて給与のベースを低く抑えておいて、給料の前借りとして借金を続けさせることで、写経事業にかかわる技術をもった人材を写経所につなぎとめるねらいがあったともいわれている。つまり生活苦というよりは、写経所が主導して貸付をおこなうという暗黙のシステムだったのかもしれない。

最後の手段

月借銭を返済しながら働いていた写経生らがいた一方で、もうどうしようもなくなったのだろうか、最後の手段、すなわち逃亡する者たちもいた。

秦乙公百（文）　秦立人百文　調乙万呂百文　大友諸人卌文
倉古万呂八十文　神人廣万呂百文　日下部廣人六十（文）
調玉足百文　右件人等、以去五年十二月廿六日、月借銭未報逃亡、是為冐名、石山寺
仕聞食故、解吉成尊、其人面見如、所注此書、員折請欲給、恐々以解
六年三月廿七日鳥取國万呂状

（「鳥取國万呂状」『大日本古文書』一五ノ四四一）

生々しい資料である。内容は、前年一二月二六日に秦乙公《はたのわときみ》ら八人が月借銭を返さないまま逃亡してしまったが、彼らは偽名をつかって石山寺で働いているらしいという噂が入ったので、「折請」、すなわち部分的返済でも構わないから確認して借金を取り立ててもらいたいと、鳥取国《ととりのくに》万呂《まろ》が訴えたものである。文面に登場する人名から、この資料は天平宝字六年（七六一）のものと判明するが、秦乙公は天平一一年（七三九）の経師上日帳（出勤簿）に複数回その名前を確認できる。もし同一人物なら写経所に長く勤めていたベテラ

ンの経師なのかもしれない。彼らは借金を返せないために逃亡したとあり、石山寺で働いていた理由は借金の返済にあてるためと考えることができる。

なお、二番目に名前が書かれている秦立人《はたのたてひと》は、この捜索願が出された翌年（天平宝字七年〈七六三〉）の正月から四月にかけて造東大寺司で働いて計八一〇文を支給されていることが別資料に書かれていることから、捜索願からしばらくして石山寺から平城京に戻っているようである。これが、石山寺で働いて借金返済の目処がついたので戻ってきたのか、それとも借りたものは返してもらうということで連れ戻されたのかはわからない。また、小額の四〇文や六〇文という小額の借金をしている者がいることから、単に石山寺での写経事業に無断で移動していただけかもしれない。他にも、調乙万呂《つきのおとまろ》、倉古万呂《くらのこまろ》らの名前の人物が天平宝字六年から七年にかけて石山寺で働いていたことが別資料に書かれており、また、この捜索願そのものも風聞や偽名などに触れているため、複数の解釈が可能である。

待遇改善の要求？

このように、あまり良いとはいえない労働環境と借金に追われながら働き、最後には逃亡までする者がいた写経生らではあったが、こうした状況に不満を持つものがいたとしても不思議ではない。実際に、写経生の待遇について箇条書きにして改善要求をした資料が残っている（図7）。

一切経写司事　申司内穏便事

一　召経師且停止事
遣紙四千張　廿五箇日単功五百
見経師廿人　応写四千張　人別写八枚
右、紙少人多、計必断手、請且留停、其間設紙、来八月中旬、擬更招集、
一　欲換浄衣事
右浄衣、去年二月給付、或壊或垢、雖洗尚臰、請除、被及帳以外悉皆改換、
一　経師假休事
右、経師等情願、請毎月休假五日、実為无慥者
一　装潢并校生食麁悪事
右、此者以黒飯給、請改給中品精食、
一　請経師等薬分酒事
右、案机常居、胸痛脚痺、請以三日一度給度酒者、
一　経師等毎日麦飯事
右、承前毎日給麦、就中断之、請依前毎日給之、
以前六条事、随経師等情願、顯注如前、請謹処分、以解、
「写経司解案」（『大日本古文書』二四ノ一一六―一一八）

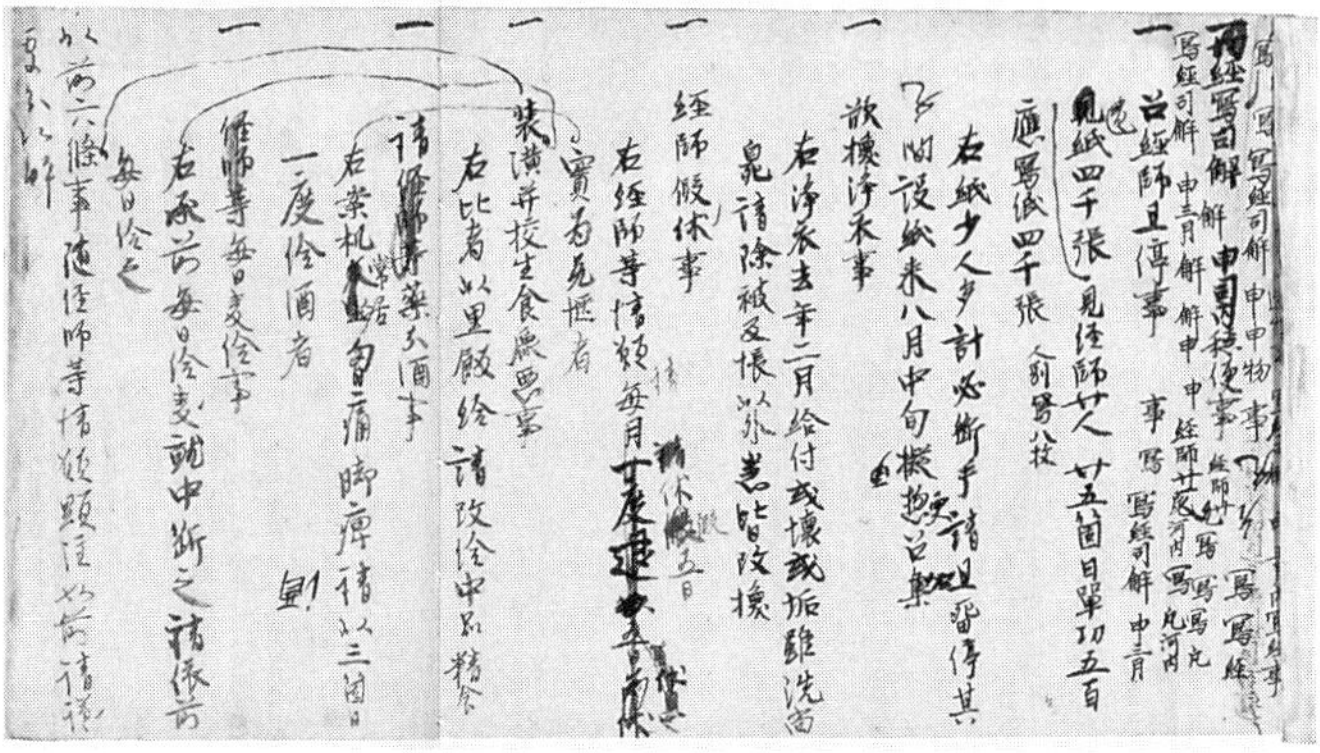

図７　写経生の待遇改善の上申書案「写経司解案」（正倉院宝物）
内容については本文を参照．修正や書込み箇所が多いことから下書きであると考えられており，実際に提出されたかどうかは不明である．要求は非常に強気なものではあるが，古代の官僚はときに大胆で，ときに怠惰であったことも指摘されている（虎尾2021）．

この「写経司解案《しゃきょうしげあん》」は写教生の待遇改善の要望を書いた上申書としても有名なものだが、最初の「召経師且停止事」では、写経の紙が少ないのにかかわらず、経典の表装を担当する経師の数が多いので、紙が供給されるまで経師の招集を停止し、八月中旬に再び集めることを求めている。四〇〇〇枚の紙に経師二〇人で二五日間作業をし、一人あたり八枚の計算となっており、仕事が少ないのであれば、無理に出勤させないでもらいたいということになる。これは、写経生の賃金は写経した枚数に応じた出来高制なので一人あたりの枚数減を避けるという意味がある。次の「欲換浄衣事」は、昨年二月に給付された作業着（浄衣）は、ところどころ破れていたり汚れていたりしており、洗ってもまだ臭いので、新しいものと交換してもらいたいというものである。洗っても臭いが残っているということは、おそらくは支給される浄衣は一枚だけということだろう。現存する浄衣の汚れの強さや、写経生たちの休暇願の理由に洗濯というものがあったことと整合的である。これに続く「経師假休事」は、毎月五日は休みがほしいというもので、二〜三ヶ月にわたる泊まり込みの超過勤務がいかに大変であったかを物語っている。

後半は、食事や体調にかんする要望である。「装潢并校生食麁悪事」では、装潢と校生の食事は「黒飯」でなく、ましなものにしてほしいとある。奈良時代の人びとは「中品精食」、すなわち普通の米が食べたいのである。「請経師等薬分酒事」は物理的な労働環境に関係するもので、一日中机に向かい座って仕事しているため、胸が痛み、足もしびれるから、三日に一度は薬として酒を支給してほしいというものである。この時代、酒は薬として飲まれていたというのもあるかもしれないが、実際のところは、待遇改善にかこつけて酒も要求するようなずうずうしい写経生だったのかもしれないし、「酒でものまなければやってられない」と考えてしまうのは、現代的すぎる想像だろうか。最後の「経師等毎日麦給事」は、経師には以前は毎日麦飯が給食として出ていたのが、最近は中断しているので、毎日麦飯にしてほしいと願い出ている。

さまざまな職場の環境改善の要求が書かれた資料ではあるが、実際にこの資料には修正個所など文章を推敲した形跡が残っており、この資料を書いた人物（おそらくは写経所で働く下級役人だろう）が、この内容の書類を実際に写経所に提出したかどうかは不明である。労働組合もない時代ではあったが、もし提出されていたとしたら、彼らの職場待遇は改善されていたのだろうか。

古代の格差

出世と給料

大変な労働環境とはいえ、これだけ頑張って働いたのだから、せめて出世くらいはしていてほしいと思わずにはいられないが、下級官人にかんしていえば、それはあまり報われることがなかったようである。

奈良時代の律令官人のおおまかな地位は「官位」によって把握することができる。官位とは個人の序列をあらわす「位階」と割り当てられる職務をあらわす「官職」の二つのことである。位階は、親王の品四階（一品~四品）と、諸王および諸臣の位三十階（正一位~少初位下）にそれぞれ分けられており、仕事の功績に対応して位階が上がり、それに相応する官職に昇進するという官位相当を原則としていた。

位階トップの「正一位」、「従一位」から「正八位」、「従八位」、「大初位」、「小初位」までの十五の序列があった。さらに細かくいえば、それぞれの位には「上」と「下」があるため、厳密に計算すれば、三〇段階の序列ということになる。また、勤務地も首都である平城京におかれた中央官庁で働く場合は「京官《きょうかん》」、大宰府・国司などの地方官庁に勤務の場合は「外官《げかん》」とよばれた。この序列を登っていくためには、いくつかのステップを踏まなければいけないのは今と同じだが、この時代はかなり厳しかったようである。

まず、第一関門として、一年ごとの勤務評定である「考《こう》」を受ける必要があるのだが、これは年間一四〇日以上の出勤をしなければならない。この勤務評定は年に一回だが、勤務評定を受けただけですぐに昇進できるわけではない。この考を合計六回積みかさねて（これを「六考」という）初めて、「成選《じょうせん》」という昇進可能かどうかの判定を受けることができる。これが第二関門である。成選で認められてやっと昇進がみとめられ、位が一階上がることになる（成績がよければ二階昇進ということも認められていた）。よって、一階昇進するためには最低でも六年も必要になるのである。いいかえれば、六年に一度しか昇進の機会はない。仮に、二〇歳から平城京で働き始めて、長生きして六〇歳くらいまで勤め抜いたとしても、昇進のチャンスはせいぜい六回である。下級官人が無位から始めたとしたら、下から六番目の位にまでしか上がれないのである。

ところが、この昇進システムには抜け道があり、位階が高い官人の子や孫は二一歳になると父祖の位階に応じた位階が与えられ、それに相当する官職につくことが可能になるという「蔭位制《おんいのせい》」がとられていた。上級官人に限っては、最低でも最初から五位（上から一四番目）以上の位からスタートすることが認められていた。つまり、社会的なステータスが高い身分に生まれれば、将来の出世については大きなアドバンテージがあったということである。逆にいえば、そうした身内のコネクションがない大多数の下級官人にとっては、最初から出世の上限は決まっていたことになり、それは当然、収入格差を生みだすことになった。

律令官人の給料と格差

では、実際に律令官人がもらっていた給料をみてみよう。

律令官人に与えられる給与は、位階と官職それぞれに対して支給されており、それは身分的給与と職務的給与の二つに分けることができる。支給形態は、その大部分が絁《あしぎぬ》・糸・布といった現物を原則とし、これを禄といった。それ以外にも田地、一定数の公民の戸を与える封戸、雑用をする使用人としての資人・事力という形式での支給もされていた。このように位階・官職に応じて田地および封戸が支給され、それぞれ位田・職田、位封・職封とよばれた。

人事給与にかんする規程は律令のうち、令によって詳細に定められていた。官位相当の一覧をあらわす官位令、中央・地方の官人の構成、官名・定員・職掌にかんする職員令、妃・夫人・嬪の号名・定員・品位、女官の定員・職掌にかんする後宮職員令、皇太子の家政機関およびその職員にかんする東宮職員令、親王と三位以上の家政機関およびその職員にかんする家令職員令、位階・官職にかんする選叙令、勤務評定・登用試験にかんする考課令、俸禄にかんする禄令などである。ここから律令政府に奉職していた官人の「法令上の」収入は推定することが可能になる。もっとも、そこに書かれたものが支払われる給与の実態のすべてを反映しているわけではないのだが、当時の律令官人たちの標準的な収入の目安をあらわしてはいるはずである（高島二〇二〇）。以下、律令官人たちの給与を概観してみよう。

平城京で働く官人である京官の位階および官職にもとづいた身分的給与は表3のようになっている。先述のとおり、給与はさまざまな現物で支給されていたので、当然それぞれの単位が違うため、給与の総額をみるには不向きである。ここでは、理解しやすいように米の価値（束）であらわしている。律令政府が銭貨の使用を推進していたとはいえ、当時の貨幣経済はまだ安定的ではなかったので、基準価値の一つとしての米による価値換算をほどこしたということである。

何といってもまず目に付くのが、給与の最高位値と最低位の差が大きすぎることだろう。正一位の一二二万七三二五束から小初位の一五四束の間の給与は約八〇〇〇倍の開きにな

表３　律令官人の位階・官職による給与の比較

	京　官	外官（大宰府）	外官（大宰府以外）
正一位	1,227,325		
従一位	1,210,791		
正二位	821,850		
従二位	808,880		
正三位	356,832		
従三位	50,763	57,695	
第１集団（正一位～従三位）平均	746,074	57,695	
正四位	14,852		
従四位	12,382		
正五位	8,263	17,952	
従五位	5,903	13,084	6,215－6,063
第２集団（正四位～従五位）平均	10,350	15,518	6,215－6,063
正六位	432	1,775	836－760
従六位	402	1,695	760－608
正七位	333	1,367	608
従七位	303	1,287	608
正八位	234	1,035	456
従八位	209		456
大初位	179	774	380
小初位	154		380
史生		228	228
第３集団（正六位～史生）平均	281	1,166	524－498

高島（2020）より作成．単位は米の価値（束）にてあらわしている．

っている。給与の幅を見てみると、どうやら位階によって大きく三つの集団に分けられそうである。第一集団は正一位〜従三位に、第二集団は正四位〜従五位に、第三集団は正六位〜少初位にあたり、各集団の平均値をみると、それぞれ八八万五一三六束、一万三五〇束、二二四六束となっている。第一集団の収入が格段に高い理由は、三位以上に支給される高い位封と職封の存在があった。また、第一集団ほどではないが、第二集団にも位禄が与えられているので、この給与体系は、ある一定の位階以上を優遇する給与体系であったといえそうである。価値換算が難しいため、この表には従五位以上に与えられる資人を加えていないが、もし資人の価値を給与に組み込んでみると、その集団間の差はもっと大きなものとなる。

つぎに、地方官庁に勤務する外官の給与をみてみよう。九州の要衝である大宰府のみ他の外官とは給与体系が違ったため、表は大宰府の外官とそれ以外の外官の二つに分けられている。大宰府での最高位は大宰府での長官にあたる従三位で、その給与は五万七六九五束になり、最も低いのが事務書記などを担当する史生の二二八束となっている。大宰府においても京都と同じく位階によって三つの集団に分けることができるが、京官での第一集団にあたる集団の最高位の給与は、大宰府では事実上従三位のみになり、その給与自体も極端には高くなっていないので、集団間の格差は京官よりもましなものになっている。大宰府以外の外官では、京での第二集団にあたる従五位、もしくは第三集団にあたる正六位あたりが上位集団となるため、それ以下の位との給与の差はより小さくなっている。

最後に、京官と外官の給与の総額をまとめて比較してみよう。とにかく京官における第一集団の給与が高くなっていることが目立ってしまうのは致し方のないことだが、注目すべき点として、第二・三集団の中下級官人になると外官の給与が京官よりも高くなっていることがあげられる。表にそくして実際の給与で見てみると、たとえば、大宰府の序列二番目の正五位、三番目の従五位の給与は、京官の同じ位階の官人に対して約二倍になっていることがわかる。地方における序列一番目の従五位、二番目の正六位も、やはり京官の同じ位階の官人よりも高くなっており、中下級官人にかぎって言うなら、位階が低くなればなるほど外官の給与が高くなっていく。つまり、律令官人の給与体系には京官・外官という中央と地方において、ある種の「ねじれ現象」がおこっているということになる。

格差ありきの給与体系

そもそも、この給与体系が書かれた律令は、中国の律令が日本に移植されたときに、そのまま適用されたのではなく、律令国家以前の日本、すなわち、ヤマト政権の従来の政治社会の枠組みに適応されるかたちで再編されたものである。よって、中国の律令と日本の律令は親縁関係にあるもののまったく同じものではなく、律令官人の位置づけも実は大きく異なっており、このことが給与体系にも影響していた可能性がある。

中国では、京官は皇帝の直轄である都城地域を基盤とする皇帝直属の官僚で、外官は地方政治の実質を担う地方官という違いがあった。これに対して日本では、律令の導入が中央主導でおこなわれた結果、その導入が京官の整備を優先してしまい、中央と地方の地理的な格差も関係して外官の給与制が不完全なものになってしまっている。また、中国では皇帝に直属する官人とは第一に京官のことをさし、外官は自立性の高い地方統治官の性格が強かったのに対して、日本では京官は中央官庁に出仕した畿内豪族、外官は中央から派遣された国司と在地任用の郡司という階層構造があった。よって、日本の律令官人には京官・外官という構造に加えて、国司・郡司、畿内・畿外という別の構造も存在していたことになる。いうなれば、畿内の豪族連合に畿外の在地領主層が服属・奉仕する国造制《くにのみやつこせい》のかたちで統治がなされていた大化改新以前のヤマト政権が、律令制の導入よって再編された結果、中国の京官・外官とは違った律令官人の給与制度をつくってしまったというわけである。

こうした歴史的背景は、給与体系にも色濃く反映されている。たとえば、一定の位階を優遇する給与体系（京官の三位以上への位封と職封、五位以上への位禄の支給）があったことについては、三位以上が上流貴族をあらわす「貴」、四位・五位が中下級貴族をあらわす

「通貴《つうき》」と律令で規定されていたこととも一致し、これは朝廷と豪族からなるヤマト政権が律令国家に再編される過程で、それまで朝廷を支えていた豪族層が官人化の際に喪失する経済的基盤の補償という意味合いがあったと考えられる。また、五位以上の官人は、大化以前において天皇に近侍するマエツキミ（前つ君）を継承したのに対して、六位以下は官職秩序によって新たに編成されており、ここからも特定の位階で、伝統にのっとった位と新しい制度でつくられた位に分けられていたことがわかる。特に、五位以上の官人は資人といった公的に与えられる職員のほかにも、私的従者や土地・建物といった独自の財政基盤を確保することが認められていたが、これも大化以前の血縁共同体としてのウジ（氏）のもつ敷地や建物などの生産拠点であるヤケ（宅）の概念の延長線上にあると解釈してよいだろう。

昇進の説明でも登場した蔭位制についても、日本の律令制度の成立が大化以前のヤマト王権のあり方を組み入れたものであったことを考えれば、貴族の子や孫には最初から五位以上からの位階を保証させることによって、従来の枠組みが日本律令によっても維持され続けたという意味でそれほど不自然なものではないだろう。

なお、律令官人には規定により国家より田地（口分田）が与えられており、六位以下の律令官人にとっては、口分田からの収入は給与を補完するための収入源であったと考えられ、実際に、律令の規定でも在京官人の農繁期の休暇を確認することができる。与えられた田地の面積を現存する資料から計算することが難しいため、具体的な土地からの収入を知ることができないが、仮に一般官人の給与に土地からの収入を加えたとしても、貴族との格差を埋めるほどのものではなかったと考えてよいだろう。一般官人にとっては、賃金の面では、給与ベースは低めに設定され身分の面においても、昇進はどのくらいまでなのかは最初から分かっており、生まれた時の身分の高低によって決定されるというものであった。

ただし、先に説明した表3の第二集団にみられたように、ある程度位の高い中級官人にとっては、地方の最高位である国司の給与は同じ位階の京の従五位より高いだけでなく、京官では支給されない職田やその労働力（事力）が与えられていた。これに加えて、任地の私的開墾も認められており、地方官への就任という選択は、中央では昇進に限界がある中下級の律令官人にとって、給与格差を埋める意味で強いインセンティブがはたらいていたかもしれない。

律令官人の昇進

最後に、このような給与体系のもとでは、実際の律令官人の昇進はどのような仕組みだったのか。いくつかの事例をみてみよう。奈良時代初頭に権勢をふるった藤原武智麻呂《むちまろ》・房前《ふささき》・宇合《うまかい》・麻呂《まろ》の有名な藤原四兄弟は、そのキャリアのスタートを正六位下より開始しており、最終官位は、それぞれ従二位・右大臣、正三位・参議、正三位・参議、従三位・参議となっている。よく知られているように、彼ら全員は天然痘にかかってしまい、ほぼ同じ時期に相次いで亡くなっており、そのキャリアの先にまでいきつくことはなかった。病は身分の上下にかかわらず等しく与えられるものなのだろう。その藤原四兄弟の一人である藤原宇合の長男の藤原広嗣《ひろつぐ》も最初は従六位上から始まり従五位下にまで昇進するが、四兄弟の相次ぐ病死と、平城京での権力抗争に敗れて、大宰少弐《しょうに》に左遷されてしまう。再起をはかった広嗣は、天平一二年（七四〇）に九州で挙兵したが、あえなく敗北の後、処刑された（藤原広嗣の乱）。

超がつくほどの上級貴族ではない、中下級官人の例もみておこう。「貧窮問答歌」で名高い歌人の山上憶良《やまのうえのおくら》もまた律令官人であった。大宝二年（七〇二）に第七次遣唐使で唐に渡ったときは無位であったが、帰国後に位階を与えられ、和銅七年（七一四）年には正六位下から従五位下に、霊亀二年（七一六）年には伯耆《ほうき》国の国司となっている。大宰府以外の外官では最高位であるが、この時の年齢は五七歳で遅咲きの昇進であった。養老五年（七二一）には平城京に戻るが、神亀三年（七二六）頃から天平四年（七三二）頃までは従五位下・国司として筑前国に赴任した。帰京後の天平五年（七三三）頃に亡くなったとされている。

写経所の文書にもたびたび登場する上馬養《かみのうまかい》は、天平一一年（七三九）に写経所の経師として出仕し、その後も校生や案主として写経所の仕事や近江国石山寺の造営事業に従事した下級役人である。彼の没年は不明であるが、資料で最終的に確認できる位階は正六位上である。このときの年齢は五七歳であったので、おそらくは下級官人のままでその生涯を終えたと考えられるが、案主としての月借銭の運用事務だけでなく、自身も造東大寺司から銭を請け負って写経生らに貸付けるという高利貸行為をしていたことや、商業活動をおこなって財をなしていたこともわかっている。彼以外にも、安都雄足《あとのおたり》など自己の利益を追求する下級官人もいたようである。

奈良時代の半ばあたりから、平城京では天平宝字四年（七六〇）の和同開珎《わどうかいちん》から万年通宝《まんねんつうほう》へ、天平神護元年（七六五）に神功開宝《じんぐうかいほう》への、それぞれの貨幣改鋳や、藤原仲麻呂の乱や相次ぐ凶作飢饉のためにインフレが発生した。貨幣は改鋳されるごとに、以前の貨幣一〇枚に対して新しい貨幣一枚の交換価値が定められ、これも経済に混乱を与える要因となった。この時期、東大寺などの財力のある諸寺が、平城京内の住居の宅地を質物とした出挙銭《すいこせん》の経営をおこなっていたことは、このインフレによる平城京内の人びとの生活が揺らいでいたことと関連しているだろう。出挙銭の利率は宝亀三年（七七二）には一〇〇文につき月一三文であったのが、翌年には月一四文、翌々年には月一五文と、三年で一三％から一五％へと上昇した。下級官人のすべてが上馬養のような「やりて」ではなかったかもしれないが、律令国家の銭貨普及政策の結果、めまぐるしく変化する経済状況とうまくつきあいながら、ある種の「副業」をいとなむことで利益を稼いでたくましく生きていた者がいたのも事実であった。

銭の使い方

富を集めるという行為

通貨発行政策によって銭貨の普及を図っていた律令政府であったが、その使用は思うようにいかず、実際に流通していたのは京を中心とした畿内がほとんどであったようである。もっとも、考古学方面の成果では畿内以外の地域でも和同開珎が出土している事例が多数あることから、銭貨そのものは地方にも流通していたと思われるが、それは祭祀のための利用や富豪の蓄財目的という日常的な経済活動とはやや異なるものであった（金沢一九九五、松村二〇一六）。

和同開珎の発行から三年後の和銅四年（七一一）一〇月には、貨幣を一定以上の量で蓄えた者に位階を与えるとした蓄銭叙位令《ちくせんじょいれい》が出されている。これは銭貨の流通を促すと同時に、位階を与えた際に戻ってくる蓄銭を目当てとしたものであった。当初は有位の者だけが対象であったが、発令の二ヶ月後には無位の者にまで対象が広げられた。延暦一九年（八〇〇）に廃止されるまでの約九〇年間、記録の上でこの法令を利用した叙位があったことが確認できるのは、発令の翌一一月の「蓄銭人等始叙位焉（蓄銭した人らにはじめて位を叙した）」（『続日本紀』和銅四年十一月甲戌条）の一例しかなく、何人に、誰に、どの位を与えたかも不明である。

これと似た制度として、献物叙位《けんぶつじょい》という、銭だけでなく物も含めて蓄財したものを中央に献上することで位階を手に入れる方法もあった。平たくいえば、売位・売官の制度である。この制度は養老六年（七二二）閏四月に出されたが、もっとも献物叙位が盛んになったのは、八世紀半ば過ぎ、平城京での東大寺大仏の建立や地方での国分寺・国分尼寺の建設の時期、それに続く西大寺造営の時期であった。大規模な寺社造営には、資材だけでなくその建築労働者への賃金も含めて莫大な財政支出が必要であろうから、その費用を捻出するために富裕の者からの寄付を目当てにしていたと思われる。

献物叙位の実際の事例は蓄銭叙位令と違ってそこそこの数を確認することができる。記録として残っているものは高額の寄付が多いが、位階を既にもっている者なら、五貫で位一階が進められ、無位・白丁の者は七–一〇貫で少初位下が与えられたので、比較的小額でも寄付した者は多かったと考えられている（表4）。なお、五位以上の叙位の場合によ

表４　献物叙位の事例

年　月	名　前	献上前の位	献上額／物
天平19年（747）９月	河俣連人麻呂	大初位下	銭1000貫
	砺波臣志留志	無位	米5000石
天平20年（748）２月	物部連子嶋	外大初位下	銭1000貫，車12両，牛６頭
	甲可臣真束	外従六位下	銭1000貫
	大友国麻呂	外少初位上	稲10万束，屋20間，倉53間，栗林２町，家地２町
	漆部伊波	従七位上	商布２万端
天平勝宝元年(749)４月	小田臣根成	外従八位	銭1000貫，車１両，鍬200柄
天平勝宝元年(749)８月	田辺史広波	従六位上	銭1000貫
天平勝宝５年(753)９月	板持真釣	無位	銭1000貫
(未詳)	陽侯史真身	（未詳）	銭1000貫，牛１頭

東大寺大仏建立にかかわって外従五位下を献物叙位された人物の一覧.『続日本紀』に書かれた内容から作成しているが,『東大寺要録』にもあらわれる同姓同名の人物の漢字表記が異なる. 陽侯史真身は従五位下に任じられたのが大仏建立の詔が発せられる前の天平７年(735）となっているが参考までに記した. これ以外にも国分寺などの仏教寺院や疲弊百姓への救済などで位を授けられた者も多くいた.

くみられる一貫（＝一〇〇〇文）の寄付であるが、一〇〇〇貫とは一〇〇万文という金額になる。先ほど推計した下級官人の制度上の賃金収入は米の価値にして八・一二石（平均一四石）であったが（古代の石は後世の石とは容量が違うが）、仮に八世紀半ばの米一升（〇・〇一石）の値段が約五文から換算すると、だいたい七〇〇〇文が下級官人の給料ということになる。また、写経所の下級官人が一〇〇文の借金を返済するのに四苦八苦して何ヶ月もかかっていたことも考えると、一〇〇〇貫という巨額の寄付を用意するのは低賃金の官人には不可能であったに違いない。実際に、貴族の末席に並ぶことのできる五位以上になる高額の献物叙位をした者のほとんどは地方の富豪の輩であり、下級官人であっても出挙や土地経営で財をなした者たちだったと考えられている。

たしかに、売位・売官というものを現代的なモラルの問題として批判的にみることはたやすい。金銭的賄賂による出世を国家が容認していたと、うがった見方もできるかもしれない。常に財政支出面の問題をかかえていた律令国家としても、それだけ民間にたまった富を再回収する必要があり、背に腹は代えられなかったということだろう。しかし、寺社の造営工事のように、富裕の者から回収した蓄財をふたたび材料費・人件費として人びとに支払うということは、社会における富の再分配としての機能を担っていたともいえる（もっとも、解釈上の問題として、献上する財そのものが「富める者」による耕地経営や出挙などで「貧する者」より吸い上げられたものである可能性も否定はできないが）。また、蔭位制のように一定以上の身分の者が優先的に出世できるような時代で、通常の人事コースでは出世は望むべくもない下級官人や地方の無位の者たちにとっては、少しでも中央の権威に近づくことができる献物叙位の仕組みは、そうした者たちが蓄銭することへの十分なインセンティブになっていたことは間違いない。

表5　古代における銭貨による賃金記録

	銭貨による支払い件数	穀物による支払件数	繊維製品による支払件数
8世紀	10,379	1,014	934
9世紀	24	23	25
10世紀	34	34	11
11世紀	40	40	39
12世紀	1	1	151

国立歴史民俗博物館データベース（データベースれきはく）より，検索条件を，品目「人件費」，貨幣分類「銭貨・紙幣」，「穀物」，「繊維」に設定してダウンロードしたデータを利用．銭貨と現物支給の重複データも存在するが，ここでは加工せずに集計した．

銭による支払いがなくなる

平安時代に入ってからも律令政府による貨幣発行は続いたが、和同開珎から始まる日本における最初の通貨発行の試みは、平安時代の半ば天徳二年（九五八）の乾元大宝《けんげんたいほう》を最後にいったん終了することとなった。皇朝十二銭としめされるように律令政府発行の銭貨は計一一回改鋳を重ねたことになるが、改鋳を重ねるたびに旧貨幣の価値が下落することに加えて、含有材料も徐々に粗悪化していった。発行元である律令体制そのものの弛緩に加えて、わずか一〇年から二〇年程度の短い間隔で繰り返される改鋳などもあり、銭貨そのものへの信頼は低下していった。

こうした傾向は、当然ながら人びとの間では貨幣使用に対する忌避感が蔓延することにつながり、モノの売買は米や絹といった銭貨以外の現物貨幣での取引が主流となった。賃金にかんしても同様で、平安時代あたりから銭貨で支払った記録が極端に少なくなる。（検索条件にもよるが）歴博データで奈良時代から平安時代初頭にかけての銭貨による賃金支払の記録を集計してみると、八世紀では一万件以上あったのが一二世紀には一つしか確認できないまでになっていることがわかる（表5）。銭貨と現物が一緒に支払われた事例も多数存在すると考えられるが、それでも八世紀の銭貨による支払件数が圧倒的に多いのは、平城京の宮都造営という大規模な労働需要をともなう工事がこの世紀に集中していることと、律令政府による貨幣浸透のための諸々の政策の影響であることはいえるだろう。そうしたイベントがなくなると、賃金支払いの件数そのものも記録上少なくなっていき、代わりに現物による賃金支払いの事例が増えていくこともわかる。特に、銭貨がほぼ使用されなくなった一二世紀に繊維製品による支払件数が急増している。銭貨による賃金が歴史に復活するにはいましばらくの時間が必要であった。

中世　職人の誕生とその時代

浸透する銭貨

古代から中世へ

古代は、律令国家という中央集権型の国づくりが進められようとしていた時代であった。それが成功したかどうかは別にして、記録というものが国の管理によって公文書という形で作成され、（それが偶然ではあったものの）正倉院文書などで保存されたので、物価・賃金という労働にかかわる体系立った資料がそれなりには多く残ることができた。現在でいうところの統計という概念にはほど遠いかもしれないが、律令政府の大小さまざまな部署で数字をあつかった情報は、行政を担う官人たちには必須の情報であったから、現存する古代の公文書に数的情報が多いのもうなずける。

ところが、前章でも述べたように、古代の早い時期から律令制度はうまく機能しなくなってしまう。その原因は、財政や政治制度の問題などさまざまな点があげられるが、飢饉やそれにつづく疫病が頻発したことも大きかった。古代は疫病が二〜三年に一度は発生したといわれており、そうした自然の猛威にあらがえるほどには古代国家は盤石ではなかった（Farris 2006, 2009; Saito 2015）。

平安時代になると、律令制度の弛緩はますます進み、京の政府は中央集権の復活をめざして何度か建て直しの政策を図るが、思うような効果を出すことはできなかった。寺社・貴族の権門勢力が全国各地に荘園を開発するようになり、地方の有力者（富裕百姓、田堵や豪族層）なども、開発地を自分のものとし、開発領主となった。そうした在地の開発領主たちは、国衙（律令制下の地方政庁）の官人となり、なかには国衙領へも進出する者や、権門勢力に土地を寄進し、地方荘園の荘官となる者もいた。律令国家という「制度」は京・畿内を中心として残りはしたが、全国への実行支配力は事実上なくなり、平安時代の末期には、荘園と国衙領（公領）によって列島が支配されるようになった。

このように、古代から中世への移行期、九世紀から一二世紀の数百年の間に、列島における政治制度は、中央集権国家による統治ではなく、各地の土地をそれぞれの所有者が支配するという政治的分散の時代に変質していった。そうした制度的転換は、資料がどのように作成されて、どのように保存されるかという記録保存の問題にも大きくかかわることでもあった。つまり、賃金にかんする情報が記された資料も、それぞれの地域で、それぞれのやり方で、それぞれの目的をもって書かれ、それぞれの支配者のもとで保存されるようになったのである。

渡来銭の時代

古代から中世への移行期は、政治制度における変化の時代でもあったが、賃金にかかわる大きなイベントも発生していた。それは、銭貨が中国から大量に輸入されることで、再び賃金の支払手段に利用されるようになったことである。少し長くなるが、賃金についての具体的な説明に入る前に、その賃金を規定する銭貨の浸透、そして銭貨によって表象される物価について、中世ではどのようなものだったのか、その概略を確認しておこう。

前章でも説明したように、一〇世紀半ばに発行された乾元大宝《けんげんたいほう》を最後に貨幣鋳造は終了し、銭貨そのものの流通もほぼ停止する。この時期になると取引の大部分は、米・絹・布などの商品貨幣によっておこなわれるようになっていた。実際に、列島各地に広がった荘園から京におくられる地子《じし》や特産品を別の代替品と交換する際の比率は、估価法《こかほう》（物品売買や代物貢納における公定価格・換算率を定めたもの）という価格統制法によって、絹に対する換算率が基準となっていた。

もっとも、銭そのものの使用は急に途絶えたのではなく、徐々に使用されなくなったのだが、たとえば、平安時代初頭に編まれた『古今和歌集』には、三十六歌仙の一人でもあ

る伊勢による次のような歌がある

家を売りて、よめる　　　　　　　　　　　伊　勢

あすか河　ふちにもあらぬ　わが宿も　せに変《かは》り行《ゆく》　物にぞ有《あり》ける

（飛鳥川の深い「淵」が浅い「瀬」に変わるというように、世の中はすべて変わっていくものだが、それでも「扶持」として「銭」に変ってゆくものだった）

（『古今和歌集』巻十八・雑歌下）

この歌は、伊勢が生まれ育ち、夫を迎えた思い出がつまった自分の家を売る哀感を詠んだものだが、歌中の「せに」は「瀬に」を「銭」に掛けたもので、京においては家屋の売買において、まだ銭が利用されていたことをうかがわせるものである。その『古今和歌集』の撰者の紀貫之が書いた『土佐日記』にも銭にかんする記事がある。

十四日　暁より雨降れば、同じ所に泊れり。
船君《ふなぎみ》、節忌《せちえ》す。精進物《さうじもの》なければ、午時《むまとき》より後に、楫取《かじとり》の昨日釣りたりし鯛に、銭なければ、米《よね》を取り掛けて、落ちられぬ。かゝること、なほありぬ。楫取、また鯛持て来たり。米、酒、しばしばくる。楫取、気色《けしき》悪しからず。

（十四日、夜明け前から雨が降るので、同じ所に泊っている。船客の長〈ここでは貫之のこと〉が、精進潔斎《しょうじんけっさい》〈斎日に肉食を避けること〉をする。精進物がないので、午後に楫取が

昨日釣った鯛に、銭がないので米を代金として支払って、精進落ち〈精進物から通常の食事に戻すこと〉をなさった。こうしたことは、後にもあった。楫取が、また鯛を持ってきた。米や酒をしばしば与えた。楫取の機嫌は悪くない。

（『土佐日記』承平五〈九三五〉年一月十四日）

京から遠くはなれた土佐国では、すでに銭の使用はされていなかったのだろうか、貫之は銭の代りに米や酒で支払いをしている。ただし、これを売買ではなく贈答への返礼とみることもできるかもしれない。また、平安時代半ばの康保三年（九六六）、周防国と京都の間でかわされた書類群である『清胤《きよたね》王《おう》書状《しょじょう》』には、米の支払いとして銭が使用された複数の記録が確認できる（『平安遺文』二九三号）。しかし、この頃になると世間では銭貨への忌避が進み、かつては原材料の銅の数倍の価値になっていた銭も、この頃になると銅そのものの価値と同じ値段にまで落ちていた。

六日壬子、近來世間銭嫌尤甚、適所取銭、号二寸半、銅銭原直也。又塩直一籠一貫六七百文、升別五六十文也、有童謡。

（『日本紀略』永観二年〈九八四〉一一月六日条）

十六日癸丑（中略）去年九月至于今、一切世俗銭不用、交関之間不通、人民無嗟歎、因茲、件銭、如例為令用、神明可被祈祷也。

（『本朝世紀』寛和二年〈九八六〉六月一六日条）

この一〇世紀後半頃までが銭貨使用の最後の時期だったのだろう。もっとも、使用そのものは縮小していったにしても銭貨というものの存在は数百年続いており、一〇世紀末期の段階でも京の政府は銭貨流通政策をあきらめていなかったようで（井上二〇〇〇）、たびたび寺社に銭貨の流通を祈願させ、諸国の検非違使に命じて銭の使用を強制させようとしたことが記録されている（『日本紀略』永延元年十一月二日条、同十一月二七日条）。また、一一世紀になって貨幣の使用が途絶えてからも、估価法に、その名残を確認することができる。

列島において銭貨の利用は、中国から流入してきた銭貨、つまり渡来銭の浸透によって再び広まっていく。いつ渡来銭が日本に伝わったのかについて正確な年までは分からない。おおよその時期についても諸説あるが、平安時代の半ばの天元元年（九七八）に宋の商人が日本に来航したとの日本側の記録（『小右記』）があり、逆に日本商人の宋への渡航は久安元年（一一四五）が宋の記録（『建炎以来繫年要録』）の上では初めてとなっている（森二〇〇九）。また、考古学の分野では、貿易港であった博多の遺跡群における銭貨の出土状況からは一一世紀後半には宋の銭貨が流入していたことが明らかになっており（小畑一九九七、櫻木二〇〇七）、この時期に渡来銭は日宋貿易によってもたらされたのだろう。宋王

図８　宋銭（元豊通宝，日本銀行金融研究所貨幣博物館蔵）
古代末期から中国から流入した銭貨（渡来銭）は，12-13世紀あたりより列島に浸透していった．銭貨の使用は，まず民間の人びとの間で広まり，やがて朝廷や幕府が認めるようになった．

朝は北宋（九六〇—一一二七年）と南宋（一一二七—一二七九年）の時代に分けられるが、北宋時代に中国では市場経済が進展し、その経済活動の活発化にともなって大量の銭貨が鋳造された。その鋳造量はピーク時で年五〇〇万〜六〇〇〇万貫（五〇億〜六〇億枚）余りであった（宮崎一九四三、東野一九九七）。北宋は一一二七年に中国東北より攻めてきた女真族の金によって華北地方を追われ、南宋が誕生する。南宋は北宋時代ほどの銭貨生産の力をもたず、紙幣発行へと通貨政策を移行させた。これによって、南宋から銭貨が国外へと流出することになり、結果、大量の渡来銭として日本にもたらされることになる。一二七九年にはモンゴル軍（元）によって南宋が滅亡する。元王朝の時代には、銀と紙幣が基準通貨として使用されることとなり、銭貨は使用禁止となった。これによって東アジア全域へ銭貨が大量に流入することになった（図８）。

日本国内では、一二世紀半ばに誕生した平氏政権によって日宋貿易の強化が図られ、列島と大陸間の交易はより盛んになっていた。一二世紀後半の宋の記録には、日本や高麗の商人が毎年やってきては、以前は物々交易をしていたのが、最近は銭をほしがるようになったと、日本商人が貿易品として銭貨を要求していた様が書かれており（森二〇〇九）、また、一一九九年には日本・高麗への銭貨の輸出が禁止となっていることから、この時点で既に、それだけ日本列島内で渡来銭の需要が上がっていたということだろう。実際の取引の現場での銭貨の使用が確認できるのは、久安六年（一一五〇）に大和国で土地を二七貫文で売り渡した「橘行長家地売券」（『東大寺文書』）という証文で、一二世紀半ばには畿内においても銭貨によるモノの売買がおこなわれていたことがわかる。

銭貨を認める？認めない？

こうした民間での銭貨の使用に対して、京の都の公家たちは慎重な態度をとっていたようである。治承三年（一一七九）六月には「近日、天下上下病悩、號之銭病（最近は誰もが病に悩んでいる。人びとはそれを銭の病と呼んでいる）」と銭貨の使用がまるで流行り病のように民間で広がっていることを揶揄するような言い回しが『百錬抄《ひゃくれんしょう》』に記録されている。実際に、為政者の間でも現実問題として銭貨をどのように扱うかについて、たびたび議論がされていた。たとえば、同年七月二五日の源通親《みちちか》（村上源氏の公卿）の進言書には次のような主張がされている。

近日万物沽価、殊以違法、非唯市人之背法、殆及州民之訴訟、云々、寛和延久之聖代、被定下其法了、随去保延四年、且用中古之制、且任延久之符、宜遵行之由、重被宜下

了、今度猶可被用被法歟、将又驪騎推移、時俗難随者、新可被定下哉
（『玉葉』治承三年七月二十五日条）

この進言書からは、市中における物価の乱れについて、平安時代以来の估価法での決まり事が守られていない、そうした状況について今までの法を維持するのか、それとも新たに現状にそくした方針を打ち出すのかについて、当時の為政者たちが悩んでいた様子がうかがわれる。

この時期、すでに平氏政権によって日宋貿易が進められて、その影響は京にも及んでいたので、旧来の估価法による公定換算率で米や絹などを基準にした物価統制をしていた貴族・朝廷にとっては、収入源である地方から京へ送られる代納品の価値が安定しないことを恐れていたのだろう。実際に、銭貨を売買に使用した場合は、私鋳銭をつかったものとして、八虐（古代律令によって定められた重大犯罪）として処すべきである、という強硬論も出ていた（図9）。

記録によると、文治三年（一一八七）ごろから京では銭貨使用についての議論が再燃し、建久三年（一一九二）一二月、ついに朝廷より銭貨使用の禁止令が出される。時期的な推移をみると、平氏政権が滅亡したのが元暦二年（一一八五）なので、日宋貿易を推進していた平氏がいなくなったことは朝廷にとってはタイミングが良かったのかもしれない。こ

の銭貨禁止令は、ただちに成立まもない鎌倉幕府にも伝えられ、幕府もいったんは朝廷の意向に従った。

しかし、いったん動き始めた銭貨使用のムーブメントは止まることはなく、銭貨が中世社会で広く受入れられたのはその後の歴史が証明するとおりである。なぜ渡来銭が中世日本で広まったのだろうか？　本書はこの疑問に深く立ち入ることはしないが、そもそも中世は中央集権国家が存在しない列島社会であったため、通貨発行を主導できる体制がなか

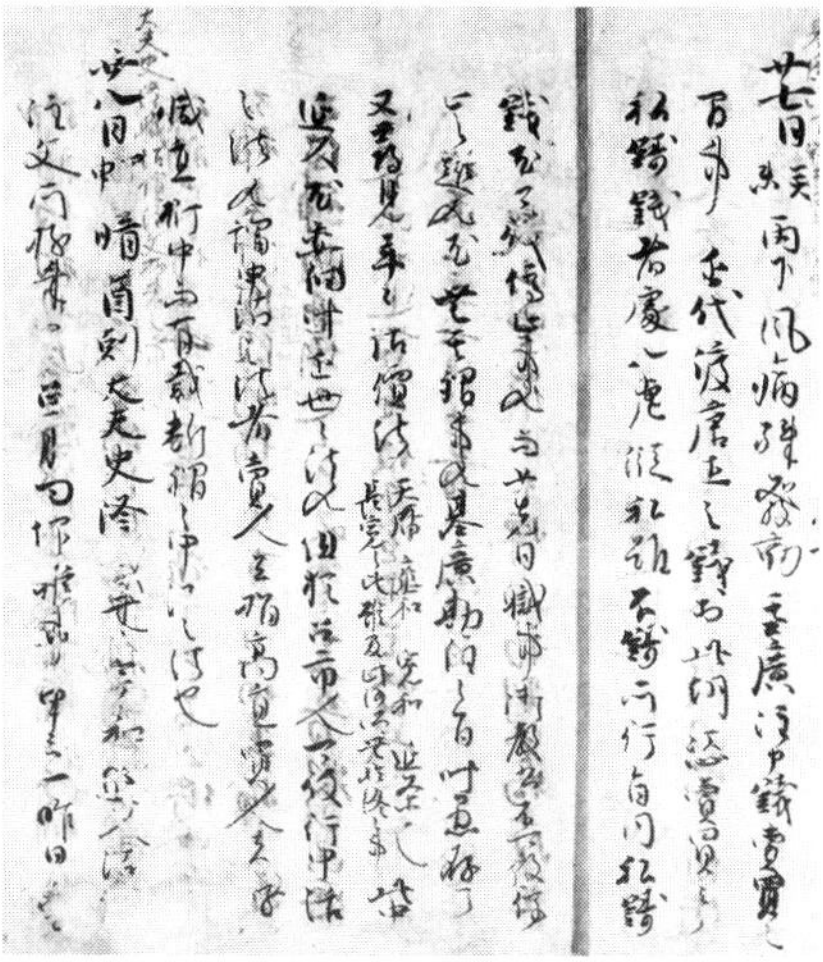

図９　渡来銭の使用禁止を求める議論
（宮内庁書陵部蔵『玉葉』治承３年（1179）７月27日条）
２行目「近代唐土より渡る銭，この朝に於て恣に売買すと云々．私鋳銭は八虐に処す．縦ひ私に鋳ずと雖も，所行の旨私鋳銭に同じ」と厳しい意見であるが，その後に「尤も停止せらるべきことか．而るに先日の職事の御教書の如き，停止せらるべからざるの趣か．尤もその謂はれ無き事か」と現状をどのように判断すべきか議論が定まっていない趣も感じられる．

ったが、利用する者たちにとっては、一枚＝一文という単純さは利便性であり、米や絹のように質・量が安定しない現物貨幣より扱いやすく魅力的であったのだろう。利便性だけだと古代と状況が同じように思われるが、皇朝十二銭と渡来銭の最大の違いは、大量輸入によって貨幣供給量が安定していたことであった。また、古代における銭貨は律令政府がその鋳造と発行を独占的に担っていたが、改鋳の度につきまとう新旧の銭貨の価値の不均衡による不安定さと、それをコントロールできない律令政府の抑制力の低下というマイナス要因もあった。朝廷・公家や武家といった為政者たちも、社会経済における銭貨流通という現実を無視するわけにもいかず、鎌倉幕府も朝廷も一三世紀前半には公式に銭貨の使用を認めることとなり、これ以降、中世日本では渡来銭が一層浸透することとなった。

モノの価値の視覚化

貨幣経済が進展するということは、人びとの生活も貨幣の影響をうけることになるということでもあり、（物々交換もあっただろうが）端的にいえば、生きていく上で必要なモノの値段、すなわち物価変動の影響が日常的に存在するということである。もちろん、それまでの現物貨幣による取引においても影響はあったが、中世以降、列島の人びとは、銭貨〇枚という簡便な方法で、モノの価値がより具体化・視覚化された時代に生きることになるのである。

モノの価値がもっとも分かりやすい形であらわされる銭貨による「値段」は、記録の上

から も一〇世紀に銭貨の流通の停止と共にいったん絶えたが、一二世紀頃より渡来銭によって中世のさまざまな文書に復活するようになる。もっとも、幕府や朝廷もその通用を認めてはいるが、値段の記録そのものは、先述のように荘園文書や日記や勘定帳といった個々の支配者や寺社・貴族が作成した文書に書かれているのみである。中世の銭貨流通は、古代の律令国家による通貨発行制度のもとで進んだわけではないし、列島が権門勢力によって分権的にバラバラに支配されていたので、現在のような全国もしくは地域ごとに整備された物価統計に類するような資料は作られていない。

それでも、個別の物価をあらわす記録は古代に比べて膨大な量となる。特に列島での経済および農業の最先端地域である京都・畿内とその周辺地域における経済活動の活発化によって、荘園領主であった寺社が仕入れた物品の記録や各地の荘園資料にモノの値段が記録されていて、それらがいくらで取引されていたのかを知ることができる。

では、どんなものが取引されていたのだろうか。中世というと現代より五百年から千年ほど前の時代なので、いまの我われの暮らしとは別の世界のように思えるかもしれない。それはたしかに事実で、自動車や携帯電話のような近代工業による産物は存在しないが、それでも、今日の日常の食卓にあがるような食べ物や日用雑貨などの値段の記録は豊富に残っており、当時の人びとの生活を十分にイメージできる時代でもある。それらをみると、

袈裟：1000文（15世紀後半，奈良）
小鼓：500文（15世紀後半，奈良）

桶：50文（14世紀前半，美濃）

傘：8文（15世紀半ば，奈良）
草履：15文（15世紀後半，奈良）
烏帽子：100文（15世紀前半，京都）

図10　中世の商品の値段

絵図は『一遍上人絵伝』（東京国立博物館蔵），物価は国立歴史民俗博物館「データベースれきはく」古代・中世都市生活史（物価）データベースより．各商品が描かれた絵図の作成年代・地域は，物価の年代・地域と一致するものではない．

中世の暮らしに対して、かけ離れた遠い存在というよりはむしろ親近感を覚えるほどである。また、（いまでも存在はするが）仏像・法衣、鎧刀などの仏具・武具といったいかにも中世的なものや、田地・畠地・宅地といった不動産、牛・馬などの家畜など、あらゆる品目の値段を知ることができる（図10）。

もちろん、取引されたものが豊富だからといって、それらが好きな時に好きなだけ買えたわけではない。物価とは需要と供給のバランスの上になりたつものである。商品によっては時期によって値段が変わるものもある。たとえば、暖をとるための炭は、冬は皆が使うようになる（需要が高くなる）ので価格が上昇し、夏になるとあまり使わなくなる（需要が低くなる）ので価格が下落する。また、このような一年のうちに季節的変動があるものとは違って、農作物・漁獲物のように不作・豊作の出来次第で年単位もしくは不定期に価格が上下するものもあった。列島をめぐる流通経済が進展したとはいえ、地域間の価格差も存在している。それでも、比較的まとまった系列で価格情報が資料から取りやすい京都・奈良における一五世紀から一七世紀の三〇〇年間については、歴史研究者らによって価格情報の整備もされている。それらの研究から、まず、中世の日常で人びとが触れていたもので代表的な品目について比較的長期的な（数百年単位の）推移をあらわしたものを紹介していこう。ただし、気をつけなくてはならないのは、これは名目価格であるということで、その点は注意してもらいたい（なお、長期にわたって価格が観察可能な米価については、この後の実質賃金の計測に大きくかかわるので、別途説明する）。

物価の推移

図11のグラフは、先行研究（神木一九八〇）からそれぞれの品目の計量単位あたりの価格を、銭貨の単位である文であらわしている。価格情報は先述の通り京を中心とした地域からのものである。

さまざまな資料の価格情報を寄せ集めたデータにもとづくグラフであるので、計測にあたっては留意すべき点もある。それは、(1)毎年ごとの年次系列ではないこと、(2)各品目の

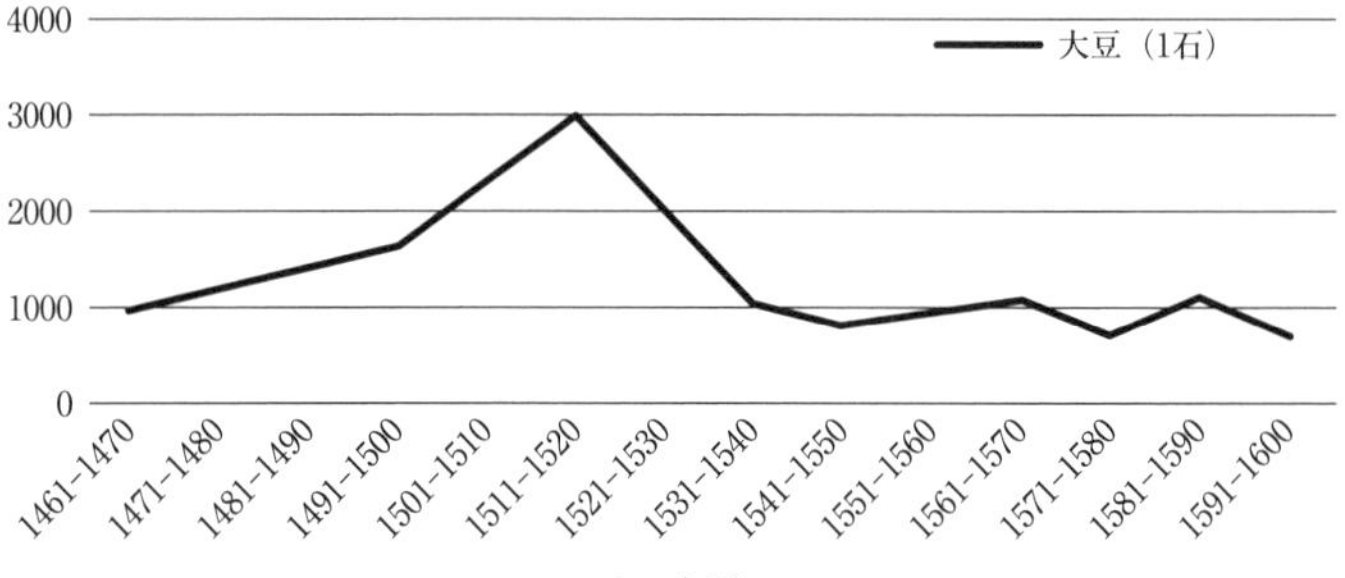

A. 大豆

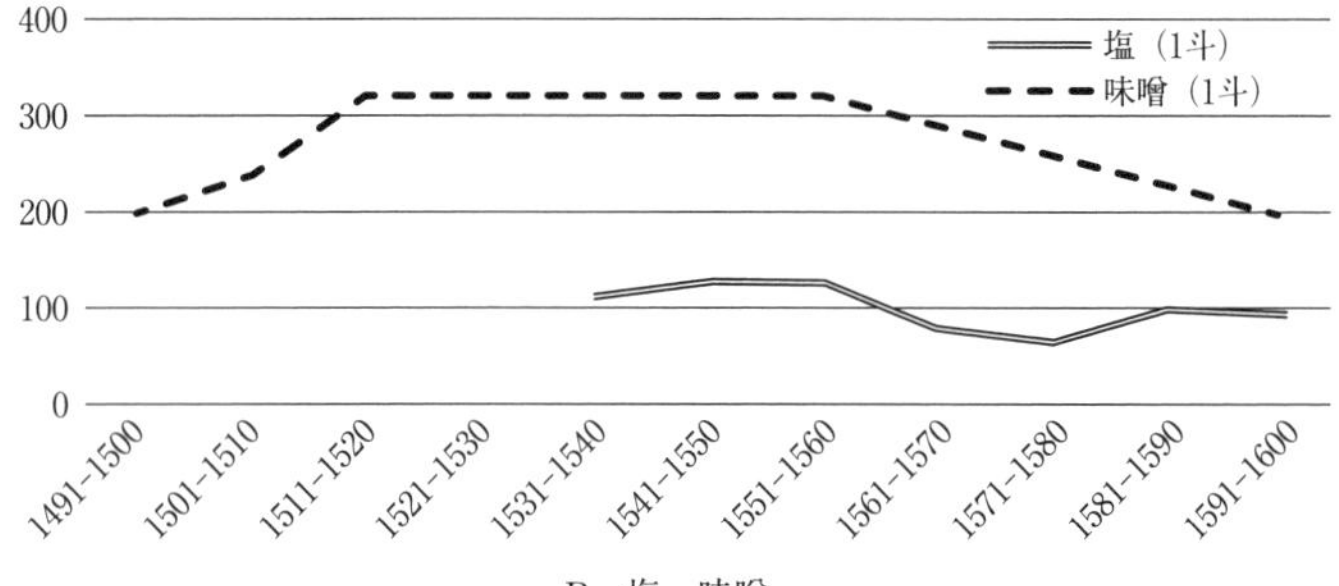

B. 塩，味噌

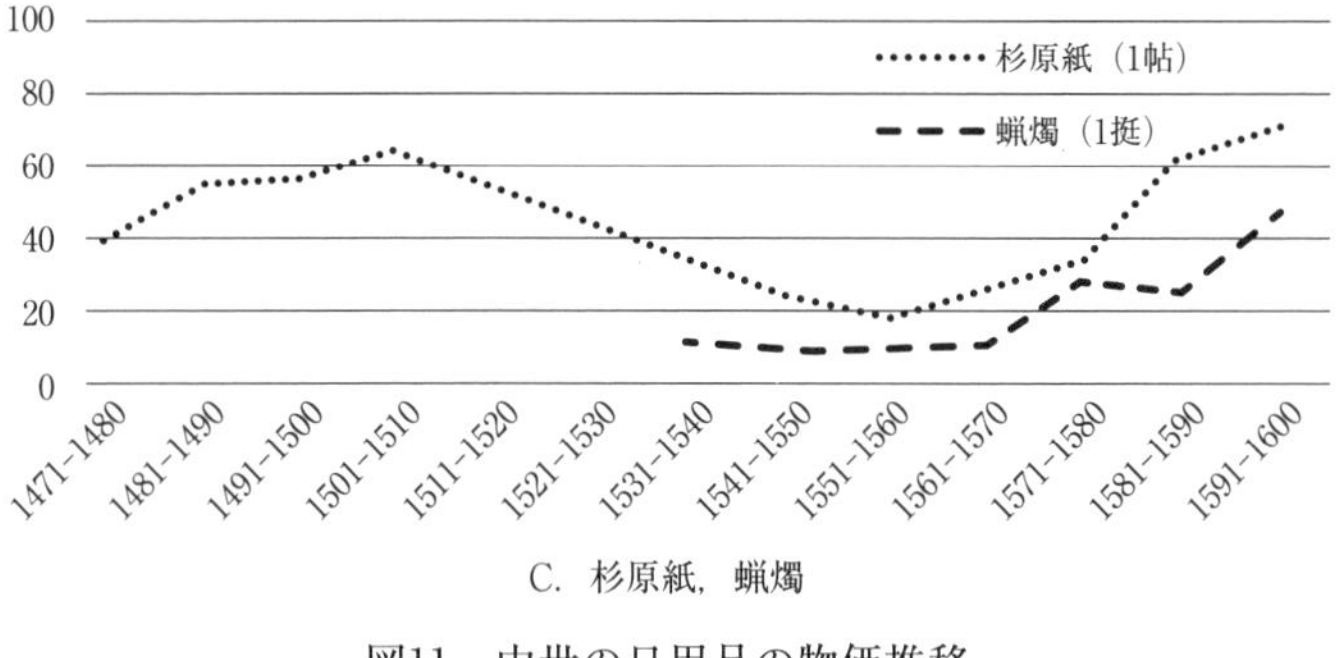

C. 杉原紙，蝋燭

図11　中世の日用品の物価推移

神木（1980）による物価表をもとに作成．単位はすべて文．京都大学近世物価史研究会（1962）に収録された，京都を中心とした畿内における推移をあらわしている．

単位のうち食料品については、その容量である枡《ます》が地域によって違うこと、(3)相場価格をあらわす「和市《わし》」も価格情報としてあつかっている、ということである。(1)は、ソースとなる資料が違うことに加え、それらは寺社の勘定帳や貴族の日記といった、価格の集計を目的としていない記録なので、当然といえば当然である。統計表のない時代のデータベースを作るというのは、こうした統計とは関係のない歴史資料からの数的情報を地道に集める以外の方法はなく、完全な時系列データをそろえるのは至難の業である。(2)の枡の違いについては、律令政治が弛緩して以降、各地荘園ではそれぞれの地域で容量の違った枡が利用されるようになったので、同じ一升でも地域が違うと大きさも違うことが中世では多々あり、同じ支配寺院でも荘園ごとに枡の大きさが違っていたため、記録上の価格を単位当たりのものとしてそのまま利用することができない。もっとも、寺社にしてみれば、各荘園から集められる産品の換算率がバラバラであると困るので、それぞれの枡の換算率をまとめているし、それら情報をもとにある程度の補正はされている（図12）。なお、枡の容量については近年研究が進んでおり、現代の容量との換算についても整理がされている（水鳥川二〇一〇・二〇一一・二〇一二）。(3)は、相場であって売買価格とはいえないが、資料的な制約が厳しいため、価格データ数を増やす意味で相場価格もデータとして採用されている。

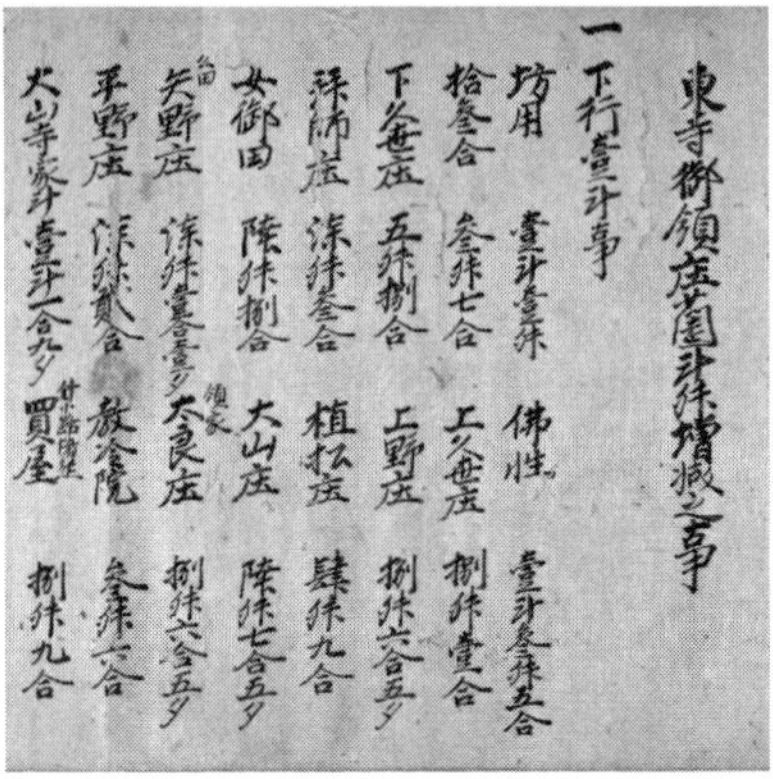
東寺御領庄園斗升増減之事
一 下行壹斗事
坊用 壹斗壹升 佛性 壹斗参升五合
拾参合 参升七合 上久世庄 捌升壹合
下久世庄 五升捌合 上野庄 捌升六合五夕
拝師庄 漆升参合 植松庄 肆升九合
女御田 陸升捌合 大山庄 陸升七合五夕
矢野庄 漆升壹合壹夕 大良庄 捌升六合五夕
平野庄 漆升貳合 教令院 参升六合
大山寺家升 壹斗一合九夕 買屋 捌升九合

図12　東寺で使用されていた各枡の換算率（京都府立京都学・歴彩館蔵：東寺百合文書・ニ函60「東寺領諸庄園斗升増減帳」）「東寺百合文書 WEB」より．２行目にある「下行」とは下行枡（荘園領主である東寺が相手方に支払・給付のために用いた枡）のことをさし，その後に下行枡１斗に対する，それぞれの荘園での収納枡（年貢を徴収するために用いた枡）」の換算率の一覧表が書かれている．

物価の具体的な動きを見てみると、まず、大豆は一部のアウトライヤー（外れ値）を除けば、ほぼ全時期で一石あたり一〇〇〇–一三〇〇文前後で推移している。塩は十六世紀半ば以降のみの観察となるが、一六世紀後半に下落していくものの一七世紀末にはまた上昇傾向になる。味噌についても、データが断続的ではあるが、時代が進むにつれて価格が下落していく。中世末の戦国時代といえば、「敵に塩を送る」という故事が有名であるが、その真偽は別としても、群雄割拠の時代、敵対大名への塩の流通を停止する塩留政策や塩商人の保護統制に積極的であったことなどを考慮すると、地方では塩の価格の変動にはそうした政治的要因が加わることもあったのかもしれない。また、中世に発達した入浜塩田法の普及によって塩の生産量が増大したことが価格低下に貢献した可能性もあるだろう。

紙（杉原紙）は比較的長期にわたって系列が作成できる品目である十五世紀末までは価格が高騰するが、その後は低下していく傾向にある。蝋燭は十六世紀前半からしか確認できないが、紙と同様に価格が低下していくことがわかる。近年の経済史研究では、（いまだに議論は分かれているが）中世という時代は戦乱と飢饉による荒廃の時代ではなく、むしろ中世後半からは経済が成長していったとする見方もでてきている（高島二〇一七、Nakabayashi, Fukao, Takashima and Nakamura 2020）。特に畿内を中心とする先進地域では、農業だけでなく手工業のさまざまな分野で生産技術の向上があった。したがって、この時期の手工業製品をめぐる生産力上昇の結果が大量生産につながり、価格低下につながったとみることもできるかもしれない。また、応仁・文明の乱（応仁元―文明九年〈一四六七―一四七七〉）によって荒廃した京が復興していくのは一六世紀以降とすると、都市部における手工業品の需要の拡大にともなって価格も反応したとも考えられる。

職人の時代

職人の誕生

中世において建築工事や日用の手工業品のものづくりを担っていたのが「職人」である。前章でも説明したように、古代において平城京や平安京の朝廷や貴族、地方官衙に徴用されて労務作業をおこなう者たちは、職人というよりは工人であり、立場によっては建設官僚でもあった。また、律令制下の村落における手工業生産も、村落における閉鎖的な共同体のなかで自給自足的におこなわれていた。その意味では、手工業とは農業と結びついた生産活動であり、自家のための作業であった。しかし、そうした古代村落の共同体が消滅していくことによって、それまでの村落における土地労働の目的は租や庸調・雑徭といった年貢や人頭税を納めることであったのが、荘園制下では土地そのものが領主の年貢徴収の対象となったことで、農業生産の増大が土地労働の第一の目標となる。

生産性の向上の過程で、それまで未分化だった農業と手工業が徐々に分離していくことになるが、それこそが「分業」の誕生である。もっとも、分業による農業から手工業の分化といっても、その進展の度合いは部門によって異なる。専用の工具を用いて集団的作業をする大工のような建築業や、仏具や蒔絵といった高度な技術を要する工芸品を作る作業は、早いものであれば古代の早い時期からみられたが、藁・竹細工のような少人数で日用品を作るような手工業は家内作業にとどまっていて、農業から分化していくのは中世に入るころからであった（これは、後述の都市の進展にもかかわるものでもある）。彼ら・彼女らは自ら道具を所持し、自家のためではなく、領主や共同体内外の人からの注文によって賃金を得て作業をするという「職人」へと変わっていったのだろう。

職人は、建前上は技術と道具（場合によっては材料）のみを持つ存在である。したがって、極端な言い方をすれば、農業従事者と違って、土地を持たなくても手工業による作業への賃金によって生活をしている、ということになる。もっとも、あたかも中世の職人のすべてが賃金だけで生活をまかなえていたようなイメージがあるかもしれないが、実際には、都市部と農村部においては労働の形態も違っており、職人のなかには土地を所有していた者・農作業も兼業していた者も少なからずいた。ということは、中世における貨幣経済の進展が鍵となることは言うまでもない。そして、中世における市場の拡大は、列島における流通経済の拡大・手工業生産の進展によるところが大きく、中世の経済は大きく成長したことは異論をまたない（桜井二〇一五、中島二〇一六）。そうした市場経済のネットワークのハブ（中継地点）としての役割を果たしたのが都市で、職人たちの主な活躍の場でもあった（斎藤・高島二〇一七）。職人にかんする情報が書かれた古文書が、物価の情報と同様に、経済先進地域の京・畿内に集中しているのは当然といえば当然なのかもしれない（図13）。

また、職人への賃金といっても、厳密には賃仕事（道具のみで原材料も持たず、注文と同時に原材料を与えられて、製品の制作・加工に従事し、その労働に対して報酬＝賃金を得る仕事）と、代金仕事（道具のほかに原材料も持ち、消費者の注文の有無にかかわらず、製品を制作・加工し、完成品を商品として販売する仕事）に分けられる。前者は建物建築や高級品の注文に対する仕事、後者は日常的な手工業品の制作・販売といえばイメージがわきやすいだろう。ここでも都市の発展が大きな鍵となる。つまり、都市部における人口の増加によって生活に必要な手工業品の需要を高めることになるので、職人による商品生産が盛んになるのである。これは代金仕事に特に当てはまることで、都市の数と規模がより進展した中世半ば以降、代金仕事の職人の種類がより多くなっていく（表6）。

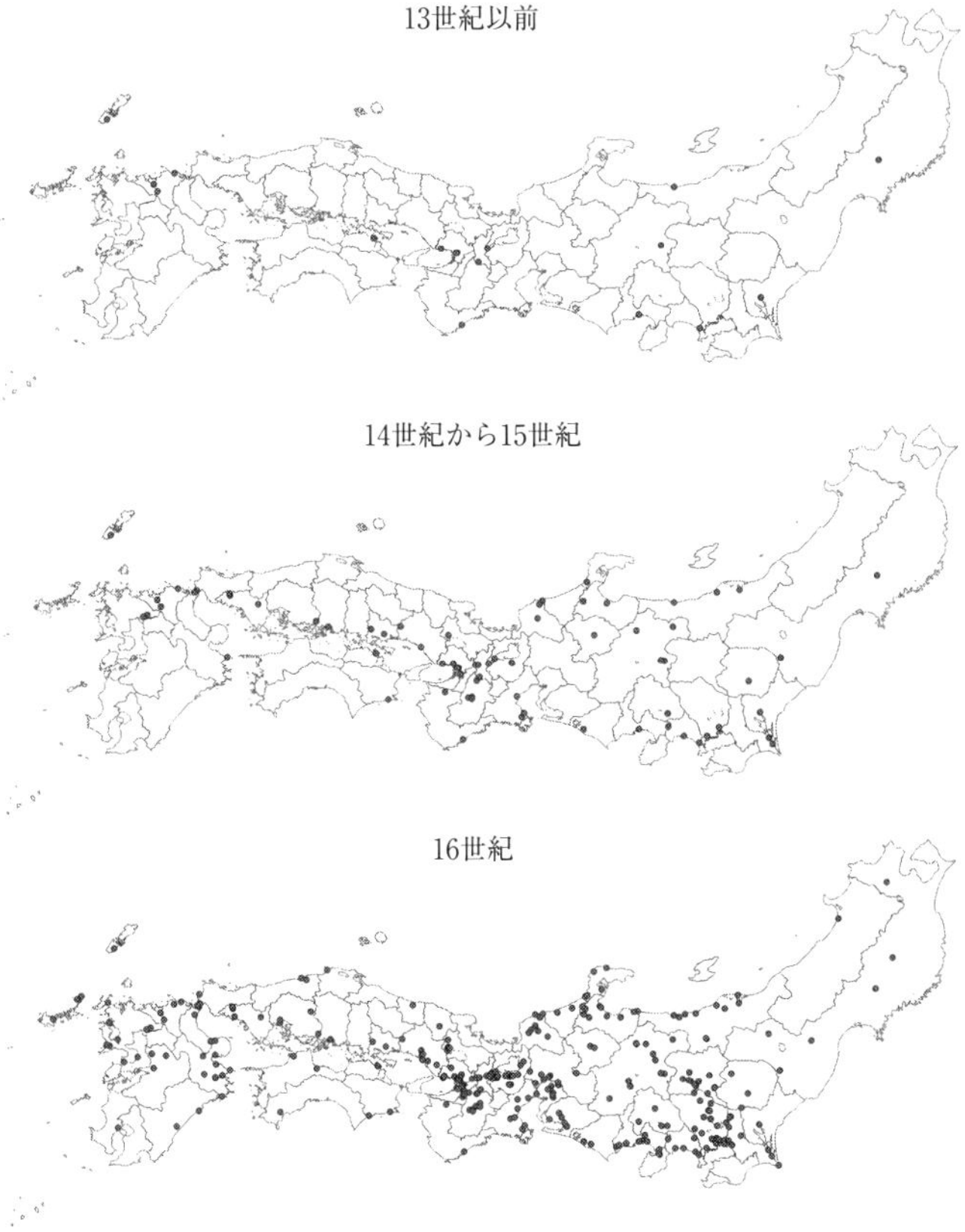

図13　中世における都市の増加　斎藤・高島（2017）

原田（1942）にまとめられている中世の記録上に確認できる大小のさまざまな都市を地図上にプロットし，年代順に追加していったもの．あくまでも引用元の研究にあらわされた都市のみであり，他の研究および文献資料にあらわれない都市はプロットされていない．たとえば『兵庫北関入船納帳《ひょうごきたせきいりふねのうちょう》』に記録されている15世紀半ばの瀬戸内海沿岸の100を超える港のほとんどはここでは登場しないことに注意．13世紀までは京，鎌倉，博多などの政治経済の中心地域に集中していたが，14世紀以降は列島の各地にあらわれていく．都市の点をつないでいくと街道のように連なっていくのがわかる．

表6　中世における都市人口の推移

	都市人口（1000人）	全国人口（100万人）	
		上限値	下限値
1000	135	4.7	5.8
1050	132	4.9	5.9
1100	120	5.2	6.1
1150	120	5.5	6.3
1200	131	5.6	6.3
1250	210	5.7	6.2
1300	207	6.1	6.6
1350	121	7.1	7.7
1400	239	8.2	9.0
1450	259	9.6	10.5
1500	406	11.6	12.3
1550	778	14.1	14.5
1600	1,088	17.0	17.0

斎藤・高島（2017）より作成．記録にあらわれた都市について，その都市に住む人口を推計して，1万人以上となったものを合計して都市人口としている．

このように考えると、職人という労働形態は、古代から中世へと変貌する社会経済のなかで生まれたことになる。そして、中世における職人の活躍とは、列島における市場の拡大、流通経済の進展、貨幣経済の発達、都市の成長といった、中世の経済成長の文脈に位置づけられるといってもよいだろう（なお、本書における職人の歴史については遠藤〔一九八五〕および渡邊〔二〇〇四〕に拠るところが大きい）。

さまざまな職人の世界

では、どのような職人が中世で活躍したのか、当時の絵図をもとにみていこう。職人の誕生の時代にふさわしく、中世にはさまざまな職種でさまざまな職人が誕生した。その様子を描いたものに、中世に描かれた、職人を題材とした歌合《うたあわせ》絵巻がある。「歌合」とは、歌を詠む人を左右に分けて、その歌を競い合う遊びで、平安時代に貴族や僧侶といった上流階層の間で始まったものであるが、その歌

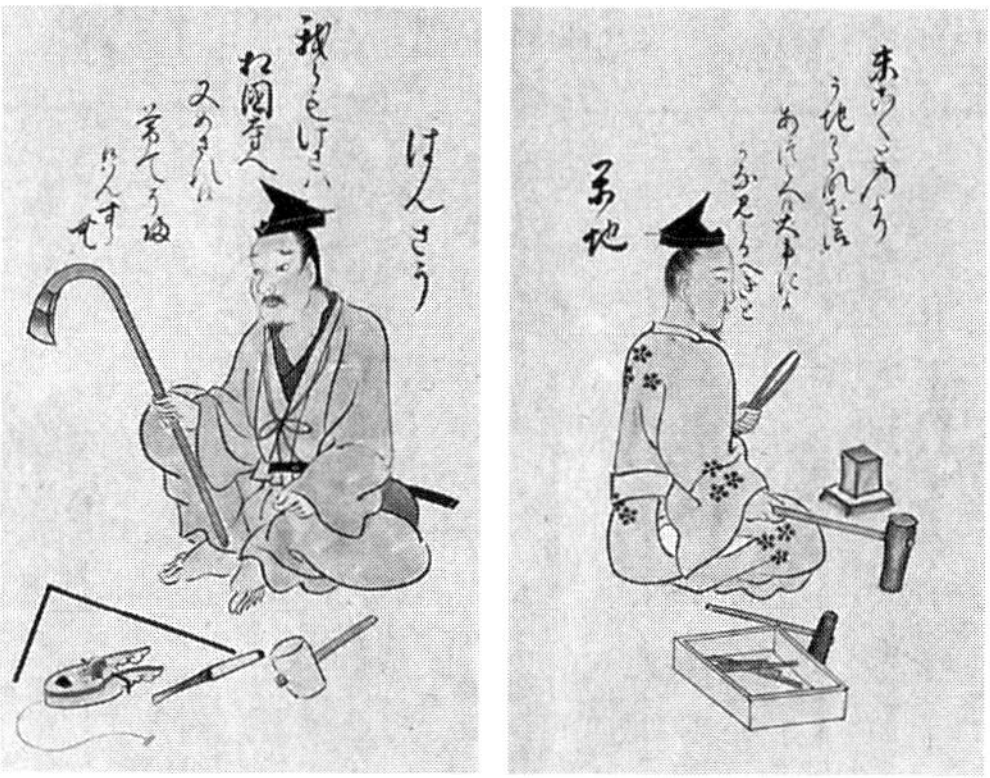

番匠　　鍛冶

図14　職人歌合に描かれた職人（東京国立博物館蔵『七十一番職人歌合』より）

の題材として職人を選んだものが「職人歌合」である（図14）。

　中世に詠まれた職人歌合は、『東北院《とうほくいん》職人歌合』（建保二年〈一二一四〉）、『鶴岡放生《つるがおかほうじょう》会《え》職人歌合』（弘長元年〈一二六一〉）、『三十二番職人歌合』（明応三年〈一四九四〉）、『七《しち》十一番《じゅういちばん》職人歌合』（明応九年〈一五〇〇〉）の四つである。いずれも原本は残っていないが、現存する写本に描かれた職人の姿はおそらく原本に近いものと考えられている（岩崎一九九三）。これらの作品にあらわれた職人の数は成立した年が後になるほど多くなっており、『東北院職人歌合』では一〇人（写本によっては二四人）、『鶴岡放生会職人歌合』は二四人、『三十二番職人歌合』は三二人、『七十一番職人歌合』は一気に増えて一四二人となってい

表7　職人歌合に出てくる職人の種類

工　業	職　業
土木建築	番匠・壁塗・桧皮葺
金属加工	鋳物師・刀磨・針磨・鏡磨
武具	鞍細工・鎧細工・鞘細工・矢細工・箙細工・弓作・弦売・蟇目刳
石工・窯業	瓦焼・玉磨
木工加工	桧物師・数珠引・車作・足駄作・櫛挽・枕売・傘張・烏帽子折・冠師・鞠括・沓造・草履作・箒売・笠縫・塞磨・念珠挽・皮買・皮籠造・穢多
織物	機織・帯売・白布売・直垂売・縫物師・組師
繊維工業	筵打・畳差・葛籠造
製版製本	経師
製糸	紙漉・唐紙師・畳紙売
美術	仏師・塗師・絵師・蒔絵師・硯士・貝磨
食品	包丁師・酢造・心太売・塩売・麹売・豆腐売・素麺売・酒作・薫物売・薬売
ほか	紺掻

『七十一番職人歌合』より作成.

る。それだけ中世という時代にさまざまな職人が生まれ、そして活躍したということだろう。まさに中世とは職人の世紀でもあった。

歌合に出てくる職人は多種多様である（表7）。まず目を惹くのは、番匠《ばんしょう》・壁塗・桧皮葺《ひわだぶき》といった建築関係の職人、鍛冶・蒔絵師・刀磨・銅細工のような工芸品製作者であり、このあたりは職人の代表的なイメージでもある。番匠とは「番上の工匠」の意味で、もともと律令体制下で飛騨などから招集され木工寮で働いていた大工のことをいった。ちなみに、「大工」という語自体も、律令制下の職員名であったものが中世にかけて特定の貴族や寺院に従属した建築技術集団の長を意味するようになる。現代の我われが使う「大工」の意味としては、戦国時代以降に定着したとされている（下房一九八六）。中近世移行期にイエズス会によって作成された日本語・ポルトガル語の辞典『日葡辞書』にも「banjǒ varô（番匠）」「daicu（大工）」「cagiya（鍛冶屋）」など職人の名が登場しており、他にも「canna（鉋《かんな》）」「curigana（曲鏇《くりがな》）」といった大工道具の名や、「chin（賃《ちん》）」「sacuriô（作料）」「quenzui（硯水《けんずい》）」のように報酬にかんする用語もとりあげられている（表8）。

歌合をみる上で興味深いのは、車作・箕《み》作・酒作といった製造業、あぶらうり（油売）・まむぎう売（饅頭売）・餅売・白粉売という販売業に加えて、舞人・楽人・田楽といった商業・サービス業に従事する人たちも多く描かれていることである。その意味では、職人歌合に詠まれ描かれた職人というのは、今日の我われが思うような建築・工芸関連の専門職というよりは、非農業民、現代的にいえば、農業を除く第一次部門もしくは第二次・第三次部門の仕事をしている人びとを総称していたと言ってもよいかもしれない。また、製造業にかんする職人絵をみると、例えば箕作や酒作の職人が作った箕や酒を売りに出ている姿を確認することができ、製造（第二次部門）と販売（第三次部門）が明確には分業化されていないこともわかる。もちろん、今日でも製造と販売が一緒の製造業者・販売業者は存在するが、商業というもののはじまりの時期はこのような作り手と売り手が未分化の状

表8　『日葡辞書』にみえる職人にかんする主な用語

用　語	ポルトガル語	カナ読み	意　味
番匠	banjŏ varô	バンジャゥワロゥ	大工の徒弟，あるいは，大工の下男.
鍛冶屋	cagiya	カヂヤ	鍛冶職人の家，またその鍛冶職人自身.
鉋・鐁	canna	カンナ	鉋（かんな）.
瓦師	cauaraxi	カワラシ	瓦を造る職人／瓦を造る瓦焼き職人.
賃	chin	チン	賃銭，雇い賃など.
木挽	cobiqi	コビキ	他人の助けを借りないで，手鋸を使って木を挽く人.
曲鏇	curigana	クリガナ	大工が滑らかに削るのに使う刃物の一種
大工	daicu	ダイク	大工.
飯米	fanmai	ハンマイ	飯の米，糧食としての米.
鋳物師	imoji	イモジ	鉄や青銅の器物を鋳造する人.
硯水	quenzui	ケンズイ	大工とかその他の労働者とかが，夕食あるいは普通の食事の時以外に飲む酒.
酒直	sacate	サカテ	酒の代価として支払うもの（酒代）.
作料	sacuriô	サクリョウ	大工の日給.
杣	soma	ソマ	木挽き，すなわち山林で木を切り木材を作る人.
手間取	tematori	テマトリ	日傭取りの者.
職人	xocunin	ショクニン	工作を職とする人（工匠）.

17世紀初頭に発行された長崎版日葡辞書 *VOCABVLARIO DA LINGOA DE IAPAN com a declaração em Portugues*（ポルトガル語の説明を付したる日本語辞書）の日本語翻訳版より作成.

態であったと思われる（斎藤・高島二〇一七）。

歌合で詠まれた歌には職人たちの心情をあらわしたものが多いが、それらは貴族たちが職人に仮託したものであって、職人自身が詠んだものではない。

職人をみる目線

しかし、さまざまな職人たちの思いを吐露したような歌を詠んでいたということは、それだけ中世の上流階層と職人のかかわりが深かったことを物語っている。つまり、邸宅・寺院の建築、日用品・美術品の製作・購入、舞台や演劇鑑賞など、さまざまな生活の場面で、職人たちとつながっていたということである。ここから、いまの我われは職人たちの仕事内容だけでなく、その感情や思想や生き方などを――あくまでも間接的にではあるが――うかがうことができる。

もっとも、それらの歌は実際は貴族たちが詠んだものなので、そこには職人たちに対する厳しいまなざしがかいま見えるのも事実である（岩崎一九八七、家塚二〇一五）。室町時代に編まれた『三十二番職人歌合』の序文には以下のようなくだりがある。

こゝに我等卅余人、いやしき身、しな同じきものから、そのむしろにのぞみて、その名をかけざること、将来多生の恨なり（中略）もし、月と恋とを題せば、すゝみては、をくれたるにむちうち、えすゝみがたきをそりあり、しりぞきては、同類のしりぞけがたきおもひあり。いはゆる田夫の花の前にやすむは、我家の風体なり、まさに花を題として、又おもひをのぶる一首をくはふべきをやと（中略）世のあざけりをはずといへども、利口滑稽のすがた、艶詞正道のたすけとならざらめかも。

（ここにいる私たち三十人余りは、身分も卑しい同じような者たちで、歌の筵に臨んだ際、お互いに名前を呼ぶことはしないので、そのことが後々多くの恨みとなるでしょう（中略）もし、月と恋の歌を詠んだとしたら、称賛の言葉を贈るでしょう。反対につまらない歌であれば、批判をすることもあるでしょう。私たちは田舎者が花の前に休むように、自分たちの身分に合った題材である花と述懐で歌を詠んで、その思いを表現しようとしている（中略）世間の風当たりが強くても、それでも私たちは批判を避けず、利口かつ滑稽な歌を詠むことで、艶歌の道の助けになればと思っています）

（『三十二番職人歌合』）

ここにあらわれているのは、職人の「もどき」をしている貴族が、自分たちを「いやしき身」と卑下している姿である。歌の題材も（貴族が詠むような）月や恋ではなく、自分たちの身の丈にあった花にした、そして世間の風当たりは強くても、歌を詠むのである、としている。当時の貴族社会とかかわりが深かったものの、彼ら彼女らの職人たちへの目線はやさしいものではなく、賎視の要素を多分に含むものであった。実は同じ歌合でも鎌倉時代に編まれた『東北院職人歌合』や『鶴岡放生絵職人歌合』には、このような記述はない。この『三十二番職人歌合』より後に編まれた『七十一番職人歌合』にも、ニュアンスは異なるものの「おろかなる草のむしろ」と近い記述がみられる。

こうした職人への厳しい目線は、貴族たちだけでなく都市住民の間でも存在したようである。時代は下るが、以下に引用するような近世の京都の町式目《まちしきもく》（町の住民によって取り決められた規則）には特定の社会身分の人たちへの町内の家の売買や居住を認めないものが多く、その対象となる職種は多岐にわたっているが、多くの職人たちが含まれていたことが確認されている。

借屋借シ申間敷事

一、藍染屋　一、湯屋　一、風呂屋
一、薬鑵屋　一、鍛冶屋　一、木地屋
一、薄《〔ママ〕》屋　一、竹屋　一、なめし皮ふすへや
一、突米屋　一、油しめ屋　一、材木屋
一、桶屋　一、飛脚屋　一、鋳物師
一、合羽屋　一、打綿屋　一、馬屋
一、道具夜市道具の会同取売

右之外ニも人之きらひ申職商人、又ハ火之用心悪敷家業ニハ借シ申間鋪事、幷家為

買中事も右ニ同前之定也

（柳八幡町文書「享保元年八月　諸事町中式目之定」『京都町式目集成』）

中世職人の賃金

職人の賃金にかんする記録は、物価と同じく京・畿内に集中している。中世に列島各地に広がった荘園の領主であった貴族や寺社のほとんどは京・畿内にあったので、それらが神社仏閣など建物の増改築にあたって職人たちを雇い、その際に支払った賃金の記録が豊富に残っているからである。先の職人歌合でも触れたように、それだけ寺社と職人との関係は深かったのである。

職人の賃金が書かれた記録

もっとも、前近代の——しかも「統計」という概念のない——六百年から千年近く前の中世であるので、現在のように毎月毎年、公的機関によって労働者の賃金情報が調査・集計されているわけではない。分かりやすく言えば、鎌倉幕府や室町幕府が、京都の寺や神社の建物の建築・改修工事に雇った大工たちに支払った賃金をわざわざ調べたりはしないということである。そうなると、賃金の情報は、貴族・寺社などの各雇用主それぞれの記録を集めなければならない。しかも、毎年すべての雇用主側の記録があるわけではない。そうなると、やるべきことは、さまざまな中世の賃金情報をかき集めて、そこから趨勢を知るということである。もちろん、同一ソースから得られた時系列の情報ではないので、現代の統計的・経済学の分析からすれば、はなはだ貧弱なデータセットであると言われればそうである。しかし、中世に限らず前近代の歴史データとはえてしてそのようなものであり、その限られたデータと向きあって考えうる分析方法を編み出し、その分析結果をどのように解釈するのか、そこに研究の醍醐味があるといってもよいだろう。

では、実際の中世古文書に書かれた職人の賃金についてみてみよう。

金剛心院御堂上葺修理惣入目之勘録状
　文明十四年自潤七月一日至同十八日作事了
六貫八百七十四文　　曾木代
八百七十四文　　上木舞代
五百六文　　下木舞代
廿三文　　松ヌキ一支
六十二文　　ナカノ代

貳貫三百文　釘代
九貫九百文　番匠九十九口御廳作料
五百文　杣五口
七百六十四文　モテナシ四度ノ入目
貳貫百文　祝ニ出ス
五百文　集会二度ノ酒直
五百文　勘録酒直
五百文　院主へ振舞
　　已上廿五貫四百十二文
　檀上北ノ土クレハシ修理分
百五十文　カスカイ
五百文　番匠五口
　　已上六百五十文
惣已上廿六貫六十（ママ）二文
文明十四年潤七月廿日　谷上院主勝賀（花押）
（「金剛心院御堂上葺修理入目勘録状」『大日本古文書　家わけ第一　高野山文書之二』）

この記録は高野山金剛峯寺に関係する寺院に伝来した中世古文書からのもので、文明十四年（一四八二）閏七月一日から一八日までの期間に寺院内の建物修理をおこなった際の出費の書上げである。書かれた費目の中に、曾木代、上木舞代、釘代、カスカイ（鎹）の建築資材の代金に混じって、金剛心院御堂上葺修理の作業では番匠九九人に対して九貫九〇〇文を、土クレハシ修理の番匠五人に対して五〇〇文の作料（賃金）を支払っていることがわかる。それぞれの一人あたりの作料は、前者の九貫九〇〇文は九九〇〇文なので、これを九九人で除せば一〇〇文、後者は五〇〇文を五人で除して一〇〇文となる。別の資料も見てみよう。

一御遣足之事
延徳四年三月五日
貮百廿文　食堂北面石段修理、川原者二人
廿文　同酒直
五十文目　門指二人・手代三人酒直　同日
二文　茶
貮百廿文　観智院殿前石橋并観定院石段修理、川原者二人作料　同六日
（中略）

八條大宮構修理入足之事

百十文　番匠作料　三月七日

十文　同酒直

貳百廿文　日役二人作料　同日

六十文　門指二人・〻夫四人酒直　同日

三文　茶　同日

三百文　栗木三間木二本代　同日

百文　五連七寸

卅二文　三連二連之代　同日

六十文　八條ミふクわンぬきまき金代

百十文　番匠作料　同十二日

六十文　門指二人・〻夫四人酒直

（後略）

（東寺百合文書・わ函一二三「造営方散用状」明応元年〈一四九二〉一一月日）

この資料は東寺における各造営工事にかかった費用をまとめて書き上げたもので、ここでも建築資材費にまじって、人件費（職人に支払った作料）が書かれている。具体的には、三月七日に番匠に一一〇文、檜皮大工三人に三三〇文、一人あたり一一〇文となっている。また、賃金としての作料に加えて、「酒直」が一〇文ずつ支払われていることに注目すべきだろう。これは、今でいうところの「賄」のニュアンスに近い意味をもつものであり、この史料では銭で支払われているが、米や酒などの現物で支払われたこともあった。興味深いのは、石段修理として川原者（河原者）に対して作料と酒直が支給されていることである。河原者の中には芸能・土木・造園など多様な専門的な職業に従事していた者も少なくなかった。この資料にあらわれた河原者も東寺の建物の造園・土木工事に通じた特別な職能を有した者であったと考えられる。

賃金の複雑さ

資料からもわかるように、職人が得た報酬は「作料」や「手間」と書かれていたことが多かったようである。それらを現代における「賃金」と同義のものとして呼ぶのには違和感を覚える向きもあるが、プロローグでも説明したように、ここでは呼称を現代的な用語で統一することをことわっておく。加えて、先ほど述べたように、作料や手間といった賃金には賄は含まれていないし、職人の技術的な理由や労働市場の需給状況によって支払われた「増手間」も含まれていない。記録によっては、こうした賄や増手間にかんする情報が書かれていない場合も多く、特に賄については支給されていても（それが慣習的なものとして）情報として記載されていなかったことも想定され

表9　職人の職種と賃金の事例

年　次	職　種	作料(手間)1人あたり	増作料（増手間）
1445年（文安2）	大工	100文	1人35文
	大工	100文	1人35文
	大工	100文	1人26文強
1464年（寛正5）	番匠	100文	3人80文（大工・長・引頭のみ）
	葺士	100文	3人80文（大工・長・引頭のみ）
	染士	100文	—
	杣人	100文	—

「天野社内小修理勘録状案」文安2年11月，「天野宮社辺修理勘録状」寛正5年5月（『高野山文書』所収）より作成．

る。したがって、ここで「賃金」と呼んでいたとしても、それがイコール「収入」のすべてではないということには注意が必要である。

文安二年（一四四五）および寛正五年（一四六四）の高野山金剛峰寺の天野社における造営工事の記録をみてみると、番匠・葺士・染士・杣人《そまびと》といった職人の賃金はいずれの場合も一人一日あたり一〇〇文であったが、追加の増手間は、番匠と葺士大工・長・引頭という技術の高い熟練職人にのみに出されており、染士・杣人には出されていなかったようである（表9）。つまり、修理工事の内容によって、あるいは職人の職階によって異なった率の増手間が出されていたことになる。

このように、中世文書にはさまざまな職人についての賃金の情報が書かれているが、そのほとんどは先にも述べたように個々の記録からの情報であり、何か統一された基準によって書かれたものではなく、それぞれの「作料」という賃金情報には何の関連もない場合がほとんどである。よって、それらをいくらたくさん集めてデータセットを作ったとしても、それは現在の何らかの調査方針をもって調べられ整備された統計表にあらわれた賃金と同一視することができないものなのである。

これらはあくまでも名目賃金（この場合は、貨幣で受け取った額面通りの金額）であるため、この大工や番匠たちが受け取った賃金の高低は、当時の社会においてどれだけの水準であったのか、またその賃金でどの程度の生活ができ、どれくらいの生活に必要なモノが購入できたのかを知るためには、同じ時代の物価を知る必要がある。そのためには、理想的には当時消費されていたであろう複数の物品から消費者物価指数を計算し、それで賃金を除する（デフレートする）ことで実質賃金を計る必要があるが、肝心の物品の価格情報も賃金と同様で、たくさんの中世古文書から個々の情報をかきあつめなければならず、しかもかろうじて時系列で計測できるのは、ほぼ米価一択といった状況である。

このように書くと、中世の賃金データでは結局大したことは分からないから、せいぜい趨勢を知るくらいが限界かと思われるかもしれない。だから、「推計」をすることが重要となってくるのである。推計である以上、歴史の真実にはたどり着けないかもしれないけれども、真実に近づくことはできる。その点に限っていえば、定量的な数量経済史だけでなく定性的な文献歴史学も（文献によって歴史を可能な限り復元するという意味において）同じである。歴史学とは、採用されるアプローチにかかわらずそういう学問なのである。以下、中世の実質賃金の推計結果とそこからみえるものを考えてみよう。

中世の賃金データベース

中世の実質賃金を推計したものは、二〇一七年に数量経済史のレクチャーシリーズである『岩波講座　日本経済の歴史』で発表されたものと、後に修正が加えられた二〇二〇年発表のもの（斎藤・高島二〇二〇）の二つの系列がある（以下、これら系列をそれぞれ「二〇一七年推計」と「二〇二〇年推計」と呼ぶ）。各系列の推計方法は元の研究に詳しく書かれているが、ここでも簡潔にではあるがその手順について、最新の二〇二〇年推計を中心に説明しておこう。

元データである中世の大工賃金と米価のデータの大半は、古代の章でも紹介した、国立歴史民俗博物館「データベースれきはく」（歴博データ）のウェブサイトから入手したものである。大工を含む職人の賃金データの観測数は一〇〇〇点近く確認することができ、大工、船大工、石工《いしく》、木挽《こびき》、染師、屋根葺といった多様な職種を確認でき、その九割は貨幣で支払われたものとなっている。このように説明すると、中世の賃金データは予想以上に量として豊富な印象をうけるかもしれない。しかし、データとして利用するには、最低でも一人もしくは一日あたりの賃金が判明しないといけない。実質賃金を考えるのであれば、同時に物価の情報（ここでは米価）も、賃金と同様に個数もしくは単位あたりの価格が必要となってくる。そして、それらの情報は地域差も考えれば、なるべく同じ地域のものので長期的かつ数量的分析に堪えうる最低限のサンプル数が確保できるデータを抽出しなければならない。こうした条件にかなうデータに絞っていくと、京都もしくは奈良を中心とした地域のものに限定されるようになる。なぜこの地域に多いのかは、当時、荘園経営によって権勢を誇った寺社は京都・奈良に集中しており、そこで雇われた建築職人の情報が必然的に多く、そして詳細になるからである。

たとえば、職人の賃金について、銭貨での使用が観察されつつあった一二世紀半ばからを起点、その終点を中世末までとして一一五〇年から一六〇〇年までの期間の間での職人（歴博データでは、大分類「人件費」、小分類「造営」）で検索すると七一一件を確認することができる。ここから地域が京都のものは四三七件となり、さらに銭での支払いで、かつその一人もしくは一日あたり労働の賃金がわかるものに絞り込むと一二六件となる。また、同じ条件で小分類を「工賃」とした場合は三四六件となり（ただし、歴博データの小分類は複数指定となっているため、「造営」との重複分が含まれている）、ここから地域と単位あたり労働の賃金がわかるものは一四件となる。合計すれば「造営」と「工賃」の人件費一〇五七件の情報の中から一四〇件の賃金データが利用可能となる。つまり、すべての情報が統計的利用に堪えうるものではなく、中世京都の職人でいえば検索されたデータ全体の一割くらいの賃金データしか残らないのである。また、米賃金を計測するための米価データについては、条件を「一一五〇―一六〇〇年」、「食料・米」、「銭貨・紙幣」とした場合は、五七七五件の個別データとなり、職人の賃金のデータ数と比べればおよそ二倍となるが、ここから単位あたりの価格が判明するものは二八九二件、京都のものと判明するものは二〇七〇件と、それぞれ半分程度となり、両者の条件を満たすものとなると、わずか三一五件しか残らなくなる。

データベースを加工していく

図15は、この歴博データからの賃金データをプロットした散布図である。期間は一四世紀後半から一六世紀後半までの中世半ば

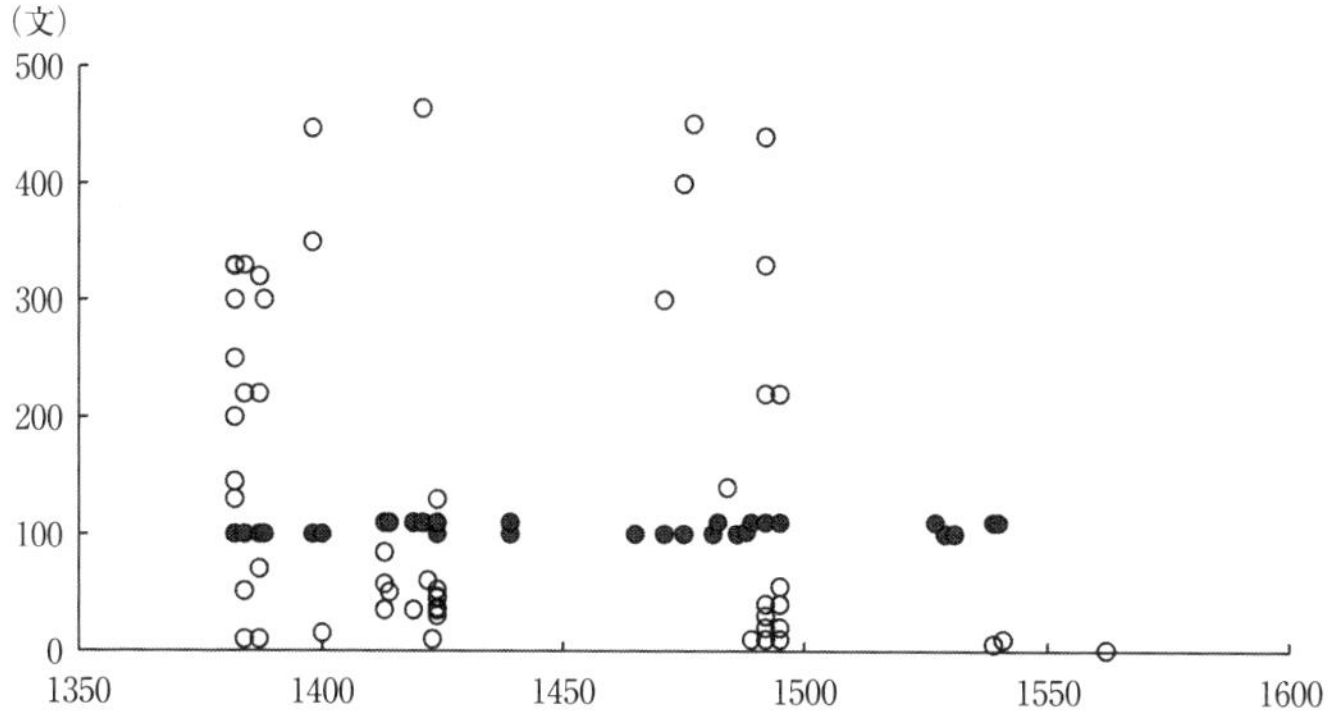

図15　銭払いによる職人（熟練）の賃金

歴博データベースより作成．大工に限定し，500文以上を除いた．傾向を分かりやすくするため，100-110文を塗りつぶしている．

から後半となっている。職人の種類はさまざまではあるが、ここでは職種を統一して大工に限定し、また、計算上五〇〇文以上の極端な数値となるデータもアウトライヤー（外れ値）として除外している。注意しなければならないのは、ここで扱っているデータは、支払われた賃金と労働にたずさわった職人の人数から一人あたり賃金が計算できる事例を基本としているが、そうでないものも含まれていることである。というのも、大工賃金は棟梁クラスの者に一括して支払われることが多かったため、人数が不正確であったり、概数であった可能性があるからである。また、その人数の中に、より低い職階の徒弟や年少者（童）が含まれていると、一人あたり賃金の推計値は（平均であるので）過大もしくは過少になっている場合も考えられる。

とはいえ、このプロットからわかることも多い。賃金はかなりの長い間一〇〇文から一一〇文あたりに集中しており、それは全データのほぼ半数を占めている。したがって、これを中世の大工の平均的な賃金とみることができるだろう。しかし、およそ数百年の間、賃金が大きく変わらず同じ水準であったことは、現代人の感覚からすれば不思議に思うかもしれない。これは大工にかぎらず他の熟練労働者や日雇の非熟練労働者にもあてはまる。つまり、経済学的にいえば、中世の労働やサービスといった人的労働に対する名目賃金は、かなりの長期にわたって硬直性をもっていたことになる。これは米などの他の財の価格、すなわち物価が常に変動するのとは対照的である。もちろん、労働・サービスに対する報酬が硬直的なのは現代でもよく見られることだが、これほどまでの長い間に同じ賃金水準であったことを中世の人びとが受入れていたという事実は、何を物語っているのだろうか。中世人は、賃金が変化しないからこそ、常に変化する物価というものによって賃金が実質的に変動することを、現代に生きる我われよりずっと直感的に理解していて、そうした変化に対して敏感に労働市場は反応していたのではないかと思えてくるほどである。

実際、その推移を注意深くみてみると、僅かではあるが、一五世紀中に最頻値が一〇〇文から一一〇文へ移行したこともわかる。この一〇文という賃金の上昇の背景について確実なことを証明するのは難しいが、いくつかの背景を考えることはできる。それは、労働市場の需給状況の変化であり、増手間（上乗せ分の賃金）の事例が増えることによって、その傾向が徐々に賃金（手間）そのものへの水準に影響を及ぼしたことが考えられるのである。というのも、中世後半になると、京都の有力寺院や神社を雇主とする大工たちが彼らの「職」の保障をめぐって相論を起こしていたことや、さらに彼らが結託した「座」が集団でストライキをおこなうといった動きがこの時期に確認でき、雇主である寺社がこれまでのような職人に対する選択権を失ってきていたこと、職人が雇主に対して優位な立場になりつつあったことも観察されるからである（斎藤・高島二〇一七）。

となれば、大工のような熟練職人たちは、自分たちの持つ技術力（スキル）を背景に、雇主に対して賃金ベースアップのための交渉力を有するようになったと考えることもできるだろう。これは実際の史料にもいくつかの事例を確認することができる。

頭衆小工最前五百貫にて山入之事御請不申候とて、種々申事有、上人御腹立、綸旨御下知、造営使殿江御返し可有之由候、然聞貴彦頭衆小工召寄、神慮不可然之由申聞、以内々曖申候、十五日夜、造営使殿被仰事ハ、今二百貫可被相副之由、被仰出候、此由頭衆小工ニ申聞候、同重十六日、早天ニ御立可有之由被仰候へ共、兎角申者有ニ付而ハ、造営使殿上意江可有御披露之由にて、重而貴彦常辰ニ被仰出候、達而雖申事候、両人堅申、七百貫にて山入頭小工御請申、公用ハ五百貫、山入前ニ上人御渡可有也、二百貫ハ御材木宮中着にて、造営使殿御渡可有之、十六日、造営使殿御立也、上人則二百貫余御渡也、頭衆請取也

（『永禄記』）

ここに描かれているのは、永禄六年（一五六三）の伊勢神宮外宮造替工事で、杣山での作業において全員で五〇〇貫文の賃金を提示されたことに納得せず、二〇〇貫文の増額を勝ちとった職人たちの姿である（大河一九七一）。造営を担当する頭衆が雇主に対して強気の交渉をしていたことがうかがえる。

非熟練の賃金

ただし、注意しなければならないことがある。それは、こうした賃金の変化やエピソードは技術のある熟練の職人によるものであって、相対的に高度な技術を要さないとされた日雇の土方人夫や庭掃除といった非熟練の労働者では違う傾向が見られることである。歴博データにある一人あたり賃金が計算できる非熟練の銭払賃金をみてみると、そのほとんどは一〇文となっており、大工のような熟練に比べるとその十分の一程度の低い水準になるのだが、必ずしもすべてが一〇文かというとそうでもなく、中には、五〇文、一〇〇文、一一〇文の賃金をもらっている非熟練も多い。その原因として、歴博データにおける作業人数と日数の情報が不完全なものが記録に混じっている可能性がある。また、データ上では、非熟練としてカテゴライズされた職種のなかには、実は特殊な技能や作業内容が求められる、いわゆる「非熟練」とは違う職種が含まれていたことが考えられる。たとえば、賃金の資料の紹介にも出てきていた河原者である。彼らの彼女らのなかには特殊技能を有する者が出てきており、善阿弥《ぜんあみ》のように将軍家に雇われて熟練職人並みの賃金を稼ぐ者も現れている（脇田二〇〇二）。歴博データを確認してみると、庭木や築垣修理などの作庭師的作業に従事していたにもかかわらず「非熟練」と分類される河原者には一〇〇文程度の賃金が支払われていたというデータが含まれている。また、文献史料にも、熟練職人がそうしたように、造園師が雇主に二〇〇疋（二〇〇〇文）増額

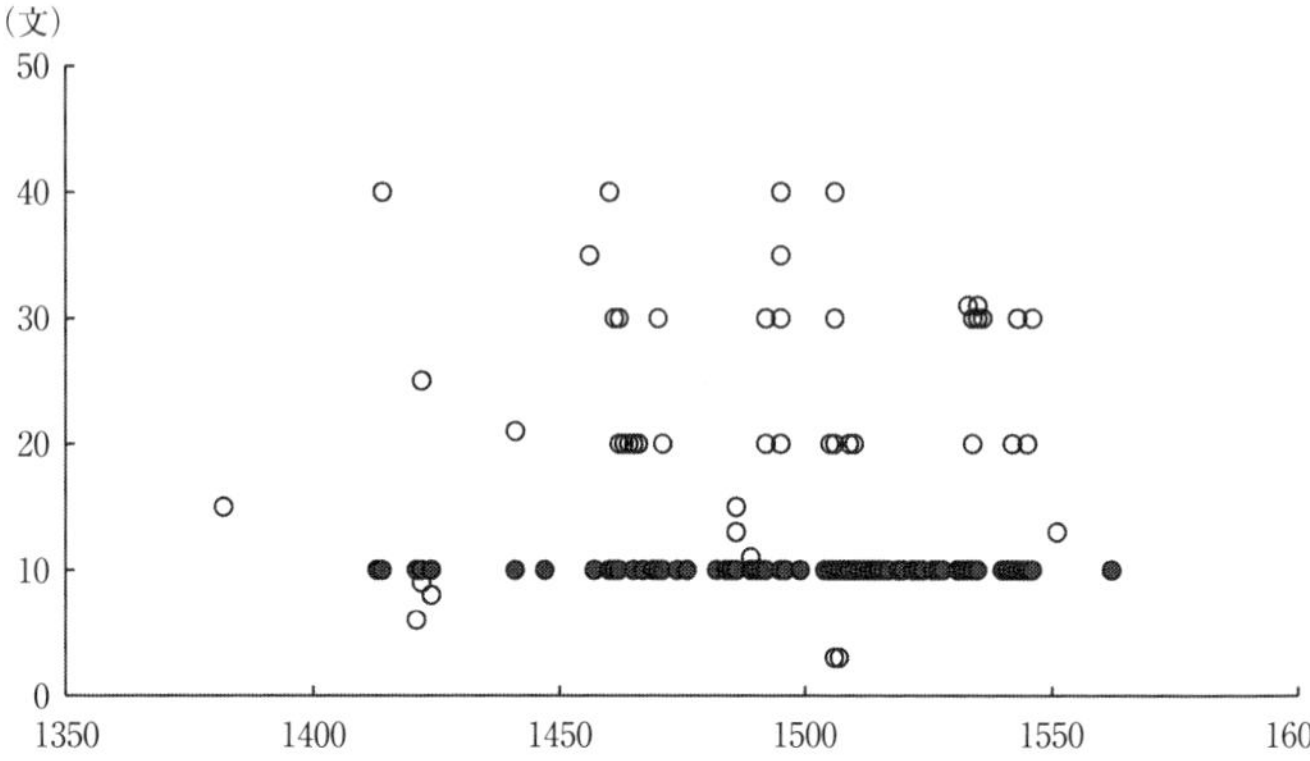

図16　銭払いによる人夫（非熟練）の賃金

歴博データベースより作成．人夫に限定し，50文以上を除いた．傾向を分かりやすくするため，10文を塗りつぶしている．

してもらった事例も確認できる（林一九九五）。

その意味では、非熟練というカテゴリでデータベースを作るのはやや範囲が広くなるので、職業名を「人夫」に限定し、さらに五〇文以上の賃金を得ていたケースも除外したものをプロットしてみよう（図16）。期間は熟練職人と同じく中世の後半あたり、一四世紀後半から一六世紀後半を対象としている。趨勢をみれば、一部には二〇文や三〇文のようなやや高めの賃金も存在しているが、全体をみれば一〇文が全体の約八割を占めている。しかも、最頻値と中位値を確認しても一〇文である。また、非熟練の賃金水準も熟練と同じように一五世紀から一六世紀後半までの約一世紀半にわたり一〇文で変わらなかった。

これは、中世という時代は「非熟練は一〇文」というのが共通した認識であったともいえるかもしれない。そのように考えれば、先にあげた熟練職人についても同様のことが当てはまることになり、その賃金水準は一〇〇文、そして一一〇文であったということも、やはり中世の社会における標準的な認識であったということになる。

ビタ銭の問題

先にも述べたように、データベースにあらわれた賃金とは名目賃金であるので、これを実質化する必要がある。とはいえ、現在のように消費者物価指数を作成できるほどに物価データは潤沢ではないのが中世なので、ここでは物価指数の代理として、最も長期の数的情報が得られる米価に絞ってデータを取得し、それをもって実質賃金を計測することにしたい。したがって、ここでの実質賃金とはあくまでも米価によって名目賃金を実質化（デフレート）した「米賃金」であり、今日でいうところの実質賃金とは厳密には違うことには留意しておく必要がある。

中世の米価について賃金と同じく歴博データをもとに系列を作成したのが図17である。期間は一三世紀半ばから一六世紀後半までのおよそ二五〇年間となっている。図には実線に加えて修正系列の二つが用意されている。まず、黒色のマーカーをつないだ実線の方が二〇一七年推計で利用した米価系列で、これは地域のカテゴリが京都のものに加えて、大和・山城・播磨の周辺地域も加えた系列である。ただし、中には取引量と支払額が曖昧な

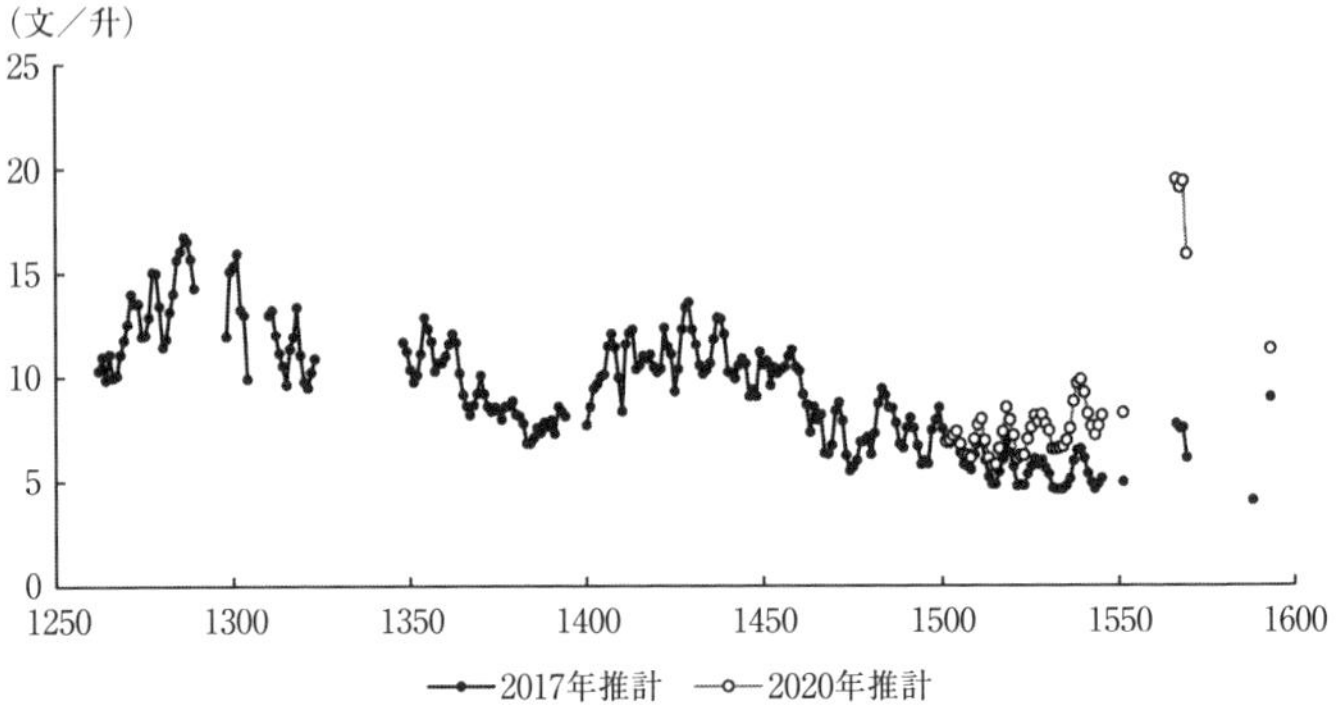

図17　中世の米価系列

2017年系列（黒色マーカーの系列）は歴博データ，百瀬（1957），京都大学近世物価研究会（1962）の米価を合成した３か年平均の系列．出典は高島・深尾・西谷（2017）だが，Bassino, Fukao and Takashima（2010）での推計が元となっている．2020年系列（白抜きマーカーの系列）は，斎藤・高島（2020）にて2017年系列を京都・奈良の系列にて修正したもの．

データも含まれているが、確実なものだけを抽出するとサンプル数が減少してしまうため、ここでは三ヶ年平均系列で計算しなおしたものとなっている。白抜きのマーカーにてあらわした薄い線が二〇二〇年系列である。こちらの系列は二〇一七年系列をベースにして一三四八年を始まりとしているが、一五〇〇年までは旧推計を踏襲して、それより後の一六世紀を京都・奈良の米価を利用して改訂したものである。

　両系列をみると、一五世紀前半から半ばあたりから一六世紀半ばにかけて米価は急激な乱高下の動きにあったことがわかるが、その動きは対照的である。この理由は、それぞれの系列を推計する際においたある条件が違うためである。それは、中世後半にあらわれたビタ銭とその流通が拡大していったことと米価の関係についてである。ビタ銭とは、中世に流通した粗悪な銭貨であり、たとえば表面が摩耗して文字が見えなくなったもの（破銭）、割れたもの（欠銭）で、呼称としてはカケ、コロ、ヒラメなどさまざま呼称があった（ここでは混乱を避けるために「ビタ銭」で統一する）。また、中国・国内で私鋳された銭も含み、いずれにせよ額面通りの一枚一文として通用しない通貨であった。このビタ銭と対になるのが、額面通りに通用する「精銭《せいせん》」である。

一般に日本史においてビタ銭を嫌って撰銭（取引の際に銭貨の質で区別をつけること）が頻繁に確認されはじめるのは一五世紀に入ってからとされているが、それはビタ銭の使用が実際のモノの取引において普通に使用されていたことを示すわけではないことには注意が必要である。というのも、社会にあらわれはじめたころのビタ銭は、記録上は排除の対象として出てくるのがほとんどだったからである。もっとも銭貨そのものの供給という事情もあって、一五世紀末頃には、為政者による撰銭令の発布があり、精銭とビタ銭の混入比率を規定したうえで精銭と等価のサシ銭（銭貨の穴に紐を通してまとめた銭）として利用させるということも出てきた。もっとも、こうした試みにどれくらいの実効性があったかはわからないが、少なくとも取引においてビタ銭が使われた際には、精銭とビタ銭は等価で扱うべし、というのが原則であったようである。

こうした状況に変化が出てきたのが一六世紀である。特に一六世紀後半になると、列島内での銭不足が深刻化していく。その背景として、経済成長や戦争の長期化による銭そのものの取引需要の増加もあったが、供給側の要因も大きかったことが指摘されている（黒田二〇一四、川戸二〇一七、高木二〇二〇）。つまり、当時の銭の輸入を担っていたのは倭寇による密貿易であったが、明の対策による活動の沈静化、および中国南部の銭の製造・密輸拠点の取り締まり、日本への銭を含む銅の輸出禁止政策などの外的要因である。日本と大陸の間での貿易環境が大きく変わったことで、列島への銭輸入が激減し、銭不足が深刻化することになった。

供給が途絶えてくると現在流通している銭のみで取引をせざるをえなくなる。そうなると、これまでは忌避の対象であった悪銭とは区別されたところのビタ銭が、ビタであっても低い価値をつけられて流通するようになり、銭市場に階層化が生じることになった。ただし、ビタ銭が一六世紀にどの程度、市場に通用していたのかについては、数的資料から読み解くにはそのサンプルが少ないが、永禄一二年（一五六九）の織田信長が出した撰銭令――それまで室町幕府や他の戦国大名が出していた撰銭令のような精銭とビタ銭の等価原則を捨て、基準銭（宋銭・永楽銭などの良貨）は一文、他の銭は基準銭の二分の一、五分の一、十分の一……というように、基準銭以外の銭貨を三つのカテゴリに分け、それぞれにレートを定めたもの――に半分充てのサシ規定があることから類推してみれば、その趨勢は、一五世紀初頭から徐々にビタ銭の使用が拡大し、一六世紀後半のどこかでビタと呼ばれる低位銭が市中での主要貨幣になったということになる。これは逆にいえば、精銭が市場より姿を消したことを示唆するものでもある。こうした歴史的経緯から類推して、中世半ば以降のビタ銭の通用比率について、各歴史の局面ごとに先行研究での情報をもとに仮定をおいてトレンドを作成することになる。

つまり、米価からみる中世物価の推移は、二〇一七年系列では一四世紀から続く一六世紀の最初の五〇年間はデフレが進行していたが、一五五〇年より小幅ではあるがインフレに転じたことになるのに対して、二〇二〇年系列は一五〇〇年以降上昇が始まり、そして一五六〇年代からは激しいが短期間のインフレとなり、やがて、一五六〇年末以降はインフレが終息に向かったと解釈していることになる。インフレ幅の差については、精銭不足からなるビタ銭の価値上昇とその時期的な違いによるものである。

もっとも、二つの異なる米価系列は、共に文献情報を数量的なトレンドとして類推して置いた仮定によって算出されたもので、一六世紀の推移については、その結果の解釈と利用にかんしては慎重にならなければならない。この時期の米価・賃金の動向については、筆者を含む研究グループによって現在も改訂作業が進められているが、二つの異なるトレンドを描いた系列からは、中世経済のインフレの解釈には相反する系列が存在するという現状の研究結果に注意しておかなければならない（これは、この後の米賃金の推計についても同様である）。

米賃金の推計

限られた情報にいくつかの仮定をおいてきたが、ようやく推計のためのパーツがそろった。いよいよ米換算による賃金＝米賃金の推計である。米価系列にしたがい、新旧両方の米価をもとに作成した二つの系列をのせておいた（図18・図19）。

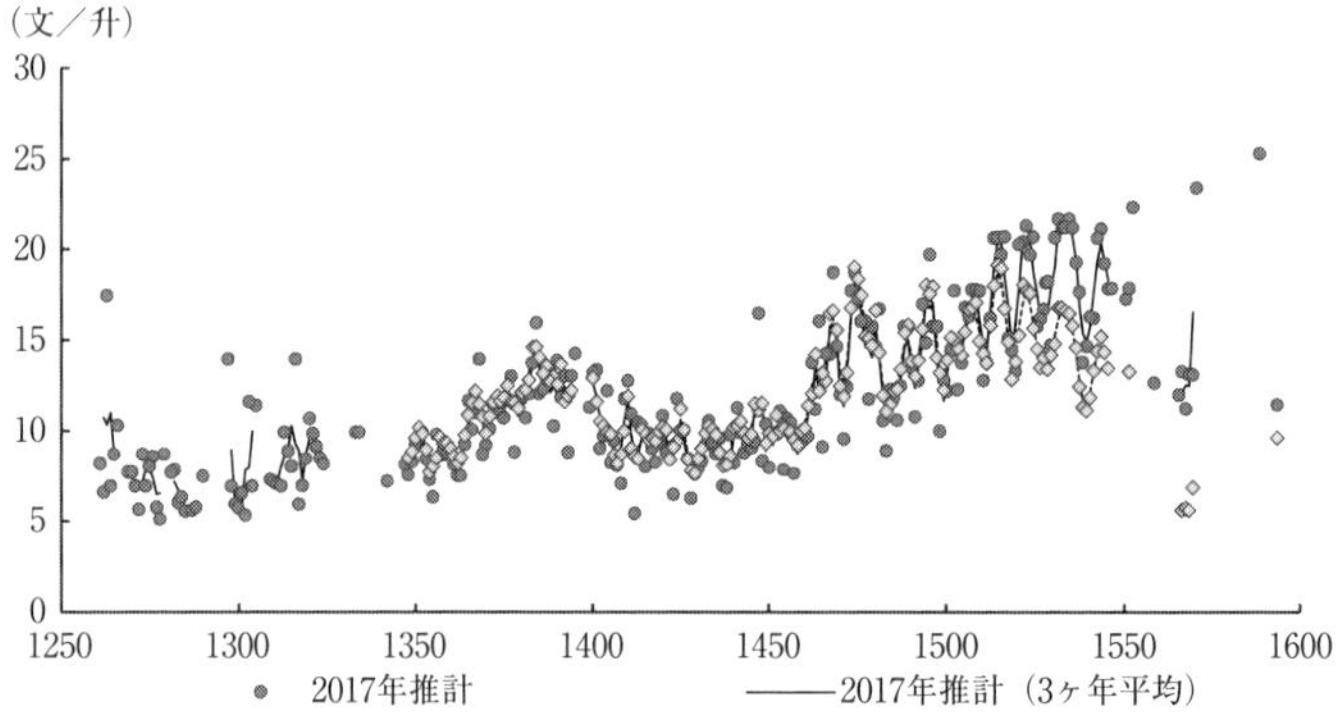

図18　中世の大工の実質賃金（米賃金）の推移

Bassino, Fukao and Takashima（2010），高島・深尾・西谷（2017），斎藤・高島（2020）より作成．２つの系列ともに賄いは含まれていない．元の2017年推計では米にて支払われた賃金も含まれているが，ここでは銭にて支払われた名目賃金のみを米価でデフレートして算出した．したがって，ここでの実質賃金は，厳密には米賃金である．

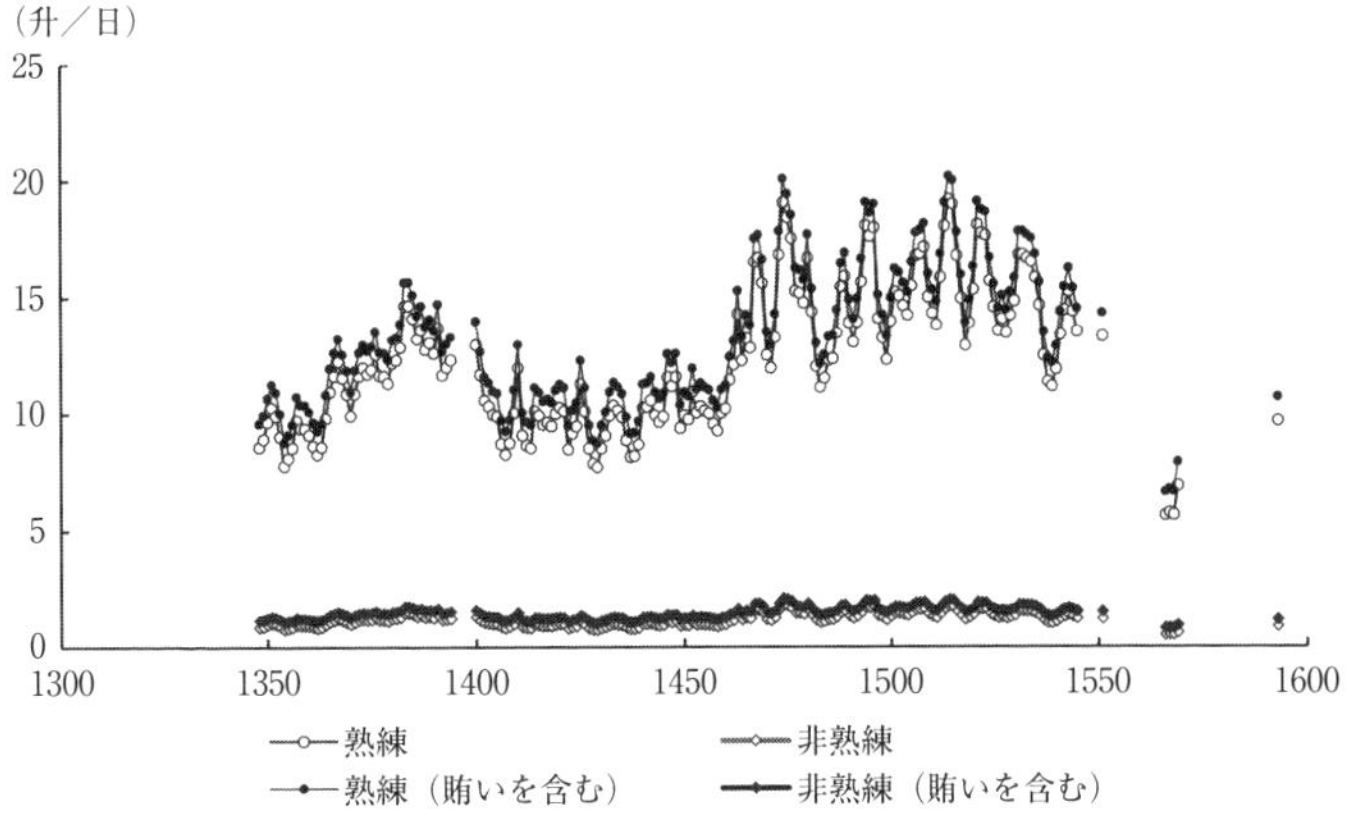

図19　中世の熟練（大工）・非熟練（人夫）の米賃金の推移

斎藤・高島（2020）より作成．2020年推計の熟練・非熟練について，賄いの有無別にそれぞれあらわしている．

ただし、二〇二〇年系列については、新たな補正が加えられているので、推移をあらわした図をもう一つ加えておいた。これについて簡単ではあるが説明しておくと、二〇一七年推計は手間賃のみの系列であったが、二〇二〇年のものには賄を上乗せした系列も別途推計されている。中世の建築工事では労働者は現場に起居するのが一般的であったので、食料も提供されており、たとえ賃金が銭払であっても賄は米の量で表現されるのが一般的であった。もっとも、賄にも決まった量があったわけではないので、データとして取得できた賄の平均をとって、熟練は一日一升、非熟練は三合とし、これをすべての米換算の手間賃（＝賃金）に上乗せする。なお、算出にあたっては、建設工事が多くおこなわれていた貴族の邸宅や寺社における大規模な造営工事では、技術上・管理上の区別がはっきりした熟練と非熟練の労働者が参加しており、それらは、親方・惣大工、「引頭」や脇工、「長」や小工、「連」、童・小者衆などさまざまな労働者階層がいたこと、また、熟練については、銭貨以外の手段、すなわち米によって支給されていた事例も少なからず存在していたので、これらの点も考慮して補正を加えてある。したがって、二〇二〇年系列の推計期間である一三四八年以降は、熟練と非熟練の労働者の二つの系列があらわされている。

推計された賃金系列からみえることは何か。一六世紀については暫定的な結果にとどまるが、図からわかる趨勢に加えて、熟練・非熟練の加重平均によって総合系列も算出し、熟練・非熟練格差倍率も付して、二〇一七年推計における循環変動の山と谷の局面をとらえたベンチマーク年を選択して、それらベンチマークの年間の変化率も計測した表もみながら比較検討してみよう（表10）。

まず、熟練・非熟練の総合系列からは、一五世紀中に賃金の上昇があったことがいえる。

表10　米賃金指数

年次	米価（3か年平均）	賃金		
		総合	熟練	非熟練
1348	100	100	100	100
1384	59	145	144	153
1429	117	93	94	89
1474	47	176	175	183
1566	167	78	79	70
1593	97	108	109	102

斎藤・高島（2020）より作成．1348年を100とする指数で表示している．

しかし、それは順調なものではなかった。一六世紀以降はビタ銭の使用が拡大し、米賃金のデフレーターとなる米価水準に与えた乱高下的な影響と、それにともなう米賃金の変動の振れ幅をあらわしている。

非熟練は、一三四八年からの三六年間の上昇率と一三八四年からの四五年間の下落率は絶対値で同じ一・二%であり、その後の四五年間に一・六%の上昇率の時代が来たため、一三四八年を一〇〇とする一四七四年の指数が一八三と、かなりの賃金成長となった。これに対して、熟練のそれは一七五、総合指数では一七六にとどまっている。一四七四年からの九二年間は、非熟練は再びマイナス一%の下降期が訪れ、一五六六年からの二八年間は一・四%という高い回復を示したのに対して、熟練工ではマイナス〇・九%と一・二%と少し緩やかな変化であった。結果として、一三四八年を一〇〇とする一五九三年の指数は非熟練労働者の場合が一〇二、熟練で一〇九、総合指数で一〇八となった。つまり、二世紀半の間、非熟練には実質賃金収入の増加がほとんどなく、熟練でも九%の上昇があった程度だった。

また、実質賃金が上昇傾向にあるときは非熟練の上昇率が高く、逆に下降のときは非熟練の下落率が高くなる傾向がみられた。この変動パターンは、近現代の労働経済を対象とした場合にも観察されるものであるが、中世後期の日本ではその事情が違うことには留意しておかなければならない。近現代の労働経済での前提となっているのは人口増加率が低く、労働供給が制約的となった状況だが、中世でこの現象が起きた期間を含む一五〇年間には年平均増加率〇・三五％前後の人口成長があったからであるので事情は違う（斎藤・高島二〇一七）。

一五世紀における貨幣賃金の底上げ（一〇〇文から一一〇文への上昇）は熟練にのみ起きた現象であって、非熟練には当てはまらなかった。この熟練・非熟練間格差の変動パターンには、米遣《こめづかい》という中世独特の慣行がかかわっている可能性が高い。古代の章でも説明したように、米を貨幣として使用することは古くから存在しており、米払であれば米換算の実質賃金は変化せず、銭払の実質賃金が上昇期であっても、それは同水準のままである。興味深いのは、熟練の場合、一五世紀中に一〇〇文から一一〇文への銭払賃金率の底上げがあったものの、一五七〇年代になると貨幣の混乱をうけたためか賃金としての米払いが拡大するようになり、銭払と米払の地位が逆転する事態となったことが資料から観察されていることである。そのように考えると、仮にインフレという貨幣市場の混乱をみた熟練職人の多くが——熟練であるがゆえに支払手段を交渉し——米払を選択した可能性は十分にあるだろうし、その行動が熟練と非熟練の格差拡大を生み出したともいえる。非熟練は立場の弱さゆえに米払を選択できないからである。

中世の賃金をどう考えるか

以上、中世の貨幣の利用から始まって、職人の活躍、賃金とその熟練・非熟練の間の格差を概観してきた。もっとも、推計結果そのものは残念ながら完璧とはいいきれない。見てきたように、ビタ銭の流通度合いや、米払・銭払のシェア、労働者集団の職能別の構成など、推計に必要なデータは不足しているため、どうしても仮定は入れざるをえないし、場合によっては、それは大胆なものになるときもある。また、利用したデータは京都を中心として主に畿内に偏ったものなので、列島の各地域との銭貨市場の多様性についても触れられておらず、まだまだ中世日本の賃労働の全貌は明らかにできていないという指摘は当然出てくるだろうし、それは認めるしかない。しかし、中世における銭市場の変容が、労働市場において何をどの方向に変化させたか、これからも改訂は進められるが、その議論の始まりについては示すことができたのではないだろうか。その手がかりとして、どのような資料を使って、どのような方法で推計をしたのか、そしてどのような結果が得られたのか、こうした分析の条件の上で分かったこと、分からなかったこと、疑問になったことが明らかになり、研究が進展するはずである。

また、これまで見てきたように、中世の賃金は弾力性に乏しく、その額はほとんど変化をしていない。これは近世においても同じ傾向をみることが多い。そうした名目上の賃金だけを接続して系列にしても、それはほぼ横一直線の味気ないグラフで、実際の社会経済の影響がまったく出ないものとなってしまう。米賃金は万能ではないが、それによって実質化をすることで賃金のダイナミズムをとらえることができるはずである。もちろん、その一直線のままという事実の背景にある経済や労働の構造やあり方こそ、中世という時代の特徴をあらわしていることも忘れてはならない。

その上で、今回の米賃金をもちいた実質賃金の推計結果からは、(1)実質賃金上昇の要因の一つが米価の低落であり、その米価低落は銭貨供給量に強く規定されていたということ、(2)それと関連して、現物貨幣による取引の時代から存在した米払賃金が、銭貨の普及により一旦姿を消していたにもかかわらず、貨幣供給を渡来銭に依存するという中世の銭市場の根本的な不安定さへの切札として熟練労働の取引において採用されたこと、(3)その熟練職人は一五世紀中に貨幣賃金の底上げをも享受していた。こうしたことが、中世日本の労働市場においてみられる事象だったのである。

さらに突っ込んで考えるなら、中世の労働者、特に技能をもった熟練の職人が賃金の底上げを図り、それを実現させたという事実は、中世後半のめまぐるしく変わる銭市場の不安定さということを彼らが十分理解していたことの裏返しでもある。一部ではあるが労働者がそうした経済的思考に立った戦略的な行動をとることができるほどに、中世という時代は銭が社会経済に浸透し、市場が発展していたともいえるかもしれない。

ただし、当時の人びとが経済的思考にもとづいた行動をとっていたといっても、それをめぐる状況は現代の我われとはまったく同じというわけでもないことも理解しておかなければならないだろう。五百年から千年にもさかのぼる時代とはいえ、貨幣が存在していたのならば、中世においても賃金は物価の影響を受けた何かしらの推移をみせるはずと思うかもしれない。現代的な経済的感覚ならば、物価水準と名目賃金の間にはある程度の相関がみられると考えられており、たとえば、現在のマクロ経済学の考え方では、物価（財・サービスの価格）が上昇すれば、賃金によって生計をたてている労働者は、生活が苦しくなるか、もしくは将来の物価上昇に備えるようになり、雇用主（企業）に対して賃上げを要求するようになる。雇用主もそれに応じることで賃金も上がることになるだろうし、逆に、賃金が上がれば、労働者の生活は豊かになり消費が増えるだろうし、雇用主（企業）における人件費も増加するため財・サービスの販売価格を引き上げる、すなわち物価が上昇することになる。

しかし、これまでみてきたように、熟練で一〇〇文、非熟練で一〇文の水準で賃金は固定され、しかもそれが数百年もの間変わることなく維持され続けた。たしかに賃金にはある程度の粘着性があり、その変化は緩慢であるとしても、これはさすがにその期間が長すぎる感はいなめない。物価から賃金への影響を考えたくても、物価は中世を通じて常に変動していたが、賃金がそれに連動した動きはみられないし、賃金から物価への影響をとっても、中世の後半に熟練の職人たちの間では一〇〇文から一一〇文への賃金水準の上昇がみられたが、そこに賃金が上昇することによって消費が進み、物価も上昇するというストーリーもみあたらない。

もちろん、この時代の賃金によって生計をたてるような労働者は貴族や寺社と契約した都市部のごく一部の人びとなのだから、そもそも、現代のように人口の大部分が賃金労働者もしくはその世帯によって構成されており、各自が消費を担うような時代に生きるという、我われが想定する労働市場とは別のメカニズムがはたらいていたのは間違いないだろう。物価についても、それをあらわす中世の銭貨は「政府発行通貨」ではなく、その供給量も大陸との貿易による増加、もしくはその目減りによる低下という外生的かつ内生的要因に規定されていたことも大きかった。この渡来銭を現代の仮想通貨のような存在に比定することも考えられなくもないが、そんなに単純に当てはめられるようなものではないはずである。そうした歴史特有の事情を背景にもつ中近世移行期の経済に対しては、それぞれの支配地域での撰銭令などはあったにせよ、大規模な市場介入のようなものは存在しておらず、マーケットは列島をつなげていたとはいえ、依然として分散的であったし自由なままであった。もっとも、ここでの自由とは「自己責任」的であり、かつ「合理的に行動する」という意味合いを多分に含んでいる。中世を特徴づけるものの一つに信仰と呪術があるが、近世が近づくにつれて人びとは神仏にすがるのではなく、得られる知識や情報をもとに生きていくようになっていった（清水二〇二一）。人びとがそうした行動をとるようになった背景は、進みゆく経済成長のうねりに合理的に対処し、判断しなければならなかったからであろう。

中世の賃金についてはまだまだ解明しなければならない部分が多いが、そうした中世特有の自由かつ複雑な事情そのものが、実は中世を魅力的な時代たらしめているともいえるのかもしれない。

近世　都市化の進展と職業の多様化

近世都市の労働者たち

誰が大坂城を建てたのか

唐突であるが、筆者は大阪出身である。子どものころ、友達との間でこんなやりとりが流行っていた。

A『大阪城、建てたんだれや?』
B『豊臣秀吉やろ。』
A『ちゃうわ。大工さんや!』

いかにも大阪の子供がしていそうなやりとりである。「ちゃう」というのは「違う」という意味の関西弁である。一回このクイズをしてしまうと、二回目は次のようになる。

A『大阪城、建てたんだれや?』

B『大工さんやろ。』

A『ちゃうわ。豊臣秀吉や。オマエ、そんなんも知らんのか！』

これは、既にBは「豊臣秀吉」と言うと間違いになると学習しているので、裏をかいて「大工さん」と答えるのだが、意地悪なAは、史実通りに「豊臣秀吉」と、さらに裏をかいてくるのである。さらに駄目押しでAから「アホちゃうか」と余計な一言が入り、Bがキレて喧嘩になったりもする。

身も蓋もないエピソードではあるが、実際に建設作業として大坂城（以降、近世の大阪城は「大坂城」と表記）を建てたのは大工をはじめとした建築職人たちであった。戦国の世を終わらせ、天下人となった秀吉は、かつて仕えた織田信長と十年にもわたる争いを繰り広げた宿敵の石山本願寺の跡地に大坂城を建設した。残念ながら、大坂夏の陣（慶長二〇年〈一六一五〉）で豊臣家が攻め滅ぼされたため大坂城は焼け落ちてしまい、その後、徳川幕府によって豊臣時代の大坂城の上に新たな大坂城がつくられてしまったので、今となってはその全貌を完全に知ることはできないが、当時の屏風に描かれた大坂城が在りし日の姿を伝えている（図20）。なお、徳川幕府の建設部門をつかさどる大工頭であった中井家に伝わる「豊臣時代大坂城指図」など、数多くの原本・写本の屏風が存在するが、それも後世に筆写されたものであるし、「大坂冬の陣図屏風」「大坂夏の陣図屏風」など複数の

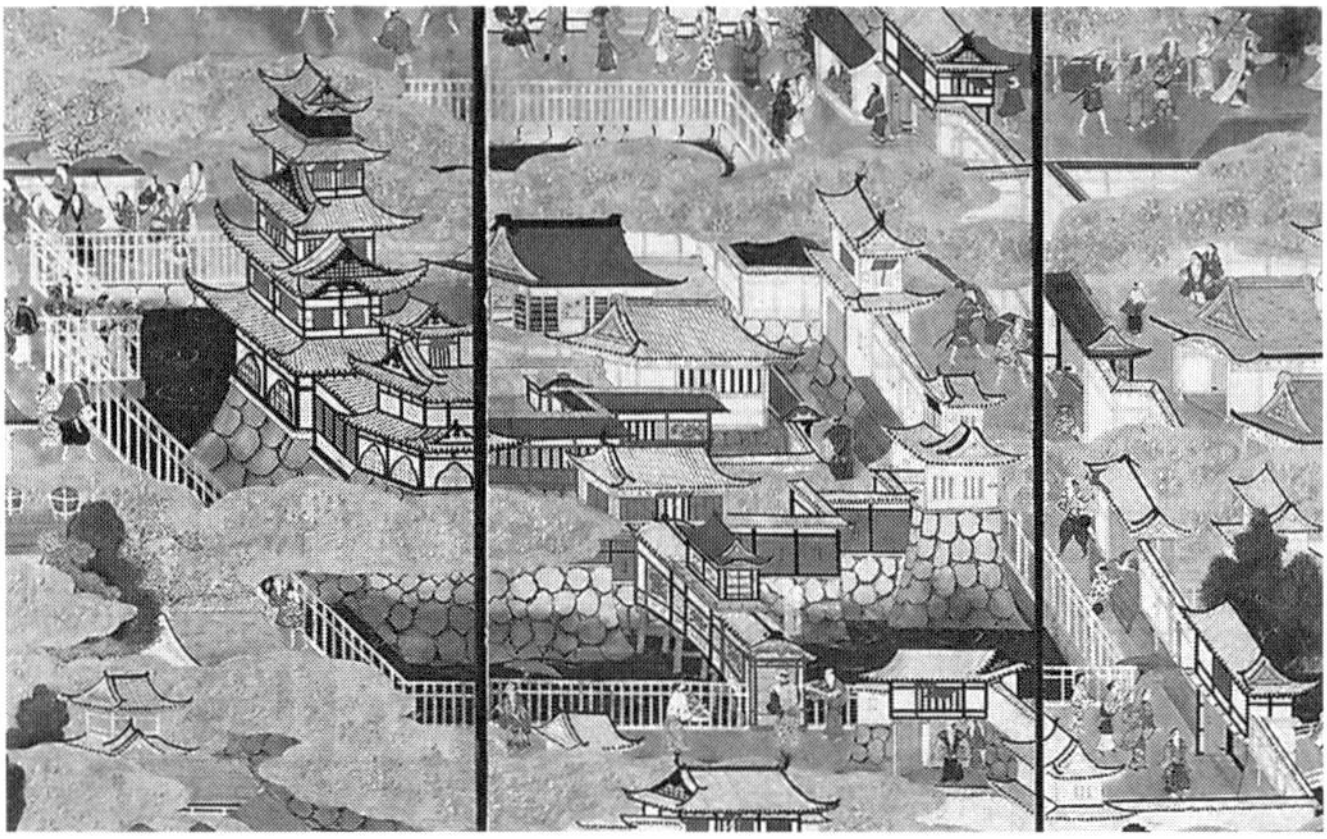

図20　豊臣期の大坂城（エッゲンベルク城蔵「大坂図屏風」より）
豊臣秀吉が建築した大坂城は，五層の大天守をはじめとした壮大なものであった．大坂を訪れた宣教師のルイス・フロイスはその豪華さを「城の全周囲には砦が築かれ，はるか遠くからも望むを得たが，それらのおのおのには正面に金色の鬼瓦がついており，同じ城域には（中略）互いに区別された七種の建物と壮大な宮殿が構築された」と記録している（『フロイス日本史』第2部第74章）．この大坂城は2006年に見つかったオーストリアのエッゲンベルグ城に保管されている「大坂図屏風」に描かれたもの．

屏風絵も相互に矛盾点がある。

大坂城の建設の規模を復元する

それでも、断片的な資料をつなぎ合わせていけば、豊臣時代の大坂城がどのように建てられていったのかは把握することはできる。以下に、その築城の経緯を年表風にまとめてみよう（表11）。

年表を見ればわかるように、大坂城の建設は、本丸・二の丸・三の丸の建設に分けて大きく三期の工事があり、秀吉が天下を統一する以前に開始され、秀吉の生存中には完成

表11　秀吉の大坂城築城年表

天正11年（1583）	9月1日	鍬始め（本丸普請の開始）.
	8月19日	河内国の高安千塚の石運搬・道路建設が始まる.
	11月	天守台の石垣が完成する.
天正12年（1584）	3月	小牧・長久手の戦いのため，工事が中断される.
	8月8日	秀吉が大坂城に入り，執務・生活を開始する.
天正13年（1585）	4月初頭	天守の初見．この頃までに天守が完成する（本丸の完成）.
天正14年（1586）	2月23日	城郭の外周部の工事が始まる（二の丸の普請開始）.
天正15年（1587）		九州平定のため，工事が中断される.
天正16年（1588）	3月30日	外周部の工事が完了する（二の丸の完成）.
文禄3年（1594）	2月10日	城と城下町の外郭である惣構の工事が始まる（三の丸普請の開始）.
慶長5年（1600）	7月頃	惣構の内側に堀と石垣を築く（三ノ丸の完成）.

中村（2018）を参考に作成.

できず、その死後も続けられた。工事は、城や石垣・堀だけでなく城下の都市建設全体におよんでおり、実際、三の丸の建設の際には、惣《そう》構《がまえ》の内側に居住していた住民や寺が移転しているし、移転先として北船場の開発もされている。このように考えれば、工事初頭の天守の段階だけでも（伝聞ではあるが）月に五万人だったということは、延べ人数にもなると、膨大な建設労働者が長期間にわたって大坂城の建設にかかわっていたことがうかがえる。

実際に動員された建設労働者の人数は、残念ながらはっきりとはわからない。イエズス会のルイス・フロイスの報告書によれば、天正一一年（一五八三）の工事開始の段階では「二、三万人をもって工事を始めたが、竣工を急ぐので、遠方の諸侯に」動員をかけ、「月々工事に従事する者五万人に近い」と書かれている（「一五八三年の日本年報」『イエズス会士日本年報』）。天正一四年（一五八六）の三月に訪問した際には「濠は今、大坂城の周囲に構築中であるが絶えず六万人がこれに従事」していたと書かれているが、興味深いのは、濠の工事に従事していたのは「坑夫でも石工でもなく、全日本の領主や大身達」とあり、現場の作業を担ったのが建築職人ではなく秀吉配下の大名とその家臣だったと書かれていることである（「一五八六年の報告書」『イエズス会士日本年報』）。フロイスの別の記録には、彼らの多くは「遠国、僻地の者であり、いとも多大の経費と責任を負わされて」おり、刀剣、鉄砲、甲冑、鞍、衣服などを「二束三文で売り払って用を足していた」（『フロイス日本史』第二部七四章）と、その作業の苛酷さが描かれている。もちろん、実際の工事には専門の建築職人たちも参加していたと思われるが、濠を築くための大量の石材の運搬やその建設に武士団が動員されたのは、後の家康による江戸城建設でも同じである。その理由は、秀吉が配下の武将たちを酷使し経費の負担を強いることによって謀反や反乱を防ぐためであるとフロイスは記している。

具体的な記録は残っていないが、大坂城の築造にどれくらいの人数や予算が使われたのかについては、建設会社の大林組による復元シミュレーションがなされている（大林組一九八七）。この復元の試みは本丸建設のみを対象としていること、また当時の土木建築の

表12　復元による大坂城本丸工事人工表

（単位：人）

職　種	共通施設	天守（木造）	天守（SRC）	表御殿	奥御殿	櫓門塀	計 天守（木造）	計 天守（SRC）
宮大工		66,460	7,102	71,087	71,363	76,289	285,740	226,380
手伝		28,670	13,330	100,652	102,104	112,022	343,440	328,110
鳶		11,250	100	7,680	7,834	8,678	35,440	24,290
左官		1,210	1,210	2,768	2,746	2,890	9,610	9,610
錺工		3,425	3,425	10,268	10,473	11,603	35,770	35,770
漆工		2,500	2,500	2,160	2,203	2,440	9,300	9,300
屋根		1,320	1,320	8,979	9,067	9,869	29,240	29,240
その他		4,030	4,180	22,185	22,440	15,400	64,060	64,210
小計		118,865	33,167	225,779	228,230	239,731	812,610	726,910
鳶	504	2,942	1,449			5,100	8,546	7,053
土工	85	140	330			300	525	715
大工	331	115	2,583			160	606	3,074
鉄筋		20	1,220				20	1,220
その他	1,750	3,774	875			445	8,969	6,070
職員	49,500						49,500	49,500
総計	55,170	125,860	39,620			699,750	880,780	794,540

大林組編（1987）より作成．現代工法による試算であって，豊臣期のそれではないことに注意が必要であるが，それでも80万人から90万人近い人員を投入した大規模な築城であったことがわかる．天守については木造もしくはSRC（鉄筋コンクリート造）で建てた場合のそれぞれの工事人数となっている．各職人の合計と統計は一致しない．

工法ではなく、現代工法による復元となっており、たとえば、運搬・建設の一部にはトラックやクレーンなどの車両・機械を利用するなど、厳密にいえば豊臣時代の大坂城の再現ではない。とはいえ、おおまかな姿を知るには十分であるし、現代人の感覚としても理解しやすいだろう（表12）。

復元シミュレーションによる工事の人員は総人数で八八万七八〇人となっている。現代工法による作業なので、鉄筋作業にかかわる労働者がカウントされていることはご愛嬌だが、それでも、さまざまな職種の建設労働者がいたことは、復元作業からもわかる。それは、特殊な大工・左官・漆工などの代表的な職人だけでなく、大工のなかでも特殊な工法を身につけた宮大工や、大工仕事の補助的な作業にたずさわる手伝、また、労働者の管理や工事全般の裏方作業に従事する事務作業者など、多種多様な人びとが大坂城の建設にかかわっていたことになる。

本丸の建築工事に要した工期は、約五十九ヶ月（約五年）、土木工事を合わせれば六十九ヶ月（約五年九ヶ月）となり、建築工事費は大林組による試算当時（一九八三年）の貨幣価値で、土工事五〇億円、石積み工事四八〇億円、付帯工事三〇億円で、総工費五六〇億円となっている。また、天守閣と御殿に使用する木材の総石数は二万二〇〇〇石（約六一〇〇立方メートル）、天守閣の瓦の総枚数は一九万枚にもおよぶとしている。また、天守閣の上にそびえる金の鯱には金の厚箔が三枚重ねで合計一六二〇枚が使用され、秀吉好みの黄金の茶室には一一キログラムの金箔が用いられたという試算となっている。

なお、徳川幕府によって再建された大坂城は、数度の落雷やそれを原因とする火薬庫の爆発などにより損壊と修復を重ねたが、戊辰戦争の混乱のさなかにほとんどが焼失した。現在ある天守閣は、昭和六年（一九三一）に豊臣時代のものを大林組が復元したものである。

天下普請の時代

豊臣時代の大坂城は、徳川幕府の開幕前の建設であったが、その徳川家康による天下取りのきっかけとなった関ヶ原の戦い（慶長五年〈一六〇〇〉に勝利した家康は、敵対した石田三成方についた戦国大名たちを取りつぶし、その領地を味方についた大名たちに分け与え、全国的な配置替えをおこなった。

配置替えとなった大名たちは、その支配拠点としての城郭を建設し、その城下町の整備をすすめた。近世初頭の一七世紀前半に、この城下町建設ラッシュが列島の各地で起こった。城郭・城下町建設が始まったことは、その建設にたずさわる労働者の移入を促進させた。慶長二〇年（一六一五）に出された一国一城令は、大名たちに原則として一つの領国には一つの城しか建設を認めないものであったが、この結果、各地の大名たちは、それまで家臣が住んでいた領内各地の大小の城を廃棄させ、自らの城下町に集住させるようになり、その結果、大名家臣団としての武士が城下町という一つの地域に集中的に住むようになった。豊臣氏滅亡後の平和な世の到来は、戦国時代と違って、家臣団が常時、戦に備える必要がなくなったことを意味する。そのような時代における、大名の家臣である武士たちは刀ではなく、筆や帳面、そろばんを持って、支配地の行政事務を担うようになった。もう少し厳密に言えば、それまでの時代は、戦時には刀をふるい、平時は領国統治にたずさわっていたのが、徳川の世になって前者の機会が減少した、もしくはなくなったということである。

大名の配下で行政事務をおこなう武士たちは、現代的にいえば地方公務員層といっても

表13　近世から近代初頭の都市人口推計

年　次	都市人口（1000人）	全国人口（100万人）	都市化率（%）	都市数
1600	1,088	17.0	6.4	22
1650	2,822	20.7	13.6	84
1750	4,102	30.9	13.3	103
1850	3,875	32.3	12.0	112
1874	3,482	34.5	10.1	115

高島（2022）より作成．人口１万人以上を都市としている．

よい。一定の収入を得ている層が集住している城下町には、そうした層を相手にする商業・サービス業に従事する者が集まってくる。建設ラッシュの際に移入してきた労働者の一部もそのまま都市労働者層として城下町に居着いた者も少なからずいたと考えれば、列島の各地にできた城下町には、規模の程度の差こそあれ、それまで存在しなかった人口集中地域を創出し、それは各地における中核地域となり、それぞれに一大消費地域を形成することになった。

この時期の各地の都市人口の推計を見れば、その傾向は非常にわかりやすい（表13）。列島全体でみた場合、近世初頭の一六〇〇年から一六五〇年にかけての都市人口は、一〇九万人から二八二万人と約二・六倍にも増えている。先にも述べたように、関ヶ原の戦い・徳川幕府の成立により、戦国大名の全国各地への配置替えの後、新たな城下町が建設され、一定期間の間に都市が急激に増加したことが最大の原因である。都市化率（人口一万人以上の都市における人口の合計を全国総人口で除したもの）をみれば、近世初頭の五〇年の間に六・四%から一三・六%へと大きく増加しているし、地域別にみても、各地域まんべんなく都市化が進んだ。特に、巨大都市である江戸や、大坂と京都を抱えた関東と畿内では、その都市化の規模は飛びぬけて大きかった。

分業による仕事

人が集まる場所には、当然そこに住む人それぞれの需要が発生する。実際、近世には現在は存在しないものも含めてさまざまな職業が生まれたことが分かっているが、とりわけ最大の人口をかかえた一〇〇万人都市といわれる江戸や、諸国物産が集まる「天下の台所」と称された大坂をはじめ、列島の都市では、多種多様な職業が生まれ、多くの職人達が活躍した（図21）。

職業の多様性は、それぞれの職業の間の取引を活発にする。そうした各職業のつながりが都市の経済を支えていたが、これを、当時の庶民の娯楽として流行した浮世絵を題材にして、「分業」の概念で説明してみよう（ここでの浮世絵は、肉筆画のものではなく木版画の浮世絵である）。

浮世絵一枚が作られるのにどれだけの分業作業がなされているのだろうか。浮世絵の作業は、版元（現在でいうところの出版社）による指示によって、大きく絵師、彫師、摺師の三つに分けられた作業体制となっている。版本にするなら、さらに細かい分業となる。まず、浮世絵の本文や構図を担当する戯作者の役割をはたす作者、それをもとに原画・挿絵の版木をつくる絵師である画工、文字原稿を清書する筆耕、画工や筆耕が作った版下から

7

8

9

10

11

12

1：町芸者　2：南京操　3：猿回し　4：おででこでん（手品師）　5：神楽　6：読売
7：夜蕎麦売り　8：楊枝屋　9：魚売り　10：心太売り　11：干し店（露店）　12：大工

図21　江戸におけるさまざまな職業

鍬形蕙斎『職人尽絵詞』（国立国会図書館デジタルコレクション）より．

整版を作る彫師、その彫師によって完成した版木に色をつけて和紙に摺り上げる作業を繰り返す摺師、刷り上がった浮世絵を袋綴じ冊子に仕上げ装丁をする者である。もちろん、これを販売するのは、絵草紙屋《えぞうし》、糶売《せり》りといった行商人、貸本屋であり、さまざまな生業をする人びとの手を通じて、浮世絵は人びとの手にわたっていくのである。さらに、各工程では、紙、筆、版木、刷毛、馬連《ばれん》、彫刻刀などの材料や作業用品といったものが必要であり、それらを製作する職人たちがいた。つまり、一枚の浮世絵を売るだけでも、その過程に含まれる多種多様な職業が垣間見られるが、それは分業という生産関係の多様化を意味する。これは浮世絵に限った現象ではなく、他の産業でも同じことがおこっており、近世における都市経済の活性化そのものを表しているともいえるだろう。分業が進行するということは、それぞれの職業の間での取引の規模が拡大していることになり、それは経済全体における生産性が上昇していく過程でもある（Smith 1988、斎藤二〇〇八）（図22）。

分業は都市職人の世界だけでなく、農村部においても存在した。農家という一つの世帯における家族構成員が、家長のもとで性別・年齢別に振り分けられた作業に従事する——労働特性の異なる構成員を効率的に配分することで多就業となる——ことにより、分業がおこなわれていた（友部二〇〇七）（これは後述する「副業」の概念にもつながるので、少し

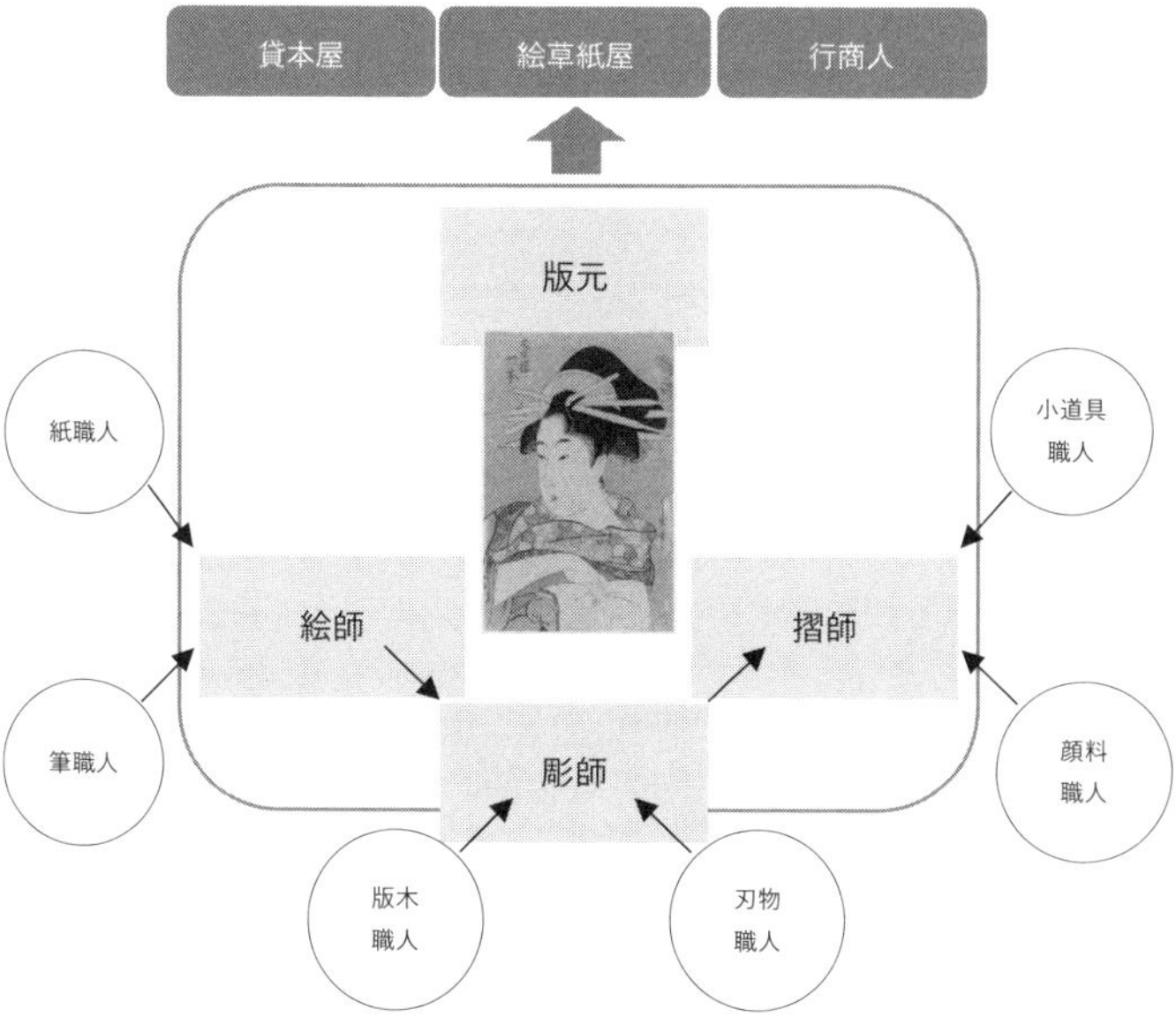

図22　浮世絵を例にした分業の概念図

1枚の浮世絵を作成する工程の概念図．版元の下で絵師・彫師・摺師からなる分業体制によって浮世絵は作られた．それぞれの工程で必要な美品や道具類もさまざまな職人によって作られ，出来上がった浮世絵は販売された．なお，浄瑠璃・浮世絵といった娯楽物の書物は草紙屋・絵草紙屋で販売され，儒教書・医学書などは書物屋と呼ばれた専門書店が扱った．

気にとめておいていただきたい。また、これは現代的な「性別役割分業」の是非とは別の次元の歴史的現象としての意味であることをことわっておく)。

都市に生まれた職業

猫の蚤取り

都市の活性化は、さまざまな職業を生みだしたが、中には今となっては想像しにくい珍しいものも数多くあった。以下にいくつかを紹介しよう。まず、猫の蚤《のみ》取りである。その名の通り、猫に寄生する蚤を取り除く仕事で、井原西鶴《いはらさいかく》の遺稿集である『西鶴織留《さいかくおりどめ》』（元禄七年〈一六九四〉）に以下の記述がある。

五十ばかりの男、風呂敷をかたにかけて、猫の蚤を取りましよと、声立てまはりける。隠居がたの手白三毛《てじろみけ》をかはゆ（可愛）がらるる人、取れとて頼まれけるに、一疋《ひき》三文づつに極め、名誉に取ける。先《まず》、猫に湯をかけて洗ひ、ぬ（濡）れ身を其のまま狼の皮につつみて、しばし抱きけるうちに、蚤どもぬ（濡）れたる所をうたてがり、皆おふかみの皮に移りけるを、大道《だいどう》へふるひ捨《すて》ける。是程の事にも、そもそも何としてか分別《ふんべつ》仕《し》出し、身過《みすぎ》の

種とはなりぬ

（『西鶴織留』）

つまり、蚤は非常に小さいので、これを一つ一つつまみ取っていてはキリがないので、狼などの獣の皮を猫にかぶせて、そこに蚤を移らせて振るい捨てる、という方法であった。『南総里見八犬伝』で有名な曲亭馬琴の随筆集である『燕石雑志《えんせきざつし》』（文化七年〈一八一〇〉）にも、この商売は紹介されている。

猫の蚤をとらんと呼びあるきて、妻子《うから》を養ひしものもありけるとぞ。これも遠き事にはあらず。猫の蚤を取らせんといふものあれば、まづその猫に湯をあみせ、濡たるまゝ毛をひかざる獣の皮へ裹《つつみ》ておくに、猫の蚤悉《ことごと》くその皮へうつるといへり。工夫はさることとなれど、かくまでに猫を愛するもの多からねばや、これも長くは行われ（沿）ず。

（『燕石雑志』）

江戸と上方の東西にあった商売のようだが、そうした商売が成りたつのは、人びとの間で猫を飼うほどに世の中が太平で豊かになりつつあったことの裏返しともいえるかもしれない。「妻子を養ひしものもありける」と所帯を維持するほどの稼ぎを得ていた者もいたとあるが、今風にいえばアイデア商売ではあるが、猫一匹あたり蚤取りで三文の稼ぎでは十分に暮らしていけたのだろうか。実際、馬琴が最後に「長くはおこなわれず」と書いているように、近世後半には見かけられなくなっていたとある。なお、馬琴は猫の蚤取り以外にも、かつて存在したがなくなった商売として「獣の芸躾師」「野呂間《のろま》人形つかひ」「碁盤人形つかひ」「山猫まはし」「太平記よみ」などをあげている。

耳垢とり

これも、名前そのままの職業である。近世後期の戯作者・浮世絵師で、寛政の改革での出版統制によって手鎖五十日の刑をうけたことでも有名な山《さん》東京伝《とうきょうでん》の『骨董集《こっとうしゅう》』（文化一〇年〈一八一三〉）には、過去の文献に耳垢取りという職業があったことがまとめられている。

『江戸鹿子』貞享四年板「耳垢取、神田紺屋町三丁目長官」とあり、おなじ比《ころ》京にもあり。『京羽二重』貞享二年板「耳垢取、唐人越《とうじんこし》九兵衛」とあり。『初音草噺大鑑』元禄十一年板巻之五に「京と江戸ゆき、すぐなる通町の辻々をみれば、あるひは歯ぬき、耳の療治云々《しかじか》。『老人養草』正徳六年板に云《いはく》、近来京師《けいし》の辻々に、耳垢取とて紅毛人《おらんだじん》のかたちに似せて云々とあれば、元禄の末、正徳の比までもありしなるべし

『五元集拾遺』

観音で耳《みゝ》をほらせてほとゝぎす　其角

此句《このく》も耳垢取《みゝのあかとり》のことをいへるなるべし。

（『骨董集』）

これによると、耳垢取りの身なりは唐人（当時の中国人の呼称）や紅毛人（当時のオランダ人の呼称）という格好をしていたとある。これはそうした風貌をすることでいかにも専門の職業にみせる効果を期待していたのかもしれないが、逆にうさん臭い部分もあっただろう。なお、この商売も江戸と上方に元禄・正徳の頃くらいまで存在していたが、近世後半には消滅している。文政九年（一八二六）に曲亭馬琴が発表した草双紙《くさぞうし》（江戸で出版されていた絵入りの娯楽本）『大和荘子《やまとそうし》蝶胥笄《ちょうちょうのかんざし》』には、「耳垢取長官」という唐から来た耳垢取りの名人が主人公として登場しており、これはおそらくはかつて存在した耳垢取りという職業に着想を得たのかもしれない。同作品でも歌川国貞《うたがわくにさだ》による挿絵の耳垢取りの姿はやはり唐人の格好となっている。

掃除屋

「きれい好き」ともよばれた。明治期のおもちゃ博士としてしられる清水春風《せいふう》がかつて近世に存在した商売についてあらわした『街の姿』には「正助せふ」という職業と書かれている。

天保八・九年の頃、正助せふといふ乞喰、一本の竹箒《ほうき》を持、朝早く戸毎、彼の箒にて門を掃きながら「正助せふ。そうじをせふ。寄麗《きれい》にせふ。掃除が済んだら一番せふ」と極めていやみ（嫌味）なる言いぶりなり、殊に此の者は眼尻下がり、はけ先を長くし、

一見歯の浮きそうなる風体なりしとぞ
（『街の姿』）

また、近世後半の『守貞謾稿《もりさだまんこう》』には、「掃除　同三都にあり。竹箒をもつて戸前を掃くといへども、魏勃《ぎぼつ》を倣ふにあらず。「庄介しよ、掃除をしよ、朝から晩まで掃除をしよしよ」と呼ばはり、銭を乞ふ」とある。要するに、朝や晩に他人の家の門前を勝手に掃除しておいて、家の人が出てきたら、その見返りの代金を請求していたということである。

ここに出てくる「魏勃」とは、中国の秦代末から前漢初期の武将のことである。彼は斉の丞相《じょうしょう》の曹参《そうさん》に面会を求めたものの、もともと生家が貧しかったために会うことができなかったので、一計を案じて曹参の館の門前を毎朝毎晩に掃除をし、家臣が尋ねたときに「曹参様にお目にかかりたいので、早朝と深夜に清掃をした」と答え、それを気に入った家臣が曹参に面会させたというエピソードがある（光田二〇〇九）。『守貞謾稿』はこの故事を紹介しつつも、この掃除屋はそのような意図ではなく、掃除をされた家に頼まれたというよりは、掃除の押し売りをしていたような表現となっている。

親孝行　これも『守貞謾稿』に登場する商売で、「親孝行の扮《よそおい》　天保末、江戸にて一夫、張りぬきの男人形を胸につり、衣服二つを上下に着し、手足も張りぬきを用ひ、孝子父を負ふに扮《ふん》す」と書かれている。往来で息子が年老いた親を背負って親孝行していることをアピールし、恵みを求めるもので、一人二役ではあるものの、実は息子は胸につられたハリボテで、本当の人間は背負われているように見える（背負わせていることになっている）父親役の方となっている。『街の姿』にも「親孝行の乞食ハ安政の頃最も人の知りたる者なり、前なるハ張子にて造り一見孝行者か親をいたわりて背負たる如く、其意趣面白し」と説明されている。

実はこれらの職業は、三代目・古今亭志ん朝による古典落語「高田馬場」の枕（本編の落語の前に語る小咄）に出てくるものである。「高田馬場」といえば、冒頭のガマの油売りの口上が有名だが、筆者も子供の頃の一九七〇年代後半から八〇年代に見たような見なかったような、おぼろげな記憶しか残っておらず、これも今はなかなかみかけない商売である。

ちなみに、志ん朝の枕で紹介されている耳垢取りの咄には、耳かきの種類によって上中下のグレードの区別があり、上は金の耳かき、中は象牙の耳かき、そして下が釘の頭というオチがついていたりとか、親孝行にお金を渡すと、背負っている父親（それが人形なのだが）の分までお金を請求してくるといった笑い話が語られている（なお、ここでとりあげた志ん朝の枕は昭和五六年（一九八一）四月の高座を収録したもので、かつて存在した商売として現代のネイルサロンのような「爪みがき」も紹介されていたが、これについては近世の史料で

耳垢取り　曲亭馬琴作，歌川国貞画による『大和荘子蝶胥笄』（早稲田大学図書館古典籍総合データベース）に登場する耳垢取り（左）．別の挿絵では，入り口横の障子のような壁に「一子相伝みみのあか取」と書かれている（右）．

掃除屋（きれい好き）『吾妻余波《あづまのなごり》』より．

親孝行「親孝行の芸人」とあり，やや初老にさしかかったような男性が張り子の息子を抱えている．『街の姿』より．

図23　一風変わった商売

確認ができなかった）。落語の本編や枕には近世の庶民の仕事が取り上げられることが多いが、それらのエピソードが史実かどうかはともかく、そうしたさまざまな仕事を想像しながら聞いてみるのも一興かもしれない（図23）。

すたすた坊主

これまでに取りあげた大道芸人のような職業のほとんどは、仕事の内容もさることながら、風貌も独特であったため、当時の出版物にもやや奇異な存在として書かれていることが多いが、興味深いものとして「すたすた坊主」という願人坊主《がんにんぼうず》を紹介したい。

願人坊主とは、商売などで日常が忙しい人の代わりに神社仏閣へ参詣や祈願をする者たちの総称である。名前に「坊主」とあるが、正式な神官・僧侶ではなく、実際のところは物乞いに近いものであった。すたすた坊主は、主に上方や江戸で、裸で縄の鉢巻き・蓑のついたしめ縄の腰巻き、片手に扇や錫杖《しゃくじょう》という出立ちで、人家や商店の入り口で歌い踊って、金品を受け取ったりしていた（図24）。その起源は、もともとは、商人は嘘をついて儲けをしている（ことになっている）ので、その罪ほろぼしのために神社に参詣することの代理として、冷水を浴びて身を清めることによって金品をもらったとされている（諸説あり）。一九世紀初頭に著された、大道芸人らを記録した『只今御笑草《ただいまのおわらいぐさ》』には、すたすた坊主の様子が以下のように書かれている。

すたすた坊主　今も折ふしには見受る者ながら、明和の初迄は数多ありて、町々をあるきものせる、そのさまあか裸にて、しでさげたる注連《しめ》の如き者を腰の程に巻、大注連の如く拵《こしらえ》たる藁の鉢巻しめ、やれ扇・錫杖を持、さもいさましくおどりものして、すたすたや、すたすたや、すたすた坊主の来る時は、世の中よいと申ます。とこまかせてよひとこなり、お見世も繁昌でよいとこ也、旦那もおまめでよひとこ也、とこまかせでよひとこ也、

其外にもよいとこ尽しをしやべりものして、門々をおどりあるけり

図24　すたすた坊主

「布袋すたすた坊主図」（早稲田大学會津八一記念博物館蔵）より．布袋に見立てられたすたすた坊主が，腰に蓑を巻いた裸の格好で，左手に持った手桶の水を右手の竹の葉につけて，自分の体に水をかけながら水垢離《みずごり》（冷水を浴びて身を清めること）をして踊っている様子が描かれている．

（『只今御笑草』）

鎖国の中で

このすたすた坊主にかんするもっとも古い記録の一つは、実は、元禄時代に来日した外国人の書いた旅行記である。出島のオランダ商館に医師として勤務していたケンペルが滞在中の江戸参府の経験を表した『江戸参府旅行日記』がそれである（旅行記そのものは彼が日本での見聞をまとめた『日本誌』の抄訳）。ケンペルは元禄四年（一六九一）と翌五年（一六九二）の二回、江戸を訪れており、道中で見かけた物事を詳細に記録している。すたすた坊主について一回目の江戸参府の部分には、二ヶ所ある。最初の記述では「なんとも異様なのは、冬の季節にもかかわらず、陰部を隠すために藁の房を巻きつけているだけの人によく出会うことである。こうした人びとは両親や親友、自分自身の病気の回復などを祈るための誓いを立てて、神社や仏像に参拝して、その参拝の途中は倹約に倹約をかさねて、喜捨を求めず、いつも一人であまり休むこともなく急いで歩いている」と、非常に目を引いたものとして描写がされている。

このくだりが書かれた第五章には、わざわざ「街道に日々旅行し、もしくは街道で糊口をしのいでいる人びとについて」という題名がつけられている。ケンペルは「街道には多数の物乞いの人びとが充満していた」と、さまざまな物乞いを旅のいたるところで見たと書いている。その様子について「宗教的な風体のようでもあり、俗界的な風体のようでもあり」と表現しているのは、当時の社会において身分的周縁に位置した人びとを、自分たちの日常から隔絶された世界の「異形」の存在としてみているようでもある。

もう一つの記述は、江戸より長崎へ帰る道中を記した第一三章「江戸より長崎への帰路、その後の見聞記事」にあり、東海道の日坂宿をすぎたあたりで「一人の若い物乞が我われに近寄ってきたが、彼は裸で腹のまわりに短い藁の蓑をまとっているだけで、手にはたくさんの紙片がついた槍を持ち、また、聖人英雄の書像がたくさんついた小さな木製の龕《がん》（仏像・仏具をおさめる厨子）を胸の前に担いでいた」と、やはりその独特の風貌を今に伝えている。

ただし、こうした現代の目からすると一風変わった職業のほとんどは、実態としては少ない日銭をかせぐ物乞いに近い存在か、もしくはきわめて不安定な仕事であったことは想像にかたくない。実際、先にもあげた志ん朝の落語の枕に出てきた耳垢とりなどの仕事も、噺としてのユーモアも交えてはいるが、物乞いということも説明されている。ただし、現代においてそうした職業についての情報を探してみると、どうしても「珍商売」のように説明されていることが多い。もちろん、市井の人々がそうした周縁身分の人たちを許容するような共生社会であったとの指摘もある（光田二〇〇九）。職業の多様性という意味ではたしかに興味深いものではあるし、それこそ西鶴が「何にても知恵の振売」（『西鶴織留』）と言ったように、いろんな商売を考えることは生きていくための知恵ではあったが、一方で、それを「珍商売」とある種のユーモラスに見てしまう現代の我われの視点は、なんらかのバイアスやフィルターを通したものなのかもしれない。

資料が限られているので想像の域を出ないが、たとえば親孝行という商売一つをとりあげてみても、それは一人二体の風体をこしらえた大道芸人なのかもしれないが、もしかすると、何らかの事情で満足な労働ができない本当の老人が、やむをえず人形の息子を胸に吊って物乞いをしている可能性もありうるかもしれない。いずれにせよ、この時代にそうした日銭仕事で生きていた人びとがいたという事実も忘れてはならないだろう。

このように無数の職業が誕生しては消えたのが近世であった。ただし、残念なことに、それらの職業の賃金がいくらだったかは、ほとんど記録が残っておらず、また判明したとしても、ごく一時期の一部の職業くらいで、賃金というよりは芸事一回あたりの報酬額といった方が正しく、不安定な収入だったと考えられる。こうしたある種の物乞い、もしくはそれに近い仕事で本当に生計を維持できたかどうかは分からない。ただ、そうした多種多様な職業が誕生したことは、それを生業とする人びとに市井の町人たちが金銭的な施しをすることを可能にするほどに、近世は経済成長が進み、都市の経済力が増した時代であったともいえるのかもしれない。

出世双六からみる近世の仕事観

さまざまな職業・商売が生まれた近世であったが、実際にその時代の人びとはどのような職業観をもっていたのだろうか。その一端を知る手がかりとして「出世双六《しゅっせすごろく》」にみえる職業を考えてみたい。

出世双六とは近世に町人の間で流行した「絵双六」の一種で、今風に言えば人生ゲームのようなものである。絵双六には「廻り双六」と「飛び双六」の二種類があり、前者がサイコロを振って、その出た目にそってコマを進める形式のもので、後者はサイコロの目に応じて各コマに指示された離れたコマに移動するものである。絵双六は近代になっても作られ、名所や寺社仏閣をめぐるもの、歴史上の武将や歌舞伎役者、さらには国会議員を取り上げたものまであるが、コマのひとつひとつが職業・商売となって、最終的に社会的に成功したとみなされる職業にたどりつくように作られたものが出世双六である。

「寿出世双六」という町人の出世が描かれた飛び双六では、「手代」からはじまって「大問屋」になり、最後は「長者」を目指す商人や、「学問」から「儒者」「医者」なるなど、いくつかの出世のパターンがあるが、これらはすべて庶民、特に町人が就くことができる職業に限定されている。町人としての社会的地位の上昇を描いたもので、農民や武士といった他の社会階層への移動は登場しない。つまり、双六の中での町人たちはその社会階層の中での成功を目指すことになるのだが、この双六では最上段の中央にある「長者」が上《あが》りとなっており、他の近世のほとんどの双六がそうであったように、町人にとっては金銭的な成功こそが――それが商売を志す以上はあたり前かもしれないが――出世のゴールであり夢であったことがわかる（なお、もう一つの上りとして「隠居」があり、「ここへあたれは、長者ゟ《より》ぶいちのゐんきょりやうをとるなり」と長者から隠居料をもらえることになっている）。

興味深いのは、最下段に「分散」「家質」「勘当」「遁世」「闕落」といった社会的に没落もしくは浮世離れした職業のコマと「願人坊主」のコマが並んでいることである。先の五つはサイコロの目によって次の職業に移ることができ、それは人生の再チャレンジの意味合いを持つものであるが、願人坊主だけは次のコマの指定がなく、「おち切り／ふり（振り）ちまい（終い）」と、これ以上進むコマがなく双六はここで終了することが書かれている。願人坊主に限らず各コマにはその職業にかんする歌が詠まれており、願人坊主には「くわん人（願人）の名は今朝ほどの　はんじもの（判じ物）　さて、とけかねる　寒氷《かんごおり》かな」とある。先にも説明したように、願人坊主は冬でも全裸に近い格好で芸をしており、判じ物（謎解きのクイズ絵のような札）を配ったり、代参として寒垢離《かんごり》（寒い時期に冷水を浴びて神仏に祈願すること）もしていた。ここでは「とける」が判じ物を「解く」と「寒氷」が「融ける」という二つの意味にかけられている。「寒氷」は「水垢離」から転じて身体が冷えるという意味もあ

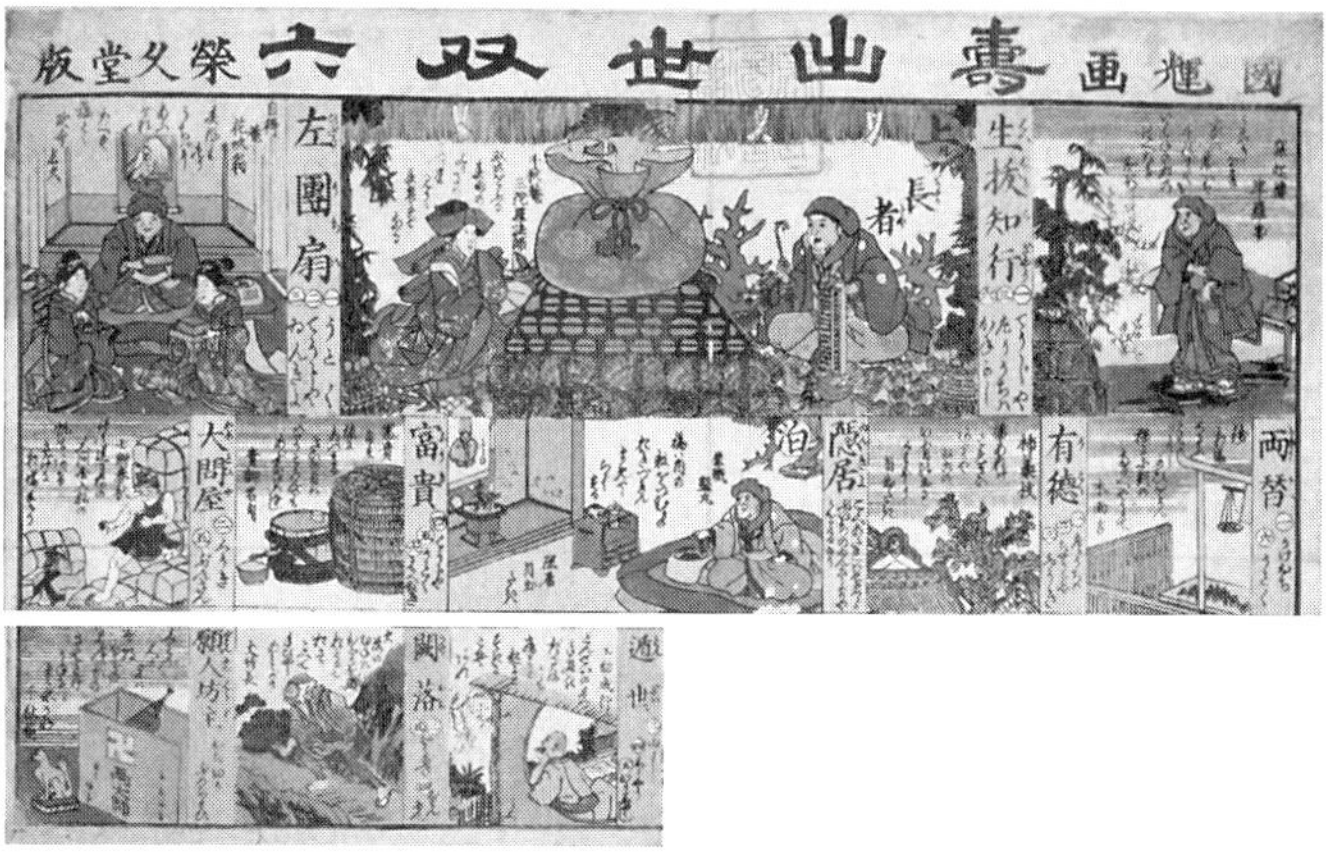

寿出世双六（上りのコマと最下段のコマ）

上りは「長者」であるが，もう一つの上りとして下に「隠居」がある．最下段の「闕落」は２か５が出れば「かみほとけしんじん（神仏信心）」，「遁世」は２で「山し（山師）」など，サイコロの出方次第では他の職業に移ることができるが，「願人坊主」には次のコマは指示されていない．

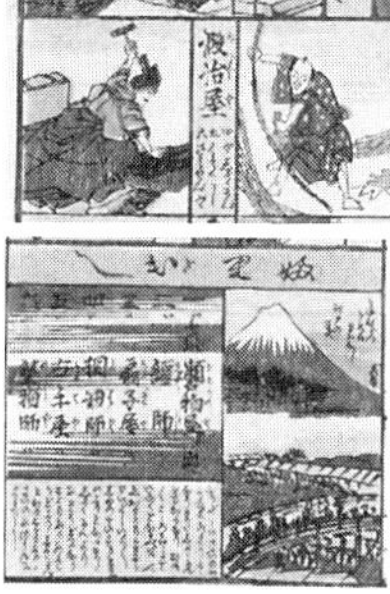

商人職人振分双六（上りのコマと振出しのコマ）

「瀬戸物屋，経師，扇子屋，桐油師，古手屋，塗物師」からはじまり，「家職人」か「呉服屋」を経て「普請小屋場」の「士農工商」で上りとなる．

図25　出世双六（国立国会図書館蔵，19世紀半ば頃のもの）

り、願人坊主の芸をよくあらわしているといえるが、一方で、双六上では先に進むコマがない振り終いという扱われ方に、やりようのない切なさを感じてしまうのは筆者だけだろうか。そうした職業の人びとが町人社会においてどのような社会的ステータスとして認識されていたかを、いやおうなしに認識させるものである。

もう一つ「商人職人振分双六《あきうどしよくにんふりわけすごろく》」という、その名も商人と職人の出世を描いた絵双六も紹介しておこう。この双六は「瀬戸物屋」「経師」「扇子屋」「桐油屋」「古手屋」「塗物屋」の六つのふり出しから始まり、最終的に上りを目指すのだが、その上りは「普請小屋場」にいる「士農工商」の各身分の人物が描かれたコマとなっている。実は、その上りの一つ手前のコマが「家職人」（大工）と「呉服店」になっており、この二つが職人・商人それぞれの職業・商売のなかで最も社会的地位が高いものと推測することができるが、上りが「士農工商」となっているのは何故なのだろうか。かつては「士農工商」は職業と結びついた身分制度や武士と庶民の間の支配関係を意味するものとされていたが、そうしたとらえ方は近年、変わりつつある。この用語は儒学的表現として「国中すべての人びと」という意味であって、身分をあらわすものではなかった（牧原二〇〇八）。ただし、その上りのコマでは、普請小屋場で職人らしき「工」の人物がひざまずいて「士」とふられた帯刀の武士に何か指示をうけて、その横では「商」と「農」が談笑しているような様子がみえる。「士農工商」は身分制としての概念ではないものの、双六の上りに描かれた武士と職人の姿は、近世における身分のへだたりの存在を示唆しているようでもある。

災害と賃金

江戸と大工と賃金と

数ある職業のうち、賃金についての記録が具体的かつ長期的に入手できるのは、大工や鍛冶といった職人層のものに限られる。なかでも、本書の冒頭でも紹介した大工は、江戸の花形ともいえる職業であった。「火事と喧嘩は江戸の華」といわれたほどに、江戸は近世を通じて火事が多く、諸説にもよるが、広範囲にわたって市中が焼き払われる大火だけでなく、それ以外の中小規模のものも合計すれば、最大で二千回近い火事があったとされている（西山編一九七八）。木造建築の建物が密集していたので、ひとたび火がつけば延焼するのも早かったのだろう。

火事が多いということは、それだけ復興の際の建築需要が高まることになる。となると、建築そのものにたずさわる大工などの建築労働者の賃金の高騰のみならず、家屋を建て直すのに必要な建築資材などの物価上昇がともなうことになる。これは、地震などの自然災害で都市が被害を受けたときでも同様であった。こうした現象は、需要と供給のバランスからみれば、それほど不思議なことではないだろう。もちろん、そうした賃金・物価の高騰は、人びとの復興活動に支障をきたすことになるので、実際、火事や地震がおきると、幕府は町触《まちぶれ》を出して大工などの職人の賃金の公定額や上限額を定めたり、物価上昇を抑制するための値上げ禁止令を出したりしていた。災害時にかかわらず、平時においても景気／不景気といった変動は社会や人びとの生活を直撃するのだから、幕府は常にうつろいやすい物価・賃金の差配に腐心していた。

実際の記録をみても、そうした幕府の苦労がうかがいしれる。世間の景気や物価上昇／下落を反映したとしても、幕府が公定額として規制していれば、表向きの賃金が急激に変動することはないかもしれない。しかし、実態はそうでもなかったようである。昭和初期に過去の物価・賃金にかんする資料をとりまとめた『我国商品相場統計表』には近世後半の大工賃金の推移が掲載されているが、これによると、大工をはじめとした職人たちの賃金は一九世紀半ばまでは多少の変動をしつつ徐々に増加していたが、幕末にかけて急激な上昇をみせていることがわかる（図26）。

もっとも、徐々に変動というよりは、一定期間は同一賃金が続き、ある年に上昇もしく

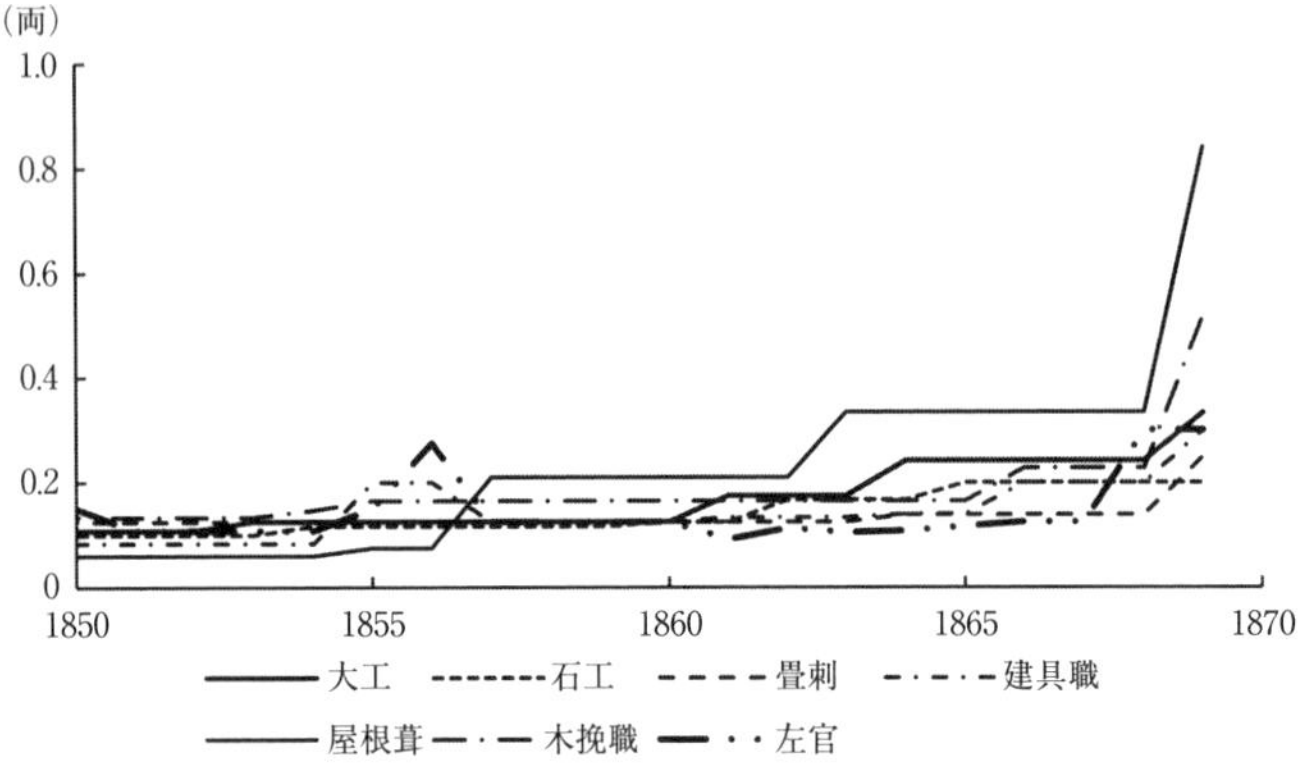

図26　近世後半の職人の賃金の推移（江戸）

『我国商品相場表』所収の「東京職別平均賃金累年表」より作成．職人たちの賃金は，途中までは硬直化していたが，幕末の物価上昇の影響を反映して急激な上昇をみせている．原資料の注には，銀建ての賃金を金に換算したこと，賃金は手間料と飯料の合計額であることが書かれている．

は下降を繰り返して長期的には増加していくというパターンが多いこともわかる。こうした趨勢は、大坂でも同じであった（表14）。

地震による極端な賃金高騰

また、『我国商品相場統計表』には、掲載された統計表の補記として、賃金は平時においても物価騰貴の影響を受けるもので、いくら幕府が賃金相場に干渉したとしても、幕末における「一般物価ノ騰貴」、すなわち極端なインフレが起きた際には、もはやコントロールすることができなかった、との記載がある。

近世ニ於テハ「大工ノ賃銀ノ如キモ幕府ノ干渉アリテ随意ニ是ヲ上

表14　近世後半の大工と手伝の賃金の推移（大坂）

大工

時　期	賃　金
1830年－1837年2月	4.30匁
1837年3月－1842年	6.45匁
1842年－1843年	5.15匁
1843年－1861年	6.45匁
1863年－1864年	10.75匁
1864年11月－1866年	1貫075文
1866年2月－7月	1貫290文
1866年7月－1867年5月	1貫505文
1867年5月－1868年6月	1貫720文
1868年7月－1869年6月	3貫010文
1869年8月－1872年11月	3貫440文
1872年12月－1872年9月	4貫300文
1872年9月－	34銭4厘

宮本・大阪大学近世物価史研究会編(1963)より作成．出典元では元号表記．また，年号が重複・前後して統一されていないためそのまま掲載している．手伝い賃金の単位も不自然となっていたため，可能な限り調整しているが，注意が必要である．

手伝

時　期	賃　金
1596－1615年（慶長期）以降	126文
1744－1748年（延享期）以降	156文
1772－1781年（安永期）以降	200文
1805年以降	272文
1724年以降	136文
1773年以降	176文
1830年以降	236文
1830年－1836年	272文
1837年－1841年	412文
1842年1月－1842年12月	326文
1843年1月－1843年12月	372文
1844年－1863年	412文
1864年－1865年	832文
1866年1月－1867年2月	960文
1867年3月－1867年5月	1貫372文
1867年6月－1867年12月	1貫500文
1868年－1868年6月	2貫 60文
1868年－1872年	2貫624文
1872年1月－1872年11月	2貫812文
1873年1月－1873年12月	3貫　文
1874年1月－1874年12月	27銭
1874年－	25銭

下スル事能ハズ。而シテ幕府ハ其ノ騰貴ヲ抑制セントシ居リシモノノ如シ。然レドモ幕末維新ノ際ニ至リテハ種々ノ事情、殊ニ一般物価ノ騰貴ニ伴ヒ賃銀モ亦右ノ如キ騰貴ヲ来セルモノナルベシ」

この「種々ノ事情」の中でも特に極端な事例として、江戸市中が壊滅的な被害を被った安政大地震（安政二年〈一八五五〉）の際、大工賃金がどのように変化したかをみてみよう。

安政大地震における人的被害は諸説があるが、幕府の市中取締掛による調査を元にした推定では約一万人の死者があったとされている。建物被害は記録では焼失を含む潰家が一万四三四六軒一七二四棟、潰土蔵が一四一四軒となっており、その潰れ率は江戸全体では一〇%程度とされているが、研究によれば、柳島では九三・六%、深川でも四二・二%と甚大な被害がでた地域もあり、また、町方以外の武家方・寺社方の被害もそれと同等の規模であったであろうし、江戸周辺部でも相当な被害があった（宇佐美一九八三、北原二〇一三）。

これだけの規模で市街地が崩壊したため、生活の復旧が急務となるのは当然のことである。その最たるものは人びとの住居の再建であるが、これにあたって幕府は以下のような町触を出している。

今夜地震後出火ニ付、市中火之元焼残候場所、水溜桶消防手当等厳重ニ相心得候様可致候

右ニ付、諸色直段職人手間賃等引上候而は、諸人難儀之筋ニ付、都而実直ニ相心得候様可致、若相背候者も有之候ハ、厳重可及沙汰候条、其段情々申付、猶追々可触示候得共、其方共ゟ一同江不洩様早々可申継事

右は北御番所ゟ御使を以、急速市中一統行届候様被仰渡候間、御組合限即刻御通達、端々迄行渡候様御取計可被成候、此段御達申候、以上

但、諸色直段手間賃実直ニ相心得候様、夫々御申渡可被成候

十月二日夜

定世話掛

（『江戸町触集成』）

つまり、震災後は「諸色直段職人手間賃等」（さまざまな品物の物価や職人の賃金）が高騰することのないよう「実直」にしておくことを市中に通達しているのだが、その日時は「十月二日夜」となっている。地震の発生が一〇月二日の午後一〇時頃とされているので、幕府は震災が発生したその日の夜に物価賃金の引上げを禁止する触書を出していたことになる。幕府の対応の早さがうかがわれるが、災害発生時には往々にしてこうしたことが発生することを警戒していたのだろう。たとえば、明暦の大火（明暦三年〈一六五七〉）においても、商人や職人の値段や手間賃の急激な上昇や、それを禁止したことなど、過去の災害時に似たような経験をしていたからである（黒木一九七七）。しかし、実際にはそうした規制が守られることもなく、職人の賃金は釣り上げられていったようである。

市中取締諸色調掛
名主共

此度地震出火ニ付、諸職人手間賃等引上ケ申間敷旨申渡置候処、大工左官家根職鳶人足平人足日雇共、過当之賃銀申受候者も有之由相聞、以之外之儀ニ付、此上右躰心得違之もの有之候ハヽ、吟味之上、過当之賃銀請取候は勿論、差出候者も咎可申付候間、名主共支配限壱人別に申聞、万一不相用者も有之候ハヽ、早々申立候様可致候

右之通被仰渡奉畏候、仍如件
安政二卯年十月七日

右総代
堀江町名主
熊井理左衛門
長谷川町同
鈴木市郎右衛門

諸職人共鳶職人足其外、手間賃過当之賃銭受取申間敷旨之被仰渡は大筆ニ認、町々自身番屋江張出、名主支配限、諸職人幷鳶人足平人足土方日雇は、頭取共ゟ半紙竪帳ニ請印取、組合限諸色掛江取集メ、来ル十三日御用伺之節、当御番所江御持寄可被成候、此段御達申候、以上

十月七日
御用伺当番

右組合江相達請印取集、同十三日持寄候

(『江戸町触集成』)

これは地震発生から五日後に出された触書であるが、職人の賃金の引上げを禁止したにもかかわらず、すでに大工・左官・屋根職人のような熟練だけでなく、鳶人足・平人足・

日雇のような非熟練の賃金も高騰している状況を伝えている。これに対して、「過当之賃銀」すなわち法外な賃金を要求する職人に加えて、それを受け取る者も咎めること、また、そうした旨を番屋に大きく書いて貼出すこと、職人たちの請印を集めて番所へ提出を指示するなどと厳しい姿勢をあらわしている。

商魂たくましい？職人

また、人手不足につけ込んだ悪質な職人もいたようである。

町火消人足頭取共

此度地震出火ニ付而は、鳶人足其外賃銀引上申間敷旨、追々触申渡置趣も有之候処、町々身元相応之もの、家蔵修復焼土片付等致候節、其町内抱人足之外、他町住居之鳶人足相雇候得は、渡りと名付、雇主ゟ金銭ねたり取、又は賃銭も高直ニ致候上、雇人数も不足ニ差出、賃銭は雇人数高《足（フ）》ニ而、右を拒候得は、難題申掛、及不法候者も有之、且壱番組弐番組町々は地位宜敷家蔵建込候故、別而之儀、惣組合共其町内抱之者ニ限請負申付候而は、修復其外手後レ相成候ニ付、無余義過当之増賃等差遣候哉ニ而、右躰諸人迷惑致候をも不顧、却而人足共引足兼候を見込、銘々我侭之働方致、壱人ニ而諸方掛持、一日雇入候人足之内、半ハニ而立戻、一日分之賃銀受取、品々為手支候由相聞、以之外不届之事ニ候、既ニ召捕、当時吟味中之者も有之、此上心得違致、他場

所ゟ入込候を差障、或は過当之賃銀受取候もの於有之は、厳重ニ可申付候間其旨厚相心得、其方共ゟ下方之者へ情々可申聞置候

右之通被仰渡奉畏候、仍如件

安政二卯年十月十八日

町火消壱番組之内
い組人足頭取
本町三丁目
利兵衛店
仁兵衛

（以下略）

（『江戸町触集成』）

この触書によれば、家屋や蔵の修復や片付けの際、各町で抱えている人足以外の者を雇ったが、雇主に対して「渡り」として高額な賃金をねだり、現場の人数が契約より少ないにもかかわらず全員分の賃金を要求し、それを拒むと無理難題をふっかける者、一番組・二番組のような「地位《ちい》宜敷《よろしき》家蔵」が立ち並ぶ地域では、その町で抱えている者に請負を頼まざるを得ないのだが、それを逆手にとって割増し賃金を請求する者、複数地域で仕

事を掛持ちし、半日しか働いていないのに一日分の賃金を受け取ろうとする者など「我侭之働方」が横行していたとある。これは需要と供給のバランスでいえば、極端に供給側が有利な状況であり、身も蓋もないといえばそれまでかもしれないが、あえてモラルを別とするならば、こうした職人の強気な行動は極めて経済的に合理的といえるものなのかもしれない（もっとも、後半部分にあるように、そうした「不届之事」をはたらく者が召し捕えられるということもあった）。

実際、幕末の世相を記録した『藤岡屋日記』にも、そうした状況が書かれている。

市中の人家、大小共破損せざるなければバ、急々其修理をなさんとすれども、大工左官ハ元ゟ、手伝人歩ニ至迄、迚《とて》も家々ニあてる事かたければ、数度呼、使ニ及べ共、容易ニ出来らず、たま〳〵来ると雖《いえども》、一日来れバ二日来らず、二日かゝれば五日休むが故、修理も全からず、板材木、金を積と雖、品無之、平生板、両ニ七八十枚位之品を、両ニ拾一二枚ニ而も一向に品無之由ニ而、難儀ニ及ぶ、漸々竹・材木を以て仮ニ突張し、或ハ縄ニ而つなぎ置も在、又ハ一向ニ人寄来らざるハ、止事を得ず其侭ニなし置、或は手当出来兼、途方ニ暮居り候者も有之、家土蔵めり込、穀類・諸道具埋有之といへども掘出ス手当無之、国々へ立去候者も有之、一日雨降候処、家蔵残り候者ハ安心致し候得共、雨湿通りて又も土蔵崩傾き、或は残たる大輪落るは多し、故に人

心何となく恐怖止ず、日夜安き心もあらずして（後略）

（「安政二乙卯十月二日　江戸大地震」『藤岡屋日記』）

あらゆる建物が倒壊・破損しているので修理が急務であるのに、大工・左官や手伝い人夫が足りず、何度呼んでも来ない、たまに来ても一日来れば二日休み、二日来れば五日休むので修理もはかどらない、建築資材も不足しており、お金をかけても集まらないので自分で仮設せざるをえない、とあるように、震災後の建築労働者不足は深刻で、資材すらままならなかったようである。その結果、穀類の食料や生活用品が埋まっていて取り出すこともできず、江戸を離れる者が出てきたり、かろうじて倒壊を免れた家にいても雨が降ればが湿気により建物が崩れてしまう、といった惨状も描かれている。

幕府の苦肉の策　大震災後の復旧における建築需要の高まりと建築職人の不足による、ある意味正直な市場原理にもとづく職人の賃金高騰は続いた。もちろん幕府は手をこまねいてこの非常事態をみていたわけではなく、新たな賃金にかんする触書を出すことになる。

大工手間賃、平和之節

一壱人　銀三匁

飯料　銀壱匁弐分

下大工同断
　一壱人　銀弐匁五分
　　飯料　銀壱匁弐分
(朱書)「当分之内
　一壱人　銀四匁五分
　　飯料　銀壱匁五分
下大工
　一壱人　銀三匁五分
　　飯料　銀壱匁五分」
左官手間賃、平和之節
　一壱人　銀五匁
　　飯料　銀壱匁弐分
(朱書)「当分之内
　一壱人　銀五匁
　　飯料　銀壱匁五分」
鳶人足日雇、平和之節

一壱人　銭三百文
　道具代銭四拾八文
（朱書）
「当分之内
一壱人　銭三百四十八文
　道具代銭四拾八文」
（中略）
右当分増賃銀請取実直ニ可致、鳶人足之内ニは日雇賃ニ不拘、仕事之程合ニ而、過当之賃銭ニ当り候請負同様之仕様相対致候由、右躰之儀有之候ハヽ、雇候ものゟ町役人江早々可申聞候、其外諸職人之儀も受負高過当ニ当り候分は、是又町役人江同様可申聞事
一諸職人手間賃之儀は、当分請取候朱書ニ認候賃銭を其職限江西ノ内江墨ニ而大筆ニ認、家前江張出置可申事
（中略）
右は伺済之上御達申候、御組合限早々御通達可被成候、以上
　十月十九日
　　　　　　　　　　御用伺当番
（『江戸町触集成』）

つまり、震災後の賃金高騰という実態に即するため、「平和之節」と「当分之内」の二つの賃金を設定したということである。その賃金は「大工」と「下大工」と技能別に区別されており、しかも「手間」（賃金）と「飯料」（賄い）や「道具代」にまで細かく分けられている（紙幅の都合で省略しているが、ほかにも屋根職人の賃金、また屋根職人が持ち込む縄や瓦についても「平和之節」と「当分之内」に応じて代金が書き上げられている）。その公定の割増し率は、大工は手間一・五倍、飯料一・二五倍に対して、下大工は手間一・四倍、飯料一・二五倍、左官は手間一・六六倍、飯料一・二五倍となっており、飯料は同じだが、賃金については同じ職人でも職種や技術・経験の習熟度合いによってその率に差がつけられていた。下大工でも「当分之内」であれば「平和之節」の大工より高い賃金を得ることができる、公定でもそれほどの額を設定しなければいけないということであった。鳶人足では賃金は一・二六倍、道具代は同一代金で、割増し率は職人より低く、自身の持ち出しである道具代については特別の配慮はされなかったようである。

その後もたびたび物価賃金の引上げを禁止する触書が出されているが、その効果はかんばしくなかったようである。幕臣が書き残した記録にも、賃金上昇に待ったをかける幕府の政策が、急激な物価賃金の高騰の前に無力であったこと、そしてそのあおりを受けた江戸の被災民の状況が書かれている。

地震の後町方ハ往還の路傍に小屋を作り、夜ハ此内に寐《ね》て地震の用心とす、武家も空地あれハ小屋掛あり、屋しき手せまなるハ往還の路傍に犬小屋のことき物を作りて家来下々を置り、此節縄むしろ・こもの類きれものとて市中になし、むしろ代十枚金百疋、油紙壱枚代六匁ならねは買事あたはす、其他の品もこれに准す、大工手間壱人拾五匁、十一月ニ入て拾弐匁、飯代壱匁五分、鳶のものは半割なり、家根葺手間壱分二朱あるひは弐分、屋根板壱両に七朱位ありたる、材木の価格常に三倍也、左官もおなしく高価なるに、すたにつかふべきわらこと俵の類総てなしとて、左官の方より持来らす、雇ふ方にて買上て渡す、中ぬりのすたは平常壱俵壱匁位の品四匁くらゐにて其品きれてなし。

公辺よりハ直下の御触あれとも内々は高直なり、此故に金銀に乏しき人ハ家作の繕ひもならす、いつれも小屋に住て春を待計《はかり》なり、町家にて路傍に小屋掛せしものも十月末より傾きたる家に帰り住り、さすれとも、地震のおそれあれハ寒さ強けれとも、火燵を作るものさらになし

『視聴草《みききぐさ》』

地震によって家を失った人びとが小屋を建て、武家の中には家来を「犬小屋」のような仮設の小屋に住まわせざるをえず、そして生活復旧のために建築職人を雇おうとしてもそ

の手間賃や建築資材も高騰してしまっている。そして「公辺」つまり幕府は値下げの触書を出しても「内々」は高値であった。「金銀に乏しき人」は家の修繕もできず小屋に住んでいたが寒くなってきたため「傾きたる」家に帰ったものの、また地震が襲ってくるかもしれないので、火を使った暖をとることもできない。この記述から観察されることは、いくらお上が規制しようとしても、現実問題として物資・人手不足の中でも、寒い冬が近づいている中、人びとは一刻も早く生活をもとに戻したいわけであるから、賃金・物価は一時的にとはいえ大幅に跳ね上がらざるをえなかったということになる。

なお、この『視聴草』の作者の宮崎成身は、この安政地震の年はいつもより暖かい年であったことを何らかの大地震の予兆として、貯金をするなど震災に備え、実際に地震では家族は負傷せず、建物が半壊はしたもののすぐに復旧したと書いている。

賃金データからみる安政大地震

では、実際の賃金データではどのように推移したのか？『我国商品相場統計表』では、地震の前年の大工賃金は一人一日あたり金〇・一二五両となっているが、地震のあった当年の賃金も金〇・一二五両とまったく変化がみられず、翌年も同額の賃金となっている。この資料には他にも石工・畳刺・建具職・瓦葺職・木挽職・左官といった建設関係の職人の賃金が収録されているが、これらの職人たちの賃金にも若干の上昇は確認できるものもあるが、おおむね地震による大きな影響はみられない。ところが、実際の市中の記録からは別のことが判明する。安政大地震については、民間によるさまざまな記録が作られているが、その一つである『大地震焼場細見記』には、「当分之節」すなわち平時に定められた公定賃金六匁だったものが、「巷間」つまり世間での実際の手間賃は四五~四六匁と、およそ七・五倍にも高騰していたと書かれている（斎藤一九九八）。同様のことは、明治期になってまとめられた資料にも確認できる。

大工傭銀ノ如キハ従来幕府ノ干渉スル所ニシ（テ脱）、随意ニ之ヲ上下スル事能ハザリシガ故ニ、其昇進ノ傾向ヲ観察スルニ、敢テ非常ノ変動ナキカ如シ、而シテ天保五年及弘化三年ニ於テ其傭銀ノ斯ク騰上セシモノハ共ニ火災ノ影響ヲ受クルニ因ル、又安政二・三年ノ交ニ在リテ非常ノ高費（貴）ヲ見ルモノハ、二年ニ大地震アリ、三年ニ大嵐アリタルガ為ナリ、案ズルニ当時ニ在リテハ市正ノ認可ヲ経ズシテ其賃銀ヲ上下スル事能ハズノ制ニシテ、幕府ハ一ニ昇進ノ勢ヲ抑制スルニ怠ラザリシモ、斯ク天災ニ遭遇シテ其傭銀ノ騰貴スルノ形跡ヲ見レバ、人作ノ法ヲ以テ能ク自然ノ勢ニ抵抗スベカラザルヲ見ルベシ、蓋シ前陳ノ如ク非常ニ天災アル時ニ方リテヤ、仮令市正へ具申スル傭銀ノ割合ハ甚ダ高カラズト云トモ、其実相対需給ノ権衝（衡）ニヨリテ自カラ相場ヲ立テタルヤ明ナリ（後略）

（「天保元年ヨリ明治十二年迄五十年間府下各種貨物物価調査之儀ニ付大蔵省へ上申書」）

これは、『渋沢栄一伝記資料』に収録されている明治一三年（一八八〇）に東京商法会議所が大蔵省に上申した資料である（渋沢青淵記念財団龍門社編一九五七）。これによれば、もともと大工の賃金というものは幕府が「干渉」しているので市中で随意に上げたり下げたりすることはできないものであり、長らくそうであったものの、天保五年・弘化三年の火事や安政二年・三年の地震や大嵐のような天災があったときも、賃金が上がるのを抑制しようとしたが、実際は「人作ノ法ヲ以テ能ク自然ノ勢ニ抵抗スベカラザル」と、災害時における賃金のコントロールがいかに難しかったかをうかがわせている。

資料ではこの記述の後、天保元年（一八三〇）から明治一九年（一八八六）の長期にわたる「大工傭銀」の一覧表が上手間料と並手間料に分けて掲載されているが、大震災の前年である安政元年（一八五四）には上手間料四匁、並手間料三匁七分五厘、これに加えて飯料一匁二分であった大工賃金が、地震のあった安政二年（一八五五）年に上手間料四五匁、並手間料三七匁五分と十倍にも跳ね上がり、飯料も一匁五分に上昇している。地震が一〇月に発生していることから、この大工賃金は地震後の年末の相場をあらわしているものと思われるが（実際、明治期の物価賃金統計も十二月調べのものが多い）、翌安政三年も継続する震災後の復旧と大嵐のために、上手間料一五匁、並手間料一〇匁と依然として高い

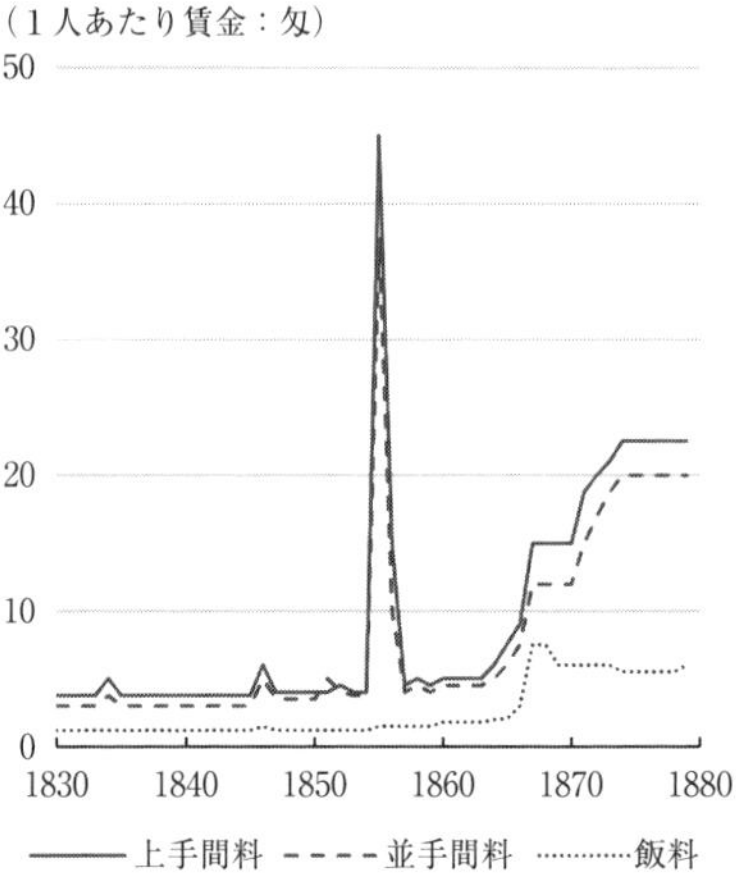

図27　近世後半から明治期初頭の大工賃金の推移

（江戸－東京）「天保元年ヨリ明治十二年迄五十年間府下各種貨物物価調査」より作成．上手間料・並手間料ともに，安政地震直後に急激な実質賃金の増加がみられる．その後，落ちついたかにみえた賃金は幕末から明治にかけてふたたび上昇していった．

水準となっている。高値で推移していた大工賃金がようやく震災前の相場に落ちついていくのは、翌年になってからのことであった（図27）。

となると、先ほど紹介した、幕府による震災後の「当分之内」における職人の割増し賃金が、非常事態を考慮したものとはいえ最高でも一・五倍程度のものであったことを考えると、公定賃金がいかに低い水準であったかがわかる。そして、生活復興の現場での異常な賃金高騰は、現実社会がいかに切実な状況であったかということを反映しているともいえるだろう。

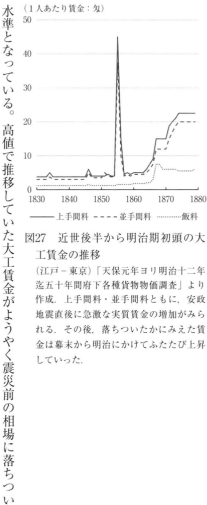

ここで思い出してもらいたいのが、プロローグで紹介した、建築労働者の実質賃金の推移をあらわしたグラフである。佐野系列のグラフが、ここで紹介している近世後半の大工の「巷間」賃金の推移と同じ形を描いていることに気づくだろう。梅村系列と佐野系列による二種類の実質賃金推計のうち、佐野系列の元となったデータの片方が『我国商品相場統計表』に収録された江戸・東京の職人の賃金であり、もう片方の大工職人の系列の元となっているのが渋沢栄一が収集した資料『渋沢栄一伝記資料』なのである（なお、梅村推計は京都の大工賃金の系列である）。したがって、『我国商品相場統計表』をもとにした職人の賃金は一八八五年の安政大地震の前後でも急ではあるが、それは物価上昇を反映して実質化した結果でもあるため、急激というほどの高騰ではないのに対して、『渋沢栄一伝記資料』による大工賃金は極端な上昇を描くことになっているのである。

このように、幕府による労働市場への賃金相場への干渉があったが、その規制が緩やかであった時代の賃金資料を利用するときには、それが幕府などの支配機構によって定められた公定賃金なのか、実際の民間での需給バランス、もっといえば当事者間での相対で決められた「巷間」の賃金なのかを見さだめる必要がある。

また、同じ時代の同じ地域の資料であっても、利用する資料に書かれた賃金の性格がかなり違うものであることにも注意することが必要である。本書冒頭のプロローグでも説明したように、これらの資料上の賃金は、公的であろうと「巷間」であろうと、それが実際に支払われる限りにおいては額面で示される賃金、つまり名目賃金である。佐野系列と梅村系列の二つの長期の賃金系列は、それら資料上の名目賃金を、同じように当時の資料から得られた白米・味噌といった生活に必要なさまざまな小売商品の価格をもとに算出した物価指数でデフレートして推計した、実質賃金の系列なのである。

それにしても、資料や推計によっての差はあるが、災害時には七倍から十倍ほどの賃金の一時的な上昇があるということは、もしかすると、まとめられた統計資料が依拠した、もとの原資料にも起因している可能性も考えなければならない。つまり、一般の人びとの生活では大工に建築を依頼する機会は人生にそう何度でもあるわけではないので、大工賃金を毎年詳細に記録するような習慣はほぼない。となると、賃金についての情報を毎年記録できるほどの資金力に余裕のある商家の資料が元となっている可能性が強いということである。商家であれば、新築だけでなく建物の修復も含めて大工との契約が頻繁に発生することもあるだろう。地震などで、営業用の施設の復興を急ぎたい商家であれば、普段の相場より高い賃金を大工に払うはずなので、そうした富裕層の支払いによって賃金が上昇することは十分に考えられる。武家屋敷についても同じことがいえるかもしれない。賃金データにはそうした数字だけからは見えない特殊な事情が背景にあるかもしれないことも考慮する必要がある。

いびつな震災復興

地震によって江戸の町は破壊され、おびただしい人命が失われたが、その一方で江戸の町の復興にともない建築関係の職人達の賃金は上昇した。当時の鯰絵《なまずえ》には、そうした世相を皮肉った表現がされている。鯰絵とは、安政地震の後に出版された浮世絵版画のことである。当時、浮世絵は出版する前に幕府による事前の検閲がされており、絵師や版元名などの記載の厳格化などの規制があった。もちろん、それは華美なものの排除、質素倹約の強制という支配する側からの公序良俗の維持の意味であったが、地震発生後の混乱の中で従来の浮世絵が売れぬ状況下、版元は彫刻や摺りなどを簡略化し、地震とその後の混乱した世相を描写した鯰絵を売ることで利益を得ようとした。結果、数百点の鯰絵が出版され、そのうちかなりの数が現在に伝わり、そこから震災復興時の当時の人びとの様子がわかるのである（図28）。

一般によく知られる鯰絵は、大地震を起こした鯰を人びとが懲らしめたりするものがイメージされるかもしれない。これは、もともと鹿島神宮の祭神が地下深くに要石《かなめいし》で地震を引き起こす大鯰を封じこめていて、その大鯰が暴れた際に地震となるという民間に流布した俗説からきたものである。ところが、そうでないものが描かれていることもある。たとえば、「新吉原大鯰《しんよしわらおおなまず》由来《ゆらい》」という鯰絵では、地震で被災した吉原遊廓で生きる人びとが

「新吉原大鯰由来」と左上部拡大図

「諸職吾沢銭」

図28　安政地震で儲けた職人や商工業者を皮肉る鯰絵（東京大学附属図書館デジタルアーカイブ「石本コレクション」）

「新吉原大鯰由来」では，新吉原の被災者が大鯰を懲らしめているところに，「待ちねえ待ちねえ，俺が止めた止めた」「待ってくれ」「おいおい，そんなにぶちなさんな」と繰り返し言いながら大工・鳶・左官らが止めに入ろうとしている．「諸職吾沢銭」には，擬人化された大鯰に震災復興で儲けた職人や商工業者たちが小判や饅頭を差し出して，さらなる儲けを願っている様子が描かれている．

「いまいましいおおなまずめ」「はやくぶちころしてくってしまへ」と罵倒しながら大鯰を退治しているところに、大工や商人とおぼしき人びとが鯰を助けに入ろうとする姿が描かれている。これは明らかに、震災復興が進むにつれて建築土木の需要過多による、にわか景気で儲けた商工業者を揶揄したものだろう。「諸職《しょしょく》吾沢銭《ごたくせん》」と題された鯰絵には、そうした人びとが更なる金もうけを企み、大鯰にお礼やわいろを贈る様子が描かれているが、そこに登場する建築関係者の台詞は次のようなものである。

材木屋
「このどのじしん《（今度の地震）》で山の木ハ大かたきりたし《（切り出し）》だか、まだ〳〵入用とミへてちうもん《（注文）》がたくさんだから、今山にできてあるちいさい《（小さい）》木をひとばん《（一晩）》のうちにたいぼく《（大木）》になるやうに守て下さいま」
（今度の地震で山の木はほとんど切り出しましたが、まだまだ必要なので注文がたくさんきます。いま山に生えている小木を一晩のうちに大木になるように守ってください）

鳶職人
「わっちらハひいき《（贔屓）》になるおとくい様がおゝひ《（多い）》から、どふもこんなにいそがしいのでハこまるから、かくべつよく《（欲）》のふかひ《（深い）》ことハいゝやせんから、どふぞ十人りき《（力）》になるやうに守ってくださいやし、なまづさまたのミ《（頼み）》でございます」

(私たちはもともと贔屓の得意先がいて、とても忙しくて困っています。格別に欲深いことは言いませんから、どうか十人力になれるよう守ってください、鯰様お頼みいたします)

土方

「どかた《土方》といつて人かいやしくいふ《卑しく言う》けれ共、どかたで道中がなるものかといつて道中の土ハ何もならねへか、御とうち《当地》の土を壱神金神といふ所た、とかた《土方》の子ゑんま《閻魔》の子といつしよにいふけれとおいらアこくらく《極楽》だ、かのおやしき《屋敷》の御用にハよつほどしや《土砂》がいるから、するが《駿河》のふじ《富士》の山をそっくりとりよせたら、せわ《世話》がなくてよかろう、こいつハなまつ《鯰》との《殿》、ちから《力》てなくちゃいくめへて」

(人びとは土方といって卑しいというけれども、土方で道中がなるもんかと言って道中の土は何にもならないけれども、御当地の土を壱神金神と言う所だ、土方の子は閻魔の子と一緒と言うけれど、俺は極楽だ、かの御屋敷の御用にはたくさん土砂がいるから、駿河の富士山をそのまま土砂に取り寄せたら手間がはぶけてよい、これは鯰の力じゃなくてはできないですね)

なお、災害とはその発生の瞬間には富む者、貧しい者に関係なく、物理的に均しく打撃をあたえるものである。実際に多くの富裕な商家も甚大な被害をうけ、地震で被害をうけた人びとへの救済のための施行をすることも決められていた。つまり、「見かけの上での」富の再分配のようなこともあったが、そうした様子は復興が進むにつれて鯰が小判を金持ちから吐き出させるような「世直し鯰」として描かれるようにもなった。

とはいえ、大地震の後、被害にあった人びとの多くが生活に苦労していたときに、震災復興の果実を手に入れることができた一部の商工業者の姿は、まさに濡れ手に粟のあこぎな商売をしているように庶民の目には見えたのだろう。鯰絵はそうした資材や労働力の需要と供給のバランスのなかで生まれた――経済学的にはそれが理論的に正しいかもしれないが――いびつな震災復興の姿を伝えているのかもしれない。

他にも、震災後の家屋建て直しの際に落ちた壁土を運ぶ人足である「土持ち」に、都市雑業者である羅宇屋《らう》（煙管の火皿と吸口をつなぐ竹管のすげかえを行う職業）や飴売りが、にわか人足となって働き、もうけを得たことも記録されている（北原二〇一三）。先ほど引用した『視聴草』には、その具体例が書かれている。

> 職人のいそか（忙）しき事言語に絶たり、土瓦竹木の取かた付、鳶人足たらす大工左官も少しく其業のまねをなすものまてよき賃銀を得てよろこふ、雇人足も其道に暗きものまて加はりて賃銭を得るにより、らうのすっけかひ又はあめうりの類まて人足に出て銭をむさほる、何ものかいひけん、「職人は地震を稼の数にいれ」、下情に通せし詞也、下谷浅草

本所等の町家は往還に土瓦竹木の類つみ置て往来に出せなす故、行人の煩になれとも人足なけれハせん方なし、此度の地震に瓦屋の分は多く潰れたれは、残れる家も瓦をおろし土居ふきの上に瓦を市松といふにならへて風雨地震の用しん(心)とす、二階家も宜《よろし》からすとて二階をおろし平やになをし(直)こけらふきとす、家根葺これか為に忙しく賃ますます高し

（『視聴草』）

となると、これは想像の域を出ないものではあるが、人足と同じように需要過多と供給不足の状況で大工が足りないのであれば、江戸近郊の関東の各所から、大工ではないけれども少しくらいは建築技術に覚えのある者たちが「にわか大工」となって復興途中の江戸に入ってきて、高騰する大工賃金で一獲千金を狙ったということもあったかもしれない。

また、異常なほどの大工賃金の値上がりからは、違った視点も考えられる。江戸の庶民が住んでいた下町の長屋が軒並み倒壊・消失したとすれば、当然ながら建直しの必要が出てくる。それは、住んでいた人びととの生活のためだけでなく、長屋経営をしていた地主たちにも切迫した問題だったことは先述の通りである。富裕な商家や江戸で土地経営をしていた近郊農村の豪農層といった地主なら、資金力にものを言わせて、自分たちの所有する長屋の建築を急がせるために、あえて法外な報酬で大工を確保しようとしていたことも十

分に考えられる。実際、地震に限らず、火事など災害にあって長屋が類焼してしまうとその再建費用が大きくはね上がっていたが（渡辺一九九四）、そこには高騰する建築資材に加えて、それを担う建設労働者の人件費の負担もあったにちがいない。また、長屋経営の収益の悪化によって店賃が高騰したり、そもそもの建築資材不足による住宅再建がままならない状況では、そこから生活の場を失ってしまい路上生活者となってしまった人びともいた（渡辺二〇二〇）。地震の後の復興には、そうした人びとのさまざまな思惑が渦巻いていたのかもしれない。

賃金に関係するもの

物価の推移

ここからは賃金の長期の推移について考えていくが、中世の章でも説明したように賃金の話にどうしてもかかわるのは物価である。近世における物価の推移について、当時の経済成長の文脈において概観しておこう。

図29は、大坂における米価（銀目建）の推移である。元禄一四年（一七〇一）より以前については、元データとなる資料が大坂のみでそろえることができなかったので、広島米価の各年における変化率で外挿している。また、享保期の一七二〇年代以降については、米価だけでなく、工産物および工産物の原料の価格の推移も把握することができる。それが、図30にあらわされた一般物価水準（銀目建および金目建）と農工間相対価格指数（農産物価格／工産物価格、右軸）についての五カ年移動平均値の推移である。これらの推移を

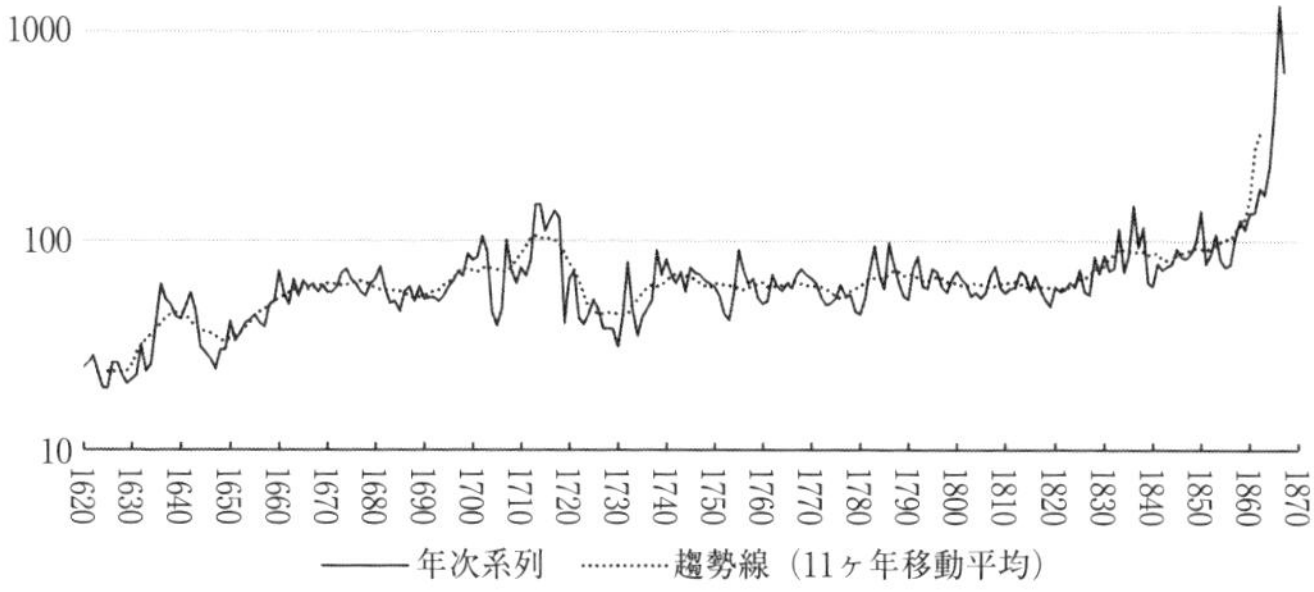

図29　近世の米価変動

高島・深尾・今村（2017a, b），深尾・斎藤・高島・今村（2017）より作成．大坂，1石あたり匁，銀目建．対数表記．年次系列は1701年以降の大阪米価を起点に1701年以前については広島米価の各年変化率で外挿している．

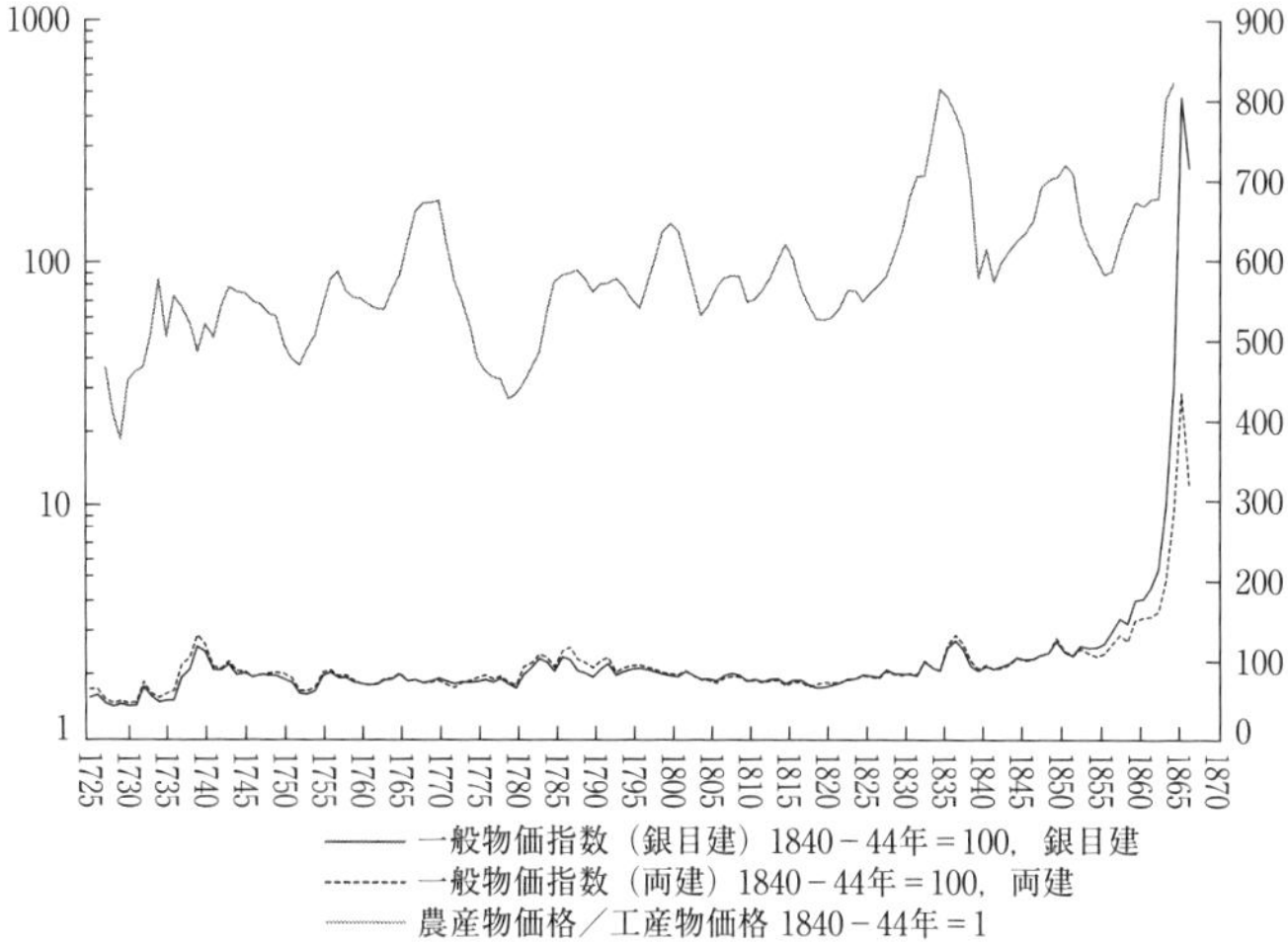

図30　近世の一般物価と農工間相対価格指数の推移

高島・深尾・今村　(2017a, b)，深尾・斎藤・高島・今村（2017）より作成．右軸が一般物価指数，左軸が農産物価格／鉱産物価格をあらわしている．一般物価は，京坂，銀目建および金目建．農産物価格／工産物価格（農工間相対価格指数）は5カ年移動平均．1840－44年 =100としている．対数表記．

あわせてみてみると、一般物価と米価のトレンドは、ほぼ同じような傾向で変動しており、近世の消費については、米というものがいかに重要であるかがわかる。つまり、当時の物価の趨勢は、米価によって、その趨勢をある程度は把握することができると考えてもよいだろう（もちろん、米価が万能でないことには留意は必要であるが）。

この推移をみると、近世における物価の変動は、寛永、享保、天明、天保の大飢饉（それぞれ、一六四二年、一七三二年、一七八一―八九年、一八三三―三六年前後）など、農業生産の豊凶による変動を除けば、大きく四つの時期にわけることができる。最初は、(1)一七世紀初頭から半ば過ぎまでの米価の上昇と、それ以降の一七世紀末までの安定期である。次は、(2)一七世紀末から一七三〇年代までの米価が乱高下する時期、そして、(3)一七四〇年代から一八一〇年代にかけての緩やかな下落期と続く。最後は、(4)一八二〇年代から幕末までの物価が急速に上昇する時期である（岩橋一九八一・一九九六）。

これを伝統的な貨幣数量説で説明してみよう（高島・深尾・今村二〇一七a）。これら四つの期間のうち、第一期と第四期において徐々に加速していった物価上昇を説明するには、徳川幕府が貨幣改鋳をおこなったことや各藩が藩札を発行したことなど、貨幣供給側による影響の可能性が高いことになる。近年の前近代の国内総生産（ＧＤＰ）の推計によれば、第一期の一七世紀の間のＧＤＰは一・七倍に拡大したとなっているが（高島二〇一七）、その同じ期間に米価も三・一倍にまで上昇している。こうした物価上昇の解釈については、貨幣量が原材料として用いられる貴金属生産の拡大などによって、経済成長以上の拡大をしたとするか（西川一九八五、速水・宮本一九八八）、もしくは貨幣そのものの流通速度が上昇したかのどちらかと解釈することになる（岩橋一九九六）。この近世初頭の一七世紀は人口増加が顕著であった時期でもあり、推計によれば、人口一人あたり農業生産量は一六〇〇年の一・八〇石から一七二一年には一・五六石に下落したことから、農業生産が人口増加に追いつかなかった可能性が高い。とすれば、米不足によって米の他の財やサービスに対する相対価格が上昇したことも、米価が上昇した背景として考えることが可能である（岩橋一九八一）。

逆に、物価が下落した第三期である一七四〇年代から一八一〇年代については、経済成長の速度に比べて貨幣量の増加が不足気味だったのだろうか。先行研究によれば、一七四〇―一八一〇年における名目貨幣残高の平均増加率は〇・二五％のペースとなっているが（明石一九八九）、同期間における一七二一年から一八〇四年までのＧＤＰの成長率は〇・二二％程度である。このような状況下、物価が年平均で〇・六％と穏やかではあるものの下落した背景としては、この時期、貨幣経済というものが社会経済に十分に浸透しており、貨幣の流通速度が低下していた可能性がある。ともあれ、この時期は、安定的な貨幣量の

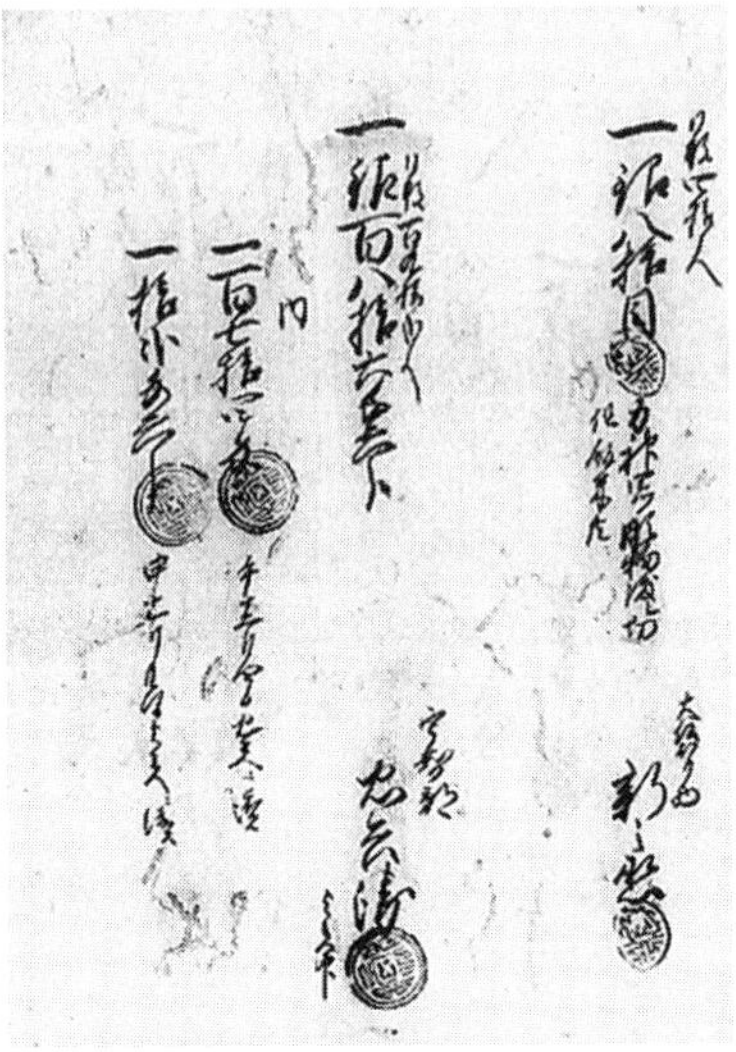

図31　近世初頭の資料にみえる大工への賃金と賄い（京都学・歴彩館蔵：中井家文書298「東寺塔御造営大工作料渡判帳」）

大工の合計作業日数，支払われた賃金や内訳，大工の名前と所属している大工組織が列挙されている．最初の大工（新之丞）への項目の中段の注記に「但飯米共」と作料に加えて飯米が支払われたことが併記されているが，次の大工（忠兵衛）にはそのような記載が確認できない．賃金と日数から１日あたり賃金を算出すると，新之丞は２匁に対し，忠兵衛は0.97匁（９分７厘）となる．ただし，これが飯米なのか大工の職位による差なのかは別資料にて確認しなければならない．

下で物価も比較的安定していた時期であったことになる。

賄いをどうあつかうか

賃金とは別に支給されることがある賄いについても触れておく。労働者に賃金以外の貨幣や現物を余分に支払うこと時代は、古くから慣習として存在するが、あくまでも正規の賃金にプラスアルファされるものであったためか、支払い関係の資料に書かれていないことも多い。例えば、近世初頭の大名配置替えにともなう列島における城下町建設ブームの際には、各地で城が建設・改築されたが、その時の大工賃金の資料をみると、賃金である「作料」と賄いである「飯米」が同一資料に記載されず、「作料」のみの帳簿、「飯米」のみの帳簿がそれぞれに存在していることも多々ある（図31）。支払われた大工の名前と日付が一致したり、「飯米作料」という注意書きなどがあれば、両方ともに支給されていた確証を得ることができるが、どちらか片方のみの情報しか分からない場合は、判断に悩むところである。賄いのみの情報だけでは、その観察数がいくら多くても賃金データとしては使えず、この時期、賄いが支給されていたらしいという傍証以上はいえないのである（もっとも、分析の際、賄いが支給されていたという仮定をおくための非数量的な参考情報とも言い替えることもできる）。

賄いについては、その額・量には幅があり、それが職能によって差がつけられていることもあるため、実質賃金の推計の際に賄いが支給されていたと仮定する場合は、どの程度の量の値を設定するかによって、結果と解釈は大きく変わることにも留意しなければならない。

長期の賃金を概観する

プロローグで説明した梅村推計と佐野推計が公表されたのは一九六〇年代であったが、それ以降も、経済学・数量経済史学にたずさわる研究者らによって、近世とそれに接続する近代の賃金推計は続けられた。

近世賃金の変遷をとらえなおす

既に本章でいくつか引用はしているが、現時点での数量経済史の研究成果（斎藤一九九八、バッシーノ・馬・斎藤二〇〇五、高島二〇一七、斎藤・高島二〇一七、Bassino and Ma 2005; Bassino, Fukao and Takashima 2010; Kumon 2021 など）に依拠しながら、近世の賃金の変遷を考えてみたい。

近世の実質賃金の見直しは、一九九〇年代頃から斎藤修をはじめとした数量経済史研究者らによる議論が嚆矢となった。同じ建築職人でありながら同時期に上昇と下降という逆の方向にすすむトレンドをみせた梅村推計と佐野推計の系列の違いは何なのか、それは江戸と京都という地域差なのか、商家のお抱え職人とそうでない市中の大工との違いなのかといった数々の疑問への再検証があったが、幕末にむけて上昇していく佐野系列は、当時勃興しつつあった異文化間の生活水準の比較史における日本の評価にも大きく関わるものであった。

特に指摘されたのが、佐野系列でのデフレーターとして採用された『我国商品相場統計表』の信頼性であった。この資料に収められた物価や賃金の各数値は、基本的には東京（江戸）に限った調査による数値であるが、東京の資料がない時期については大阪の資料を利用している。また、徳川の世から明治へと時代が変わる時期の賃金の単位が、一八七〇年以前は両、一八七一年以降は円という異なった単位であらわされている。この統計の近世の時代の元資料は、先にも取り上げた渋沢栄一が中心になって収集した東京商工会議所資料で、商家資料や古老からの聞取りといった複数の異なるソースを合わせたものであった。したがって、現代の我われが入手できる統一性をもった政府データとは性格が違うものである。

そうしたデータの特殊性からか、なかには急激な上昇や下落といった不自然な動きをみせる項目が確認できる。もちろん、こうした場合は統計的には単年度で測るのではなく、複数年度で加重平均をとることで補正をするが、それでもギャップ幅が大きいと影響が出てくるのも事実である。また、賃金データが市場賃金ではなく、職人間で申し合わせて奉行所へ届けた申し合わせ賃金であったことは先述の通りである。他にも、デフレーターとする十二品目から算出された消費者物価指数も一八三一年以前は不完全であることなど、改訂の余地があった。

近世の実質賃金の新推計

そうした点をクリアするために、職人というひと括りで賃金データとするのではなく、大工、木挽、屋根葺といった職種ごとに推計し、その中から対前年比が最大と最小の職種を除外して、残りの職種の平均を利用するという方法がとられた。物価データについても、三井文庫に所蔵されている新資料から採るなどの諸々の改訂がなされた（三井文庫編一九八九）。その結果をあらわしたのが図32における江戸の建築職人と大工の実質賃金の推計である。また、推計された系列には賄いを考慮していないが、実際の現場では賄いが支給されている可能性が考えられるため、賄いを含んだ場合は若干ではあるが上方修正されることになる。

趨勢は、名目賃金では幕末にかけて急激に上昇していくが、実質賃金でみれば建築職人は低下、大工についても増加と下落をくり返しており、名目賃金のような上昇は確認することができない。かつて佐野推計において上昇傾向にあった職人たちの実質賃金は下方修

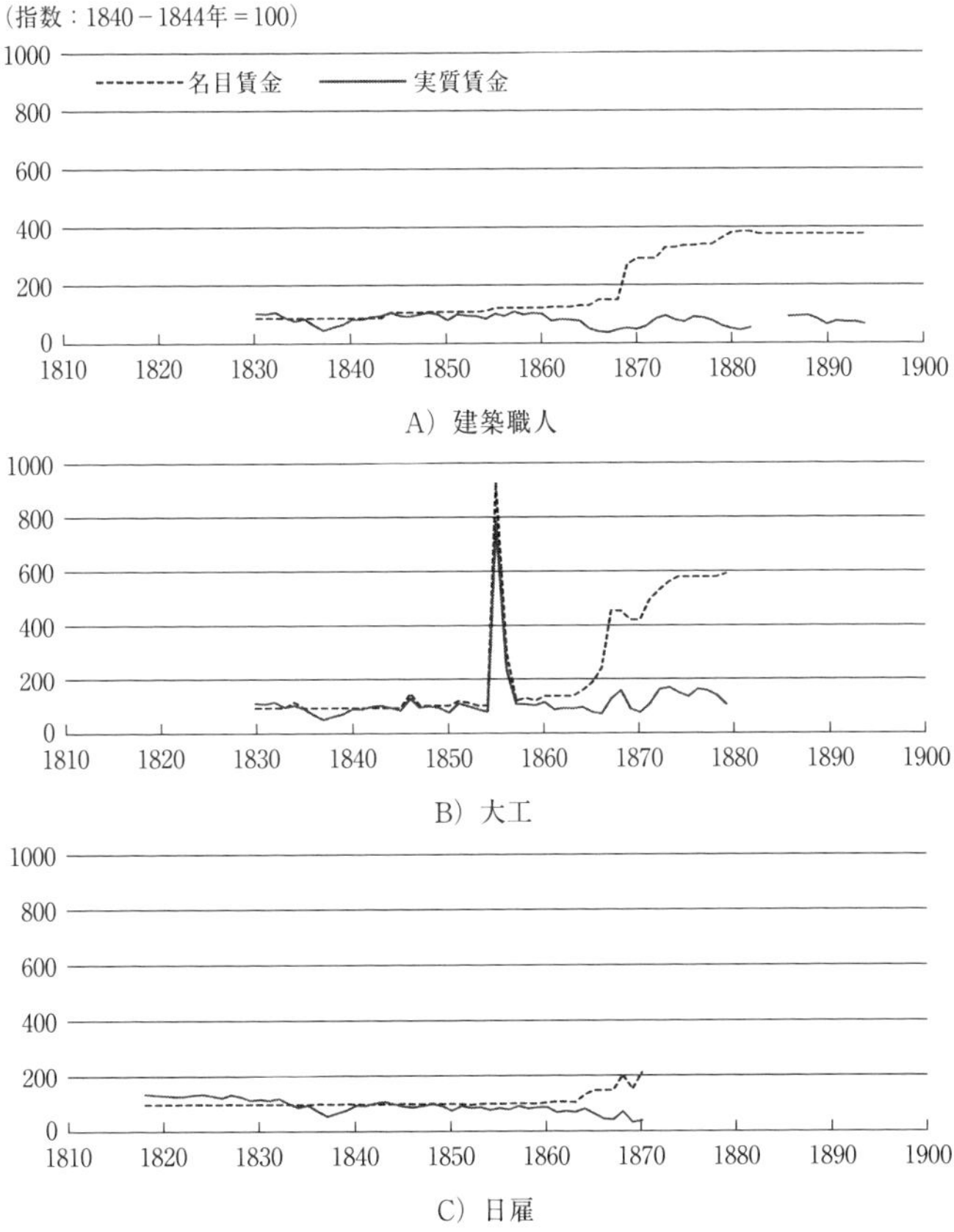

図32　江戸の建築職人，大工，日雇の実質賃金の推計

斎藤（1998），斎藤・高島（2017），深尾・斎藤・高島・今村（2017）より作成．比較のため名目賃金と実質賃金を並べている．名目賃金は両・円建て．1840－1844年を100とした指数によってあらわしている．名目賃金では幕末にかけて建築職人・大工・日雇はすべて急激な上昇傾向にあったが，実質賃金でみれば微増，もしくは低下となっている．以前の佐野推計では上昇していた建築職人の実質賃金も下方修正され，19世紀半ばから減少傾向となった．

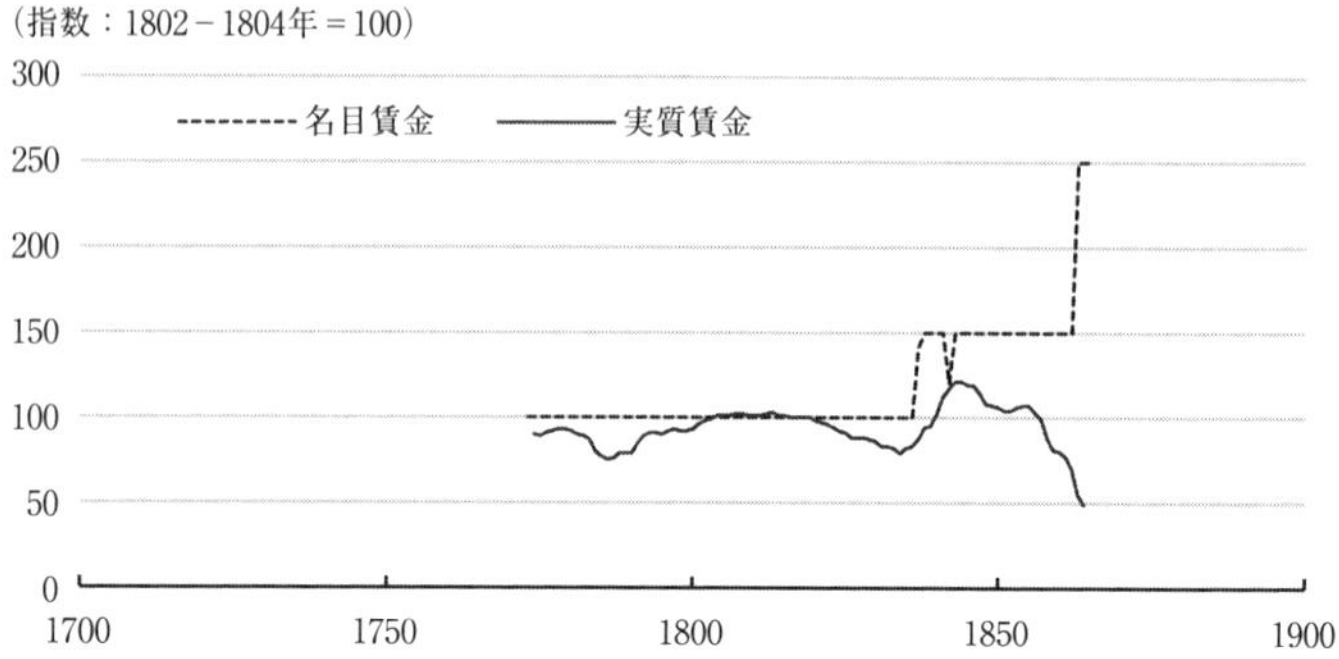

A）京坂大工

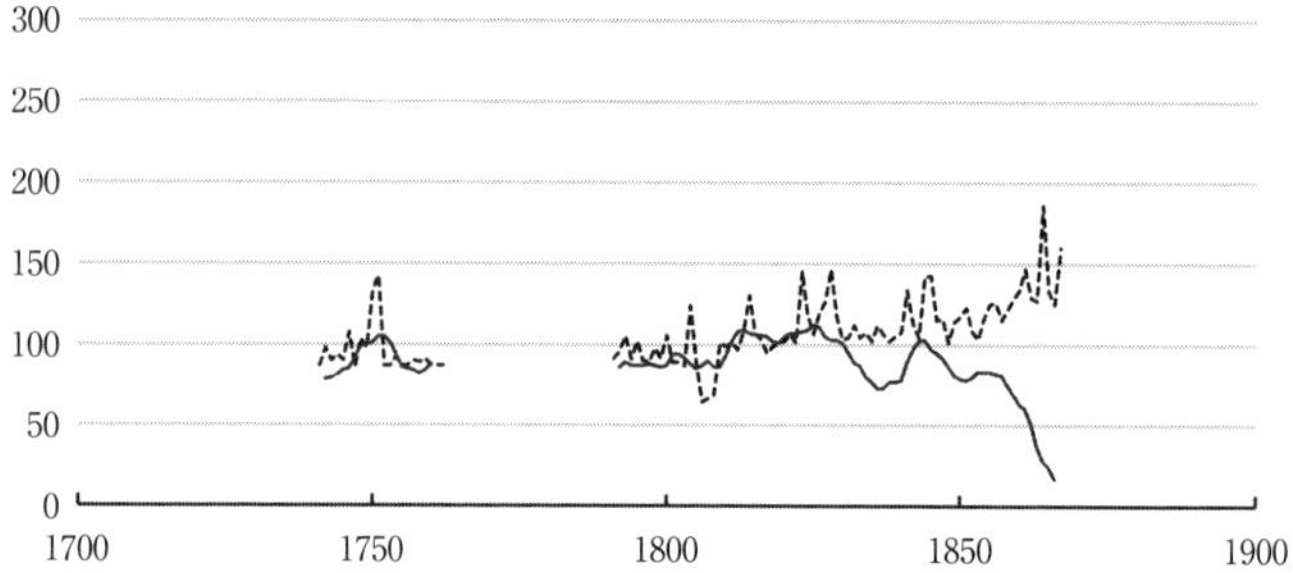

B）京都日雇

図33　上方の大工，日雇の実質賃金の推計

斎藤（1998），斎藤・高島（2017），深尾・斎藤・高島・今村（2017）より作成．比較のため名目賃金と実質賃金を並べている．名目賃金は銀目建て．1802－1804年を100とした指数によってあらわしている．京坂の都市でも江戸と同じように名目賃金では幕末にかけて大工・日雇ともに上昇傾向にあったのが，実質賃金でみれば急激に落ちていくことが確認できる．

正され、一九世紀半ばから減少傾向であったことになる。

また、それまで注目されなかった非熟練労働者の賃金についても目が向けられるようになった。三井文庫の資料には、近世後半のみではあるが、日雇労働者の賃金が収録されており、これらの江戸の職人と日雇の事例は、熟練・非熟練にかかわらず総じて実質賃金は下落傾向にあったことを物語っている。

また、梅村推計での上方の実質賃金についても改訂がなされている（斎藤一九九八）。ここでは、大工と日雇について、それぞれ京都と大阪の合成系列である京坂大工系列の系列を紹介しておく（図33）。

ここでも、京坂の都市では江戸と同じように名目賃金では幕末にかけて大工・日雇ともに上昇傾向にあったのが、実質賃金でみれば急激に落ちていくことが確認できる。以上のことから、少なくとも江戸・京坂の都市部で支払われた賃金で観察される場合においては、近世後半の実質賃金は低下していったということが現時点での推計の結果となる。

物価賃金データを考えるにあたって

とはいえ、実質賃金の長期系列の推計にはさまざまな課題があるのは事実である。本書ではこれまでにもたびたび整理はしているが、ここであらためて、データの扱い方について考慮しておく点を整理しておこう。

あたりまえではあるが、分析で利用する賃金・物価データは、同一の資料群から、かつ長期にわたって取得できることが理想である。しかし、実際のところは、そうした条件を満たすデータセットは前近代にはほとんどない。つまり、これまでの研究で利用されてきた、戦前の旧財閥でもある三井家が作成・収集してきた資料を保存する三井文庫所蔵資料は例外中の例外なのである。

そして、これら資料群はあくまでも「豪商三井家」にとっての物価であり、たとえば、資料によっては米価は当時最高級の蔵米価格をあらわす場合もあり、しかも米切手（蔵屋敷から蔵米の買い主へ出された保管証明書）の価格であるから、江戸市中の末端の消費価格ではないことには注意が必要である。それでも当時の三井家がその生業である商取引をするなかで、米・麦などの食糧品、蝋燭・紙などの日用品、家屋の建設や修繕の際に雇った職人の傭賃など、さまざまな物価・賃金の数的情報を帳簿に記録し、一部のものは資料集として刊行されていることの意義は極めて大きい。

次に、これは名目賃金の系列を観察するときにもいえることであるが、実質賃金を計測するとなると、デフレートに必要な消費者物価指数の計算に使う物価の情報には地域差が存在するのだから、原則、賃金と同じ地域であることが求められる。また、そのデフレーターを構築する際の物価としてどの品目を採用するかの問題もある。時代や地域によって得られる品目は限られるため、統一した物価指数をつくるのが難しい場合は、もっとも長期的かつ安定的に数的情報が得られる米の価格を利用することが代表的となっている。

また、同一地域の情報であっても、その時系列分析が年次、月次、日次のどれかによっても結果は変わる。たとえば、賃金の実質化にあたっては複数の物価情報からデフレーターを構築するが、それらの物価が一年間ずっと同じであることはまずありえない。米一つをとってもその相場は日々変動するものであるが、実質賃金の長期系列の作成にあたって、数十年単位で日・月・年などが一致することは奇跡に近い（賃金ではないが、商人の相場日記資料を利用して一八世紀から一九世紀にかけての米価の日次データを復元した高槻〔二〇一二〕は、貴重な成果である）。

貨幣の時期的な違いに加えて、種類の多様性も分析する側からすればやっかいなものである。すでに古代・中世でも説明したように、前近代では金貨や銀貨・銅貨といった金属貨幣だけでなく、米や絹などの現物によって賃金が支払われていた時期もあり、場合によっては両者が並列的に利用されていたこともあった。歴史である以上、なるべく当時の価値表現によって語ることは重要である一方、現代的な感覚でもって理解するために、馴染みのある金属貨幣の単位に統一するということも一つの方法である。この場合は、一つの貨幣系列に換算しなおすことになるが、その換算レートは公的なものか実態を反映したものかによっても大きく変わるだろうし、単年度の価格換算か、前後の複数年の平均値を採用するかなどの選択をせまられることもある。

米価をめぐる悲喜こもごも

そうした貨幣の時期や種類によって、実質的な賃金が大きくかわるのは研究に限った話だけでなく、実際の歴史上の当事者にとっても悩ましいものであった。ここでは、そうした複雑な貨幣事情にまつわるエピソードを紹介しておこう。本書では庶民の賃金、特に職人のものを中心としているので深くは紹介していないが、当時の幕府の将軍直属の部下である旗本・御家人は、その収入である知行米・扶持米を春・夏・冬の年三回に分けて支給されていた。年棒の分割払いといえば分かりやすいかもしれない。もっとも、二万人以上いた旗本・御家人が一斉に手続きをすると混乱をきたすので、実際は「玉落ち」という、それぞれの名前と支給される石高を書いて玉状に丸めた紙片を箱に入れ、落ちてきた紙片の順に給付するという抽選によって支給されていた。幕臣たちは支給された俸禄米を札差という取引代行商人に持っていって換金してもらうことになる。たしかに、年棒であるなら計画的な家計を切り盛りしていれば順番は関係ないように見えるが、たとえば、新米が市場に出回る前の米価高騰期に抽選で早く引くことができれば米を高く換金できるので、いくばくかの得をすることになるのである（そして、そのタイミングを逸した後に抽選されれば、逆に損をすることもあるだろう）。

また実際には、俸禄米は毎年・毎回米で支払われていたわけではなく、金属貨幣によって支払われていたこともあった。わかりやすい事例として、近世後半の武家（幕臣）に嫁いだ女性が父親に送った書簡に次のようなことが書かれている。

当地米直段ハ、二月五月ハ下直四十両余、玄米百俵の事、すへて当地ハ百俵の直段を中候、当十月玉落の節ハ五十七両二分高直ニ相成候、夏中ふりつゝき《（降り続き）》候故か御地もふり候よし、登り年ハ二月の玉ニ廿五俵、五月ハ百俵皆米、其節ハ下直、当玉ハ前文の通り〇七十五俵の内三分二金ニて被下、三分一米、右の内飯米十三俵請取、残り分少ゝニ御座候、御張紙ハ四十一両ニ御座候、よほと心付暮不中候てハ、中ゝ以引たり不中候

（現代語訳）

当地（江戸）の米の価格は、二月と五月は玄米百俵で四〇両ほどでしたので安かったです。当地の米はすべて一〇〇俵の値段となっています。一〇月の玉落ち（俸禄米の抽選）の時期は百俵で五七両二分と高かったけれども、これは夏中のふりつゝき（長雨）のせいです。この年は夫が登り年（上方在番のために京大坂に上る年）で、その俸禄米は、二月の玉落ちは二五俵、五月は一〇〇俵で、それらはすべて米で受け取りましたが、米が安い時期での支給でした。当玉（一〇月の玉落ち）では、七五俵を受け

取るはずでしたが、その内三分の二は金子で、三分の一は米となっていて、このうち一三俵の飯米を受け取ったのですが、残りの米は少なくなっています。御張紙（幕府の公定価格）では米（一〇〇俵あたり）四一両と発表されていますが、よほど心してやりくりしないと足りなくなってしまいそうです

（『伊東万喜書簡集』一八四九年〈嘉永二〉一一月一九日）

なお「張紙」とは張紙価格のことであるが、これは幕府が家臣に支給する俸禄を金子で支給する場合に設定される公定価格である。米と金の支給割合と換算率とが示され、年三回の俸禄を渡すタイミングで城内の張紙で公示されたことからこの名が付いた。

この書簡の送り主であった伊東万喜の夫・要人の俸禄は米二〇〇俵であった。たしかに年三回の玉落ちでは、二月二五俵、五月一〇〇俵、一〇月七五俵でその合計が一致する。それぞれのタイミングで支給される米を札差（支給される米の受取と売却を仲介する商人）に持っていって換金することになるのだが、二月と五月は米価が一〇〇俵あたり四〇両で交換レートが安かったものの、一〇月になると長雨の影響で五七両二分にまで高騰していたので、これなら実質的な収入増となるのを期待していたのに、実際は幕府公定価格である百俵あたり四一両という低いレートで換金された金子で、しかも三分の二にあたる割合で支給されたため、大した収入増にならず、家計は非常に苦しいというのである。財政収

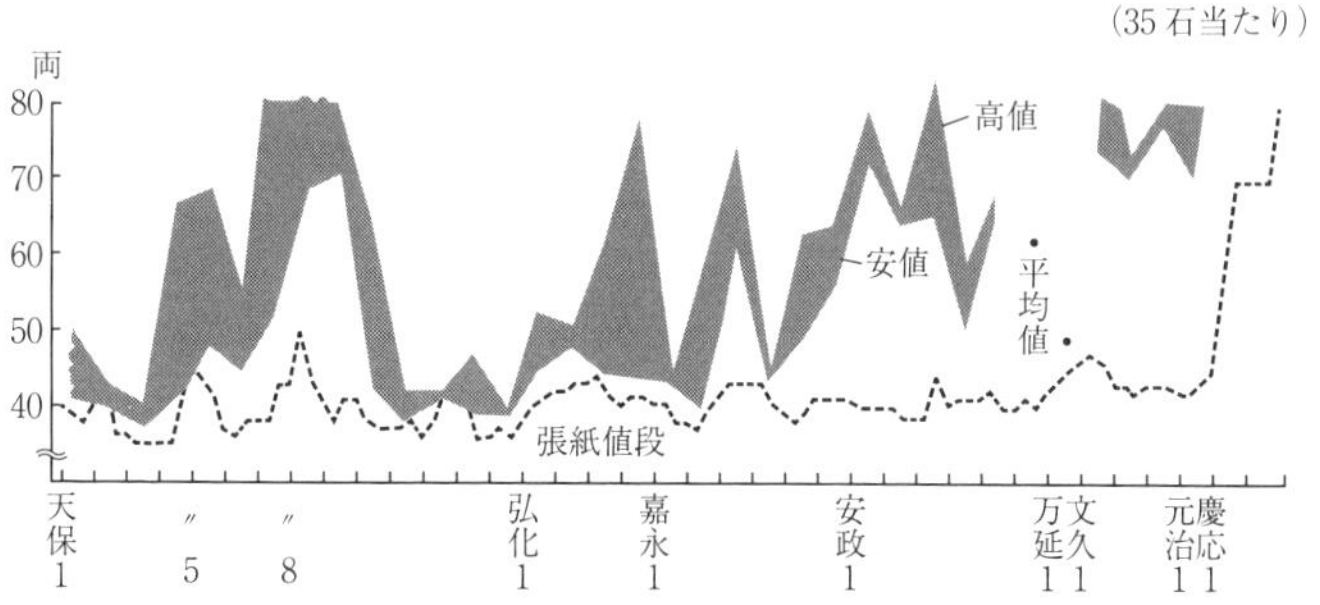

図34　徳川時代の米価の推移：市中米価と張紙価格　岩橋（1981）より

入が著しくなかった当時の幕府も米相場に敏感であり、市場価格の安定に苦心していた（高槻二〇一八）。こうした微妙で不確実なバランスの上に幕臣たちの生活もかかっていたことになる。

図34は近世後半の米価について、幕府公定価格（張紙価格）と江戸市中の米価との推移をあらわしたものである。江戸の米価については高値と安値を分けている。このグラフをみると、張紙値段は年を追うごとに江戸市中の米価と乖離していったこと、そして市中米価そのものの変動幅も大きかったことがわかる。天保末期は張紙価格と市中米価は近似しているが、これは張紙値段が硬直化していたためで、市中価格との相関があったとは言いがたい。先にも触れたように、米価と一般物価のトレンドはほぼ同じような推移を示しているが、実際の米価は常に市中価格が張紙価格より高かったことがわかる。先の万喜の書簡にあったような、せっかくの米価高で受け取った俸禄米が高く売れる

はずが、公定の張紙価格で安く換金された状態で支給されたことへの落胆はもっともなことであった。米の価値にもとづく俸禄を受けとっていた伊東家にとっては、米価高であれば実質の収入が増え、米価安になるとそれは収入減を意味した。「米価安の諸色高」は武家にとって死活問題であった。

中世と近世をつないでみる

少し話がそれてしまったが、ここで、本書でこれまで取り上げてきた熟練と非熟練の労働者の実質賃金の推計結果を超長期的な視野にたって考えてみたい。もっとも、これまで何度か説明してきたように、この推計という作業は、計測に採用されるデータや方法によって結果が大きく左右されるものであるし、本書を書いている現在でもさまざまな論争がなされている、いわば発展途上段階にある研究である。見る人によっては推計から想像する当時の賃労働者のイメージが、自分の思い描いていた歴史像と一致する場合もあるだろうし、そうでない場合もある、また、その歴史像だけでなく、推計という数量経済史のアプローチそのものへの違和感を感じることもあるかもしれない。それでも、現在の条件、すなわち、考えられうる手法と入手可能な資料を説明した上で反証可能性を示しつつ、推計結果を提示することは歴史学としての一つの接近方法であり、新たな議論の場を提供するという役割たらんとするものともいえよう。

ここでは中世と近世の両方の系列が推計されている京都についてみてみよう。なお、中世の系列は前章では銭立てでのグラフを紹介したので、本章では近世と同じように基準年を一〇〇とした指数表示にして、中世と近世を直接つなげずにならべたものを載せておく（図35・図36）。なお、賃金とは別途支給される賄いについては、近世の推計と平仄《ひょうそく》をあわせるため「賃金」のみとしている。

中世から近世までの実質賃金の系列は、さまざまな解釈を与えてくれる。まず中世の間に、大工の実質賃金は二度の上昇を経験している。最初の上昇は数値が観測できる一四世紀後半からで、この時期は室町幕府将軍・足利義満《あしかがよしみつ》による金閣寺の建設に象徴される北山文化の最盛期にあたる。中世の全国人口推計を試みたアメリカの経済史家ファリスによれば、この時期は室町時代における経済発展の最適期（Muromachi Optimum）とも称される段階に相当する（Farris 2006）。二回目の上昇は一五世紀後半から一六世紀前半の期間であるが、この時期は一〇年続いた応仁・文明の乱（一四六七―七七年）が終結した後、荒廃した京都の復興にともなう建築需要の高まりが考えられる。もっとも京都の復活は戦が終わってすぐに進んだものではなく長い年月をかけて進んだものであり、実際に京都が復興したのは、近世の足音が聞こえる一六世紀後半であった（早島二〇〇六）。

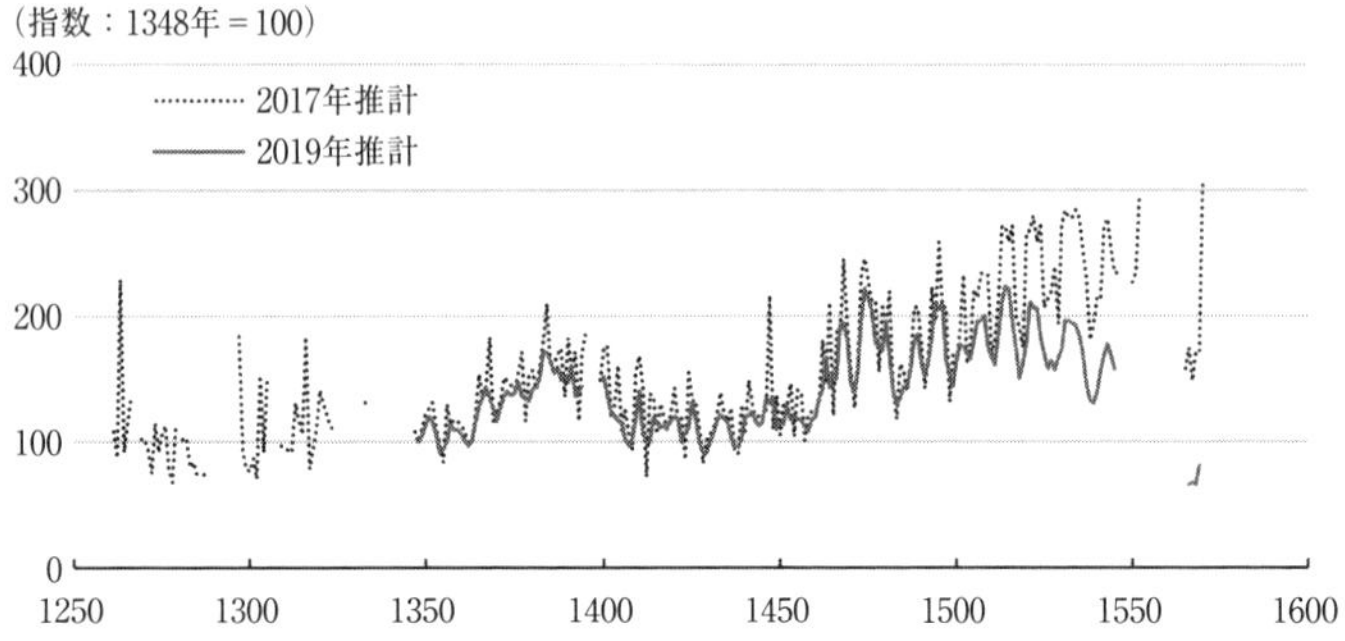

A）中世

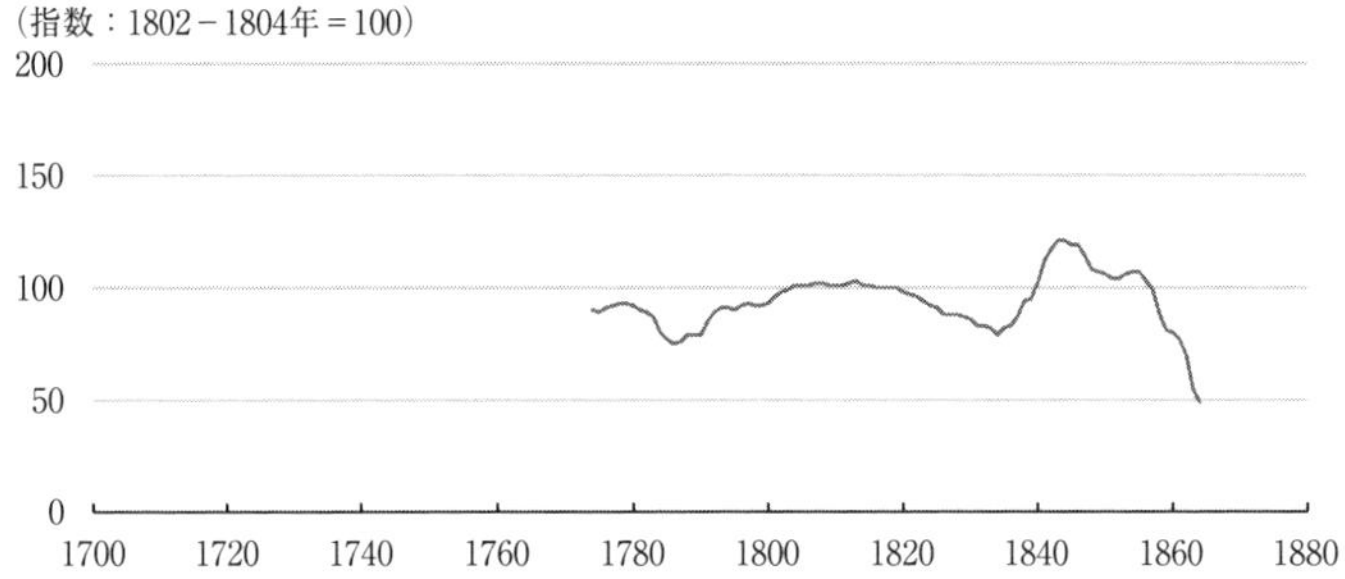

B）近世

図35　京都の実質賃金の推移，熟練（大工）

中世：京都の米賃金．1348年を100とした指数にてあらわしている．近世：京坂系列の物価指数にて計測した実質賃金．1802－1804年を100とした指数にてあらわしている．

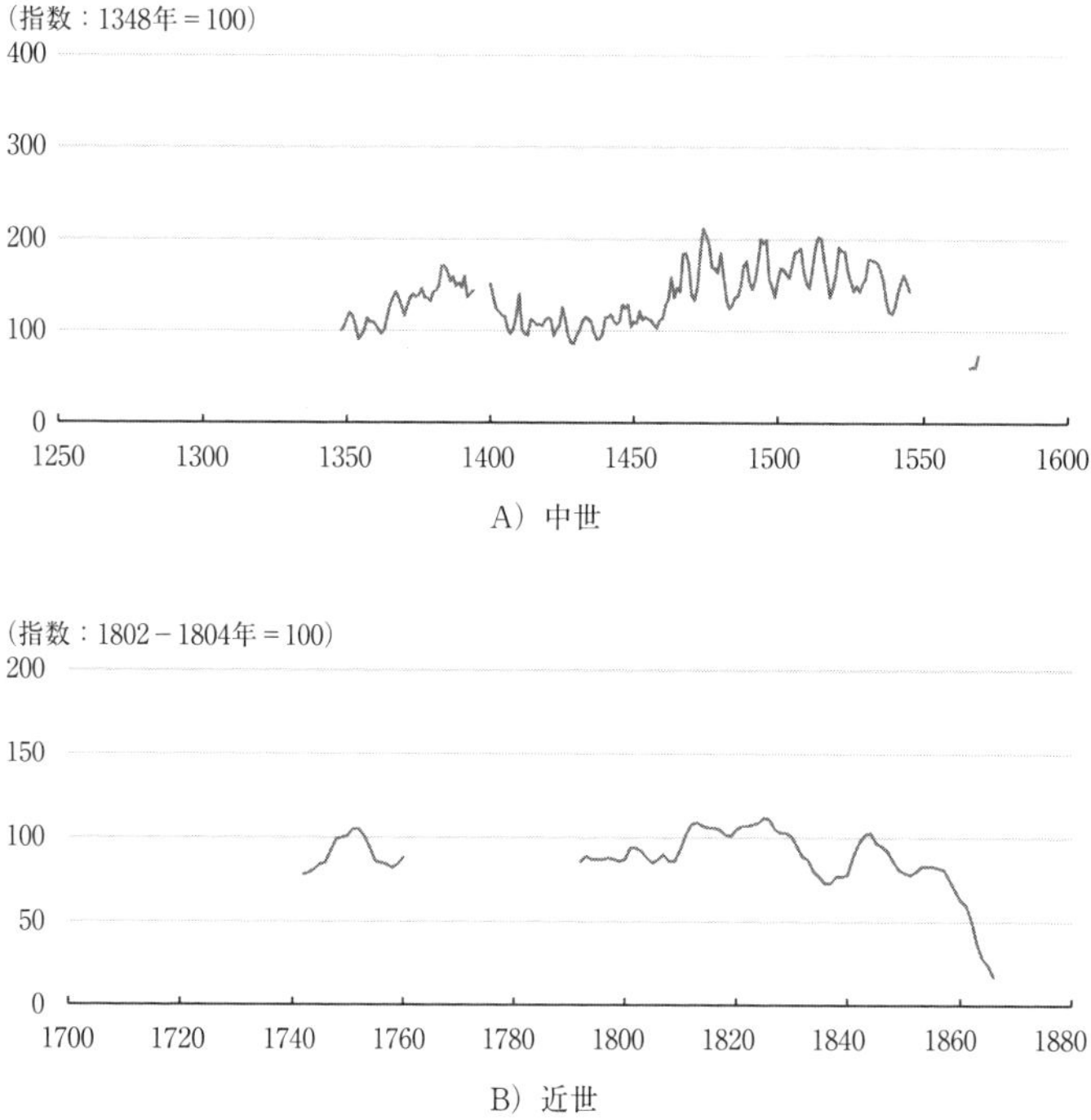

図36　京都の実質賃金の推移，非熟練（日雇）

中世：米賃金．1348年を100とした指数にてあらわしている．近世：京坂物価指数にて計測した実質賃金．1802－1804年を100とした指数にてあらわしている．

変遷する大工の地位と賃金

ところで、中世末期から近世初頭の実質賃金は推計によって上昇と下落の説明がつきにくい部分があるが、資料をみた限りにおいては、長期的視野に立てば、熟練であっても最盛期と比較して大工の地位は相対的には低下していったものと考えられる。それは「大工職《だいくしき》」とよばれる大工職人が仕事と職場を確保する権利の変化が関係しているかもしれない。

そもそも大工職とは、成立にあたっては大工を雇う側である寺社における役職として成立した経緯があるので、当初はその任免権も寺社側にあった。しかし、時代が進むにつれて寺社と大工の間での長い軋轢と交渉を経て、一五世紀末には大工職の任免権は寺社の手を離れるようになったが、各地ではふたたび領主層による大工職撤廃の動きが強くなったために、結局大工職は解体されることになった（桜井一九九六）。まず、こうした大工職を喪失したことで大工の地位が相対的に下がったことが考えられる。これに関連して、寺社との契約である大工職という世界に属さなかった大工の存在も重要である（中部一九八九）。「田舎番匠」と呼ばれた彼らは戦国大名などの領主層に広く受入れられるようになり、結果として、これまでの寺社に召し抱えられる形での特定職人集団による雇用機会の独占は徐々に失われていき、中世末頃には寺社と関係をもたない「公界・無縁」の職人も増えていったが（桜井一九九六）、これは言いかえれば、自由競争の賃労働者とも解釈できよう。

こうした雇用をめぐる環境の変化は競争的な雇用関係を生み出すことになり、大工の地位そのものは中世の最盛期に比べれば低くなっていった可能性もあるかもしれない。

しかし、徳川幕府が支配する近世に入ると、大工をめぐる労働環境はまた転換期を迎える。畿内の寺社勢力が中世ほどの勢力を維持しなくなり、大規模な寺社建設や改築にともなう労働需要が高まることはなくなった。また幕府によって上方大工の再編が進み中井家を頂点とする大工組の支配体制が確立される（谷一九九二）。この時期の最大規模の公共事業である城普請については、自由な参入ではなく、基本的に幕府管理下の発注事業となった。いうなれば、ここにそれまで寺社との慣習的な結びつきによって賃金を得ていた大工が、徳川の世に入って以降、中井家の受注する工事と契約するという雇用形態に変化していく時期でもあった。もっとも、本書では天下普請の一七世紀については十分な推計が加えられていないが、試行的な分析によれば、大工賃金はこの時期上昇傾向となっている（Bassino and Takashima 2019; Takashima 2022）。大工の相対的な地位の低下にかかわらず賃金が上昇の動きをみせたのは、やはり城下町を中心とした都市化の進展や、それにともなう建築需要の増加の効果があったと考えられる。戦国の世が終焉し、天下太平の時代へと進む経済成長の果実を建築労働者たちも手に入れていたのかもしれない。近世初頭の経済成長と労働市場における契約関係の変化が大工の賃金にどのように影響を与えたのかは、今後も分析を続けたい。

しかし、傾向としては近世半ばからは、大工の実質賃金は徐々に下がっていった。この大工賃金の低迷が持続する背景については、既に説明したように、賃金データが三井家資料であるため、もともとのお抱え職人としての契約において賃金が低めに設定されていたことも考えられるが、近世後半、特に幕末期の物価上昇のあおりを受けていたことは大きかったに違いない。

また、資料に書かれた賃金の数字そのものでは見えない情報からも考える必要がある。そもそも大工が作っていたものの違いも関係があるかもしれない。数百年の時を経て現存している中世建築、もしくはそれを受け継いだ技術による寺社仏閣の建物を見ればわかるように、それらの建物はすみずみの繊細な細工までいきとどいた、ある種の芸術品のようなものである。つまり、中世の賃金データは、その高度な建築スキルに対する評価が含まれたものである。これに対して近世の建築物は一般的な町屋であり、商家といえども極端に華美な装飾をしたものではない。となれば、中世のような技術やそれが必要な細工を求められたものではないだろう。そうした作っていたものの差による報酬の違いは存在していただろうし、仮に京都の寺社建築関係に従事した大工の賃金データのみで推計の系列を作れば、（代表性の問題はあるが）もしかすると近世の実質賃金の推移は上方に修正される可能性もあるかもしれない。

非熟練の賃金の趨勢

非熟練についてはどうか、中世は名目賃金が熟練と同じく長期にわたって硬直的であったことと、デフレートするために同じ米価系列を利用しているため、トレンドそのものは熟練と似たような傾向となっているのは致し方のないことである。近世にかんしては一八世紀半ばから一九世紀半ばまでは小幅な推移をみせているが、長期的には実質賃金の増加を実現できていない。また、一九世紀半ばに大工でみられた実質賃金の上昇の幅は小さく、またその後の幕末にかけての下落の幅は熟練のそれよりも大きい。

一般に近世後半は、都市人口が大都市部では減少もしくは増加率の低下傾向にあったことが指摘されているが（Smith 1988、高島二〇一七・二〇二二）、上方の大都市も例外ではなかった（表15）。後述するが、この大都市部での人口減少の動きは、近世半ばから勃興する農村部での農村工業と商業の発展の時期、いわゆるプロト工業化の時代とリンクしており、この時期、絹・綿などの繊維工業、酒・醤油・味噌といった醸造業といった今でも伝統産業として在来に存

表15　三都の都市人口

（単位：1000人）

	1600年	1650年	1750年	1850年	1873年
京都	300	430	370	290	239
大坂／大阪	113	220	410	330	272
江戸／東京	60	430	1,109	1135	593

斎藤（1983），高島（2017）より作成．

在する農村工業が列島で盛んになっていった。また、各地方の中小都市においても農村加工品を生産する商業・サービス業が発展した。そうなると、こうした第二次部門・第三次部門の産業に従事する労働者の需要を生み出す。逆にいえば、それまで農村部から供給されていた低賃金の労働者を都市部で確保することが難しくなるのである。これは現代でも途上国においてみられる転換点の理論でもあるが、似たような傾向が近世後半の日本でも発生していた。これ以外にも、都市蟻地獄説（速水・内田一九七一、速水二〇一二）のように、都市部が衛生環境の悪化による伝染病の温床となり、また、家族をもつことが困難で出生率が低いため人口を維持することが難しく、都市は農村よりの流入人口によって人口を維持せざるをえなかった背景があった。

以上の状況をごくごく単純に考えるなら、近世後半の都市部では、人口が減少するのなら労働者人口も少なくなり、労働需要が供給を超過する状態、すなわち人手不足になるので賃金が上がるはずと思われがちであるが、実態経済はそんな単純な話にはならなかったようである。仮説の域を抜けないが、近世の日本では、日雇いのような都市雑業者は賃金上昇圧力が働きにくい労働市場であったことを検討する必要がある。また、近世後半からの物価上昇の影響は大きな要因となりえた。日雇いのような低賃金労働者には、大して上昇しない自分の手取り（名目賃金）をよそに上昇しつづける物価は、日常的に生活不安を体感させるようなものであったに違いない。しかし、熟練の技をもち高い報酬をえることのできる職人ですら、幕末にかけての急激な物価上昇の前では実質賃金の水準を維持することは難しかった。

新しい賃金史研究

生存水準倍率法による計測

これまで概観してきたように、実質賃金の計測結果を歴史的にどう位置づけるかは議論の別れるところではある。長期になればなおさらである。そのためには、資料や推計方法だけでなく、時代による労働のあり方や賃金の支払い手段の違い、物価水準の計測など、さまざまな要因を組み込んだ包括的な分析が要求されることになる（水島・島田二〇一八）。

こうした動きのなかで注目すべき研究として、イギリスの経済史家ロバート・アレンが考察した生存水準倍率（ウェルフェア倍率）の計測による研究がある（Allen 2001）。これは、前近代の人々は栄養学的な生存水準のレベルで生活していたとした上で、（A）賃労働者の一日あたり名目賃金に年間労働日数を乗じ（＝年間賃金収入額）、それを想定世帯員数三人で除した一人あたり年間総収入を算出し、（B）生活に必要な消費財について、総栄養摂取量が一人一日一九四〇キロカロリー、蛋白質摂取量が八〇グラムになるような食料と生活必需品で消費バスケットを構築し、それらの各財の価格の合計に年間日数を乗じ、年間総収入である（A）を、一年間の生活に最低限必要な費用の（B）で除する（＝デフレートする）ことにより、生存水準を算出する方法である。

1人あたり年間総収入（年間賃金収入÷想定世帯員数3人）
―――――――――――――――――――――――――――
1人あたり年間総消費価格（食料と生活必需品の年間消費バスケットの価格）

想定生存水準のレベルは一に設定されているので、算出された生存水準が一より高いと所得は想定生存水準より高くなるので、最低限以上の生活ができていることになり、その一に対する倍数が大きければ大きいほど豊かと判断できる。逆に、一より低いと想定生存水準より低くなることを意味するので貧困状態にある、ということになる。名目賃金の実質化を行うために、これまでの実質賃金推計でみられたような穀物を中心とした価格のみを消費者物価指数とするのではなく、実際の生活文化を考慮した消費バスケットを構築してデフレートしている点に特徴がある（表16）。

表16　ヨーロッパにおける消費バスケット

品　目	バスケット	1日あたり摂取栄養量 カロリー	たんぱく質
パン	182kg	1223cal	50g
豆類	52ℓ	160cal	10g
肉類	26kg	178cal	14g
バター・チーズ	10.4kg	157cal	3g
卵	52each	11cal	1g
ビール	182ℓ	212cal	2g
石鹸	2.6kg		
リネン類	5m		
灯油	2.6ℓ		
燃料	5.0MBTU		
計		1941kal	80g

Allen（2001），斎藤（2008）より作成．バターとビールの代わりにオイルとワインを消費した場合，バターの代わりに5.2リットルのオリーブオイル，ビールの代わりに68.25リットルのワインが消費されたとみなし，オリーブオイル5.2リットルは1日116キロカロリーでタンパク質なし，ワイン68.25リットルは1日159キロカロリーでタンパク質なしとしている．MBTUは百万英熱量（millions of British Thermal Unit）の略．

近世西欧の生活水準

このアプローチのもう一つの特徴として、条件を固定化した上でそれにあった消費バスケットを各国の生活・食文化に適したものにすることで各国共通の生存水準倍率の系列が作成されるため、それらを利用した国際比較が可能になるというメリットがある。図37はヨーロッパ各国の主要都市について中世から近代（第一次世界大戦頃）にいたるまでの生存水準倍率を測定して建築職人と労働者につ

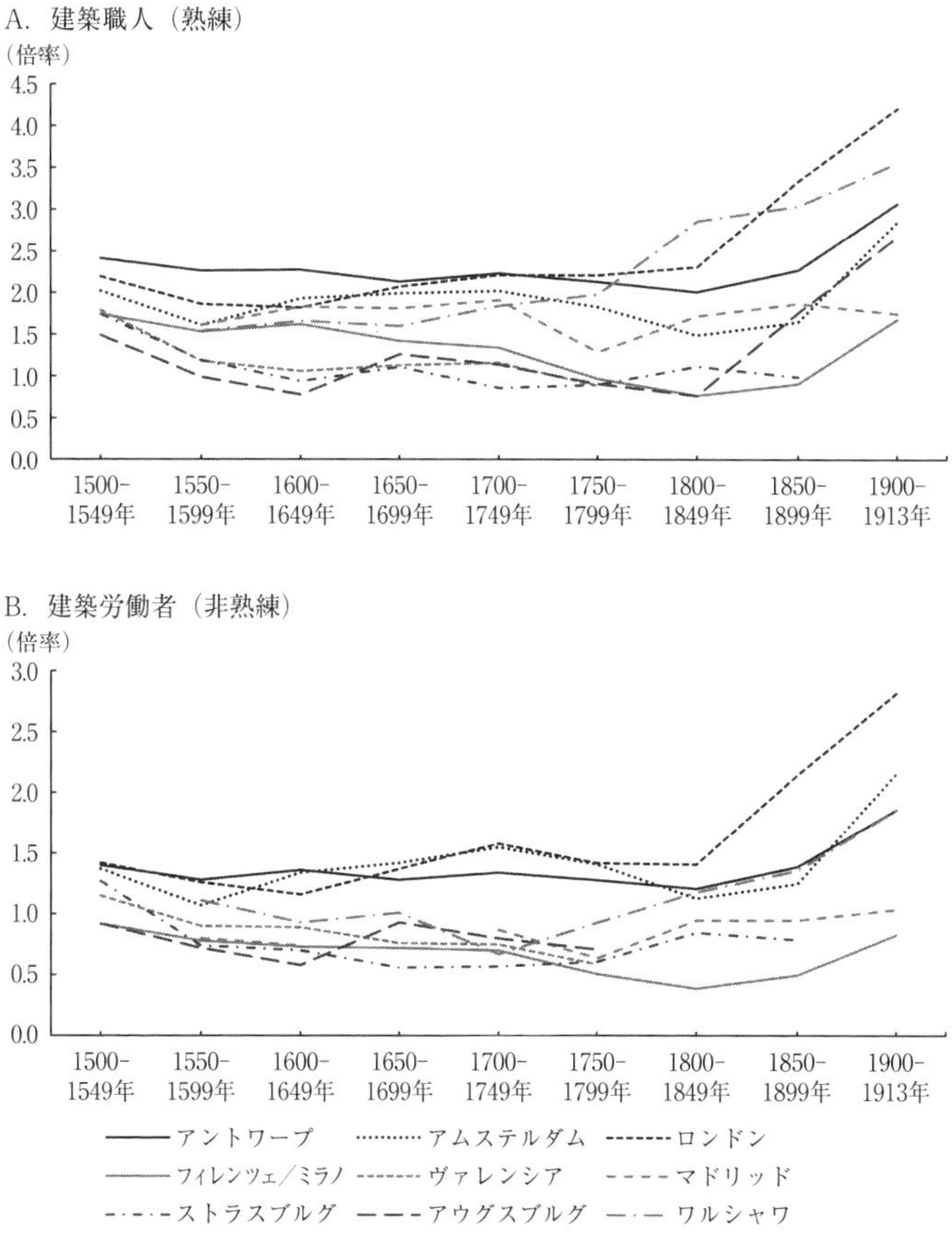

図37　ヨーロッパ諸都市の生存水準倍率の推移

Allen（2001）より作成．元の論文では建築職人は18都市，建築労働者は15都市からなる．熟練労働者である建築職人ではどの都市もほぼ生存水準ラインの1以上での推移となっているが，非熟練の建築労働者では1を下回る都市が目立つ．

いて比較をしたものである。建築職人は熟練労働者を、労働者は非熟練労働者をあらわしている。ここからどのようなことがわかるのかみてみよう。

建築職人については、一六世紀初頭は、ばらつきこそあれその後の歴史をみれば、その乖離が最も小さい時期であったことがわかる。測定に利用した各都市の名目賃金は、当初アントワープ（ベルギー）、アムステルダム（オランダ）、ロンドン（英国）といった北西ヨーロッパの諸都市がその他の地域に対して高い傾向があったが、それらの名目賃金が低い都市では消費財価格も低く、その結果として、生存水準倍率にある程度の均一性を生む結果となっている。

しかし、その後のヨーロッパの生存水準倍率は、乖離の一途をたどった。ロンドンは一六世紀後半から一七世紀にかけて低下したが、一七世紀から一八世紀にかけて徐々に上昇し、ヨーロッパ大陸の中での高い水準を維持したのに対して、残りの諸都市については明暗が分かれる結果となった。傾向として北西ヨーロッパ地域は多少の高下があったとしても高水準を維持したのに対して、それ以外の中・南・東の各ヨーロッパの都市は一九世紀に再浮上する段階に入るまでは停滞を続けたものが多く、ヴァレンシア（スペイン）のように約半分にまで低下した都市も確認できる。しかし、傾向としては、どの都市も観測された期間を通じて生存水準ラインである一をほぼ上回る状態を維持していた。

これに対して、非熟練である建築労働者については、まず一六世紀の時点での生存水準倍率が熟練のそれよりも大きく低く、最も高い倍率のロンドン（一・四二）ですら、熟練で最も低いドイツのアウグスブルグ（一・四九）の水準に及ばない。その後も非熟練労働者の倍率を大きく下げることのなかった都市は、ロンドン、アウグスブルグ、アントワープの北西ヨーロッパの諸都市で、それ以外の都市群は一九世紀まで下落傾向にあり、一七世紀には生存水準ラインを割るようになった。その後もポーランドのワルシャワを除けば、大きく上昇することなく停滞し、一六世紀の約半分の水準にまで落ちる都市もある。

以上の結果をみれば、英国や低地邦の北西ヨーロッパ地域と、それ以外のヨーロッパ地域の相対的な繁栄と貧困という構図が一八世紀頃に成立したということになる。つまり、ヨーロッパといってもその生活水準には地域差が明確に存在しており、その格差は前近代においては拡大傾向にあり、その状態が変化するのは一九世紀以降のことであったということになる。

推計方法をどうみるか

もちろん、栄養摂取量の計算によって生存水準を設定し、そのバスケットを得られた賃金でどのくらい購入できるのかということの分析方法に欠点がないわけではない。労働日数を二五〇日に固定化することがはたして適切かどうかという議論は当然おこりうるが、消費バスケットはある程度時期を通じて固定されているため、時間軸の設定においても完全ではないだろう。また、消費バスケットが代表的かつ最低限の生活・食生活と想定した上で設定されたものであるから、これが厳密には実態を反映しているとは言い難いということである。表16の品目をみればわかるように、実際の生活では表にあげられた品目以外のもの、たとえば根菜や野菜なども消費していたはずであるが、そうした食品は含まれていない。国際比較をするにしても、賃労働者が住むそれぞれの地域における消費財の選択肢は限りなく存在する。

以上のようなことを考えた場合「やっぱり実態とかけはなれたものじゃないか。これは歴史的事実ではない」と批判するのはたやすいが、そうした批判は、推計というものの概念に対する誤解であるといってよい。一般的に考えられる歴史（＝文献史学）が歴史的資料を組み合わせて整理整頓するものとすれば、数量的な分析手法で重要なことは、歴史的資料を「一定の条件下での計測」によって整理整頓するものである。現在でも人びとの生活を分析するときに実質賃金が上がった／下がったということが取りざたされるが、これも実際の賃金を「一定の条件下での計測」（これを理論といってもよいだろう）によって加工した経済指標であり、それをもって状況を把握する材料とし、政府は経済政策の参考とし、人びとはそれに一喜一憂している。その意味において、この生存水準倍率法は最低限の生活を送る場合を想定した「計測のためのモデル」であり、そうしたモデルによる標準化という概念があればこそ比較が可能になるということである。シンプルに言えば、歴史資料を資料にそくして語らせるのか、それとも理論にそくして語らせるのかの違いである。仮に料理でたとえるなら素材を極力活かして提供する生鮮料理なのか、その味を引き立たせるために調味料を利用して煮たり焼いたりした料理なのかの違いである。もっとも、口の悪い人にいわせれば、添加物たっぷりの加工品や、レシピを間違えたあまりおいしくない料理と揶揄されてしまうのかもしれないし、それこそ調理でいうなら茹で時間や火加減ともいうべき分析をあやまれば、まさにそういったものができ上がってしまうことには気をつけるべきである。つまり推計とは単なる計測「メソッド」ではなく、歴史像を構築するための「メソドロジー」でなければならない。

近代経済学での経済指標という現代のフィルターを通してみた歴史であるので、数量的アプローチによってえられた分析結果が、歴史的資料に書かれている非数量的情報や文献歴史学での解釈と照らし合わせたときにどのように見えるのか、すなわち整合的であるのか整合的でないのかを注意する必要があるのは言うまでもない。前者であれば文献歴史学を補完し、より強固な歴史的事実の根拠となるだろうし、後者となれば、新しい議論を喚起することになり、次の研究ステージに進むことができるだろう。

ただし、生活水準の比較という意味においては、ヨーロッパの生活文化はそこそこの共通性があるので、この消費バスケットのモデルはある程度は許容可能であるかもしれないが、これを日本や中国といった非ヨーロッパ地域に適応するとなると、新たな消費バスケットをつくる必要がある。実は、この非ヨーロッパ圏における消費バスケットの構築には研究史的な紆余曲折があった。アレンによる最初の生存水準倍率法は日本・中国・インドとヨーロッパとの比較をおこなったものだった。ところが、その際に作られたアジア諸国の消費バスケットは、すべてがきわめてインド的だったのである（厳密にいえば、インドの中でもたんぱく質を肉類から主に摂取する地域を想定している）。たとえば、日本・中国の消費バスケットには、肉やバター（ギー）といった南アジアの一地域的な食生活が採用されており、それは東アジアの実態を反映しているとはいえないものであった（表17）。

東西の生活水準の比較

この議論を経て、新たに東アジアの食文化に適した消費バスケットを構築しなおした生存水準倍率の計測がおこなわれた（バッシーノ・馬・斎藤二〇〇五、斎藤二〇〇八、斎藤・高島二〇一七、Bassino and Ma 2005; Allen et al. 2011）。改良点を日本の消費バスケットで説明すると、ヨーロッパのように肉・乳製品を中心としたものではなく、米・雑穀・魚を中心とした食生活に適した消費バスケットとなっている。また、中国についても北京では肉の消費量を、広東では魚の消費量を増やすといった地域的な差異も考慮されている。新たに計測されたヨーロッパ・アジア各都市の生存水準倍率は、ロンドン・アムステルダムの北西ヨーロッパ地域の水準が高く、ミラノなどの南ヨーロッパ地域との間のトレンド・格差は従来と同様の結果となったが、注目すべきは、京都・東京や北京といったアジアの諸都市は生存水準が一以下であったものの、そのレベルはミラノとほぼ同水準であったことで

表17　当初のインド的な日本の消費バスケットと改訂されたバスケット

品　目	バスケット		
	改訂後		改訂前
	米魚型	雑穀型	
米（kg）	114	30	143
豆類（除：大豆，ℓ）	4	4	52
大豆（kg）	52	26	
大小麦（kg）	10	70	
肉類（kg）			26
ギー（kg）			10.4
魚類（kg）	3.5		
穀類（kg）	16	75	
食用油（ℓ）	1	1	
リネン類（m）	5	5	5
灯油（ℓ）	2.6	2.6	2.6

生存水準倍率法のために構築された当時の最低限の生活のための消費バスケットであって，実際の生活におけるバスケットではないことに注意（もちろん，この注記はそれを批判する意味ではない）．バスケットの内訳は，改訂前は Allen（2001），改訂後は Bassino and Ma（2005），斎藤（2008）を参照して，それぞれ作成．

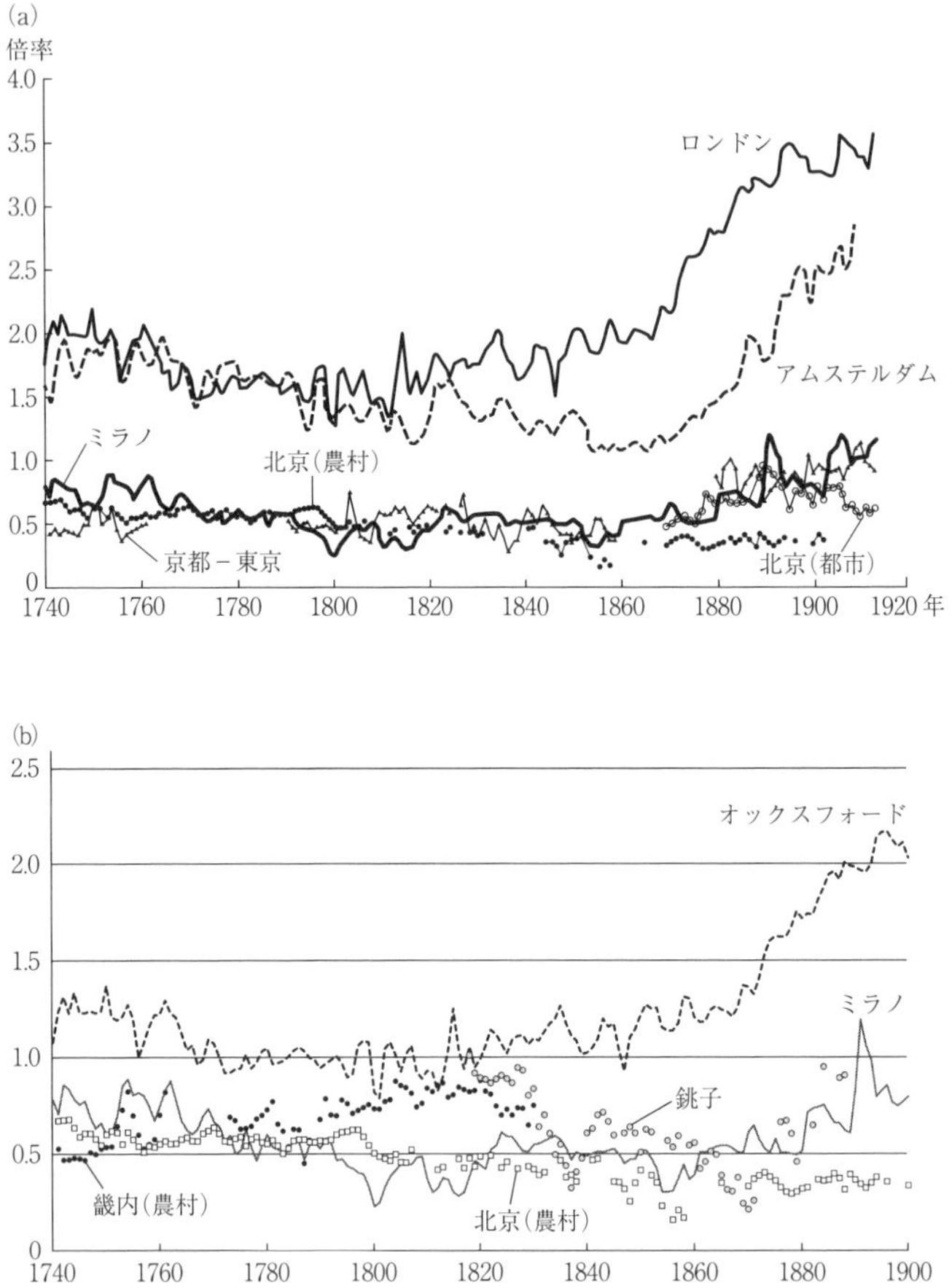

図38　近世日本の生存水準の推移と西欧との比較

斎藤（2008），斎藤・高島（2017）より作成．非熟練労働者の生存水準倍率による比較．斎藤（2008）にあった近世の生存水準倍率の推計に北京の農村系列を追加し，1900年まで延伸したもの．

ある（図38・a）。

また、ヨーロッパの比較対象をロンドン・アムステルダムではなく、近郊都市のオックスフォードに設定した場合、依然として東西格差は存在するものの、それほど大きな開きにはなっていないことに気づく（図38・b）。格差が拡大していくのは一九世紀半ば以降であった。たしかに当時の経済先進地域であったヨーロッパの水準にアジアが及ばなかったのは事実であるが、それは賃金の国際比較が「豊かな西欧・貧しいアジア」という単純な東西の差というよりは、それぞれの地域内での先進地域とそうでなかった地域との差で考える必要があることを示唆している。すなわち、アジアからみた生存水準の比較の対象をヨーロッパのどの地域に設定するかで、格差の度合いは大きく違ってきたことである。

この生存水準倍率法による比較の最大の貢献の一つは、これまでの経済成長の分析がヨーロッパならヨーロッパ、日本なら日本といった、それまでの地域的に分断されていた生活水準の歴史分析を、実質賃金とは別の統一した指標で国際比較のレベルに押し上げたことにあるといえるだろう。

カツカツの生活だったのか

ところで、この生存水準倍率の推移を国際比較の格差の文脈ではなく、数値そのものをよく観察すると、ある不思議なことに気づく。それは、アジア諸国の非熟練労働者の生存水準倍率が最低ラインの生存水準レベルである一のラインを下回っている時期がずいぶん多いことである。一より低いということは、このモデルでは得られた収入では生活することが困難、極論すれば生存できない（生きていけない）ということになってしまう。しかし、歴史を見てみれば、賃金労働者が貧困であったという記述こそあれ、現実にはなんとか生きてきて、いまの我われに歴史をつないできている。これはどういうことだろうか。

これについては、もともと近世日本では小農経済が発達したため、雇用労働が少ない社会であった一方で、農業労働そのものには田植え・除草・草刈りといった、副業収入の手段を得やすい状況であり、また、明治期の調査によれば労働日数は三〇〇日以上あったこと、生存水準倍率方で設定された二五〇日よりもはるかに多かったことが指摘されている（斎藤二〇〇八）。ただし、ヨーロッパのように家畜という資本の投入により労働生産性を上げるのではなく、資本は人間の労働によって代替されるという日本の資本節約的かつ労働集約的な社会は、勤勉革命という日本近世の労働の特質でもあった。つまり、推計結果が現実的でないことを歴史的事実にそくして何が足りないのかを考えることによって、国際比較分析における日本の地域的な特性をうかびあがらせることができたともいえよう。

また、当時の人びとは主要な賃金以外に副業による収入を得ていた、というよりは、その賃労働そのものが副業であり、生業は別にあったと考えることも十分にありうるだろうし（もっと言えば、複数の生業で生活の糧を得ていたという可能性もあるだろう）、他にも消費バスケットの中身の購入品目をより安価なもので代用して生活を維持してきたということも指摘できるだろう。

近世後半は経済史上では前工業化における農村工業化による経済発展の時代ともいわれるが、この時期、絹・綿などの繊維工業、酒・醤油・味噌といった醸造業などを代表とする農村工業が列島で勃興し始めていた。産地でいえば、河内の木綿、野田・銚子の醤油、桐生・足利の絹織物など現在での地方特産品の原形がここにあるが、特に稲作に適さない山間部における養蚕業は東日本を中心に発達し、それは幕末開港後の主力輸出品となった。また、各地の地方中小都市においてもそうした農村加工品を生産することで商業・サービス業が発展した。

こうした第二次部門・第三次部門の産業の進展は、当然、それらに属する産業に従事する労働者の需要を生み出す。農家では、子女が都市部の商家へと奉公に出たり、生業である農作業の合間をぬって家内副業に参加するようになったが、そうした労働の賃金が非熟練労働者の賃金データとして資料にあらわれたということである。つまり、農村部の人びとは普段は農業に従事していたが、都市部や醸造業などの農村工業地帯への出稼ぎや、子女の奉公、家内副業といった手段で、生業とは別の収入を得ていた。

実際、この近世後半における日本全体の経済成長の推移を石高ベースの一人あたり総生産でみると、一八世紀半ば七七六〇万、一九世紀初頭九三三〇万石、一九世紀半ば一億六九〇万石、一九世紀後半一億二九五四万石で、各期間の成長率は〇・二二％、〇・三二％、〇・六九％と、近代以降に比べれば低率ではあるが、前近代の経済成長の基準からすれば着実な伸びをみせており、その部門別構成比をみれば、第二次・第三次の非農業部門はそれぞれ一一％、二六％となり、総生産の四〇％近くは農村工業や都市部における商業・サービス業によって生み出されていた（高島二〇一七）。賃金ベースでの推計にあらわれない生計獲得手段は、こうした経済発展の果実から得られていた。

賃金と生業と副業

こうした生業以外の副業による収入を加えた場合、カウントすべき生活水準の単位は生計主ではなく世帯として分析していくことになる。世帯全体でのさまざまな収入を合計するなら、家族の生計としては生存水準ラインを越えることができるようになり、この基準によって当時の人びとの貧困はどのようなものであったのかを考えることになるのである。分業の説明の際に触れた、農家の家族内で構成員が異なる作業に従事していたこともこれにつながるのである（友部二〇〇七）。

すなわち、日本にかぎって言えば、生活水準をみるとき、主たる収入稼ぎの一人をもって測るのではなく、世帯としての稼ぎとしてみなければ本当の姿はみえてこないということである。もちろん、熟練労働者であれば、冒頭の『文政年間漫録』にあらわれた大工のように一家の主が稼いできて——家計は苦しいが——妻と子を養うというモデルケースもありえたが、非熟練労働者の賃金はそうした主たる稼ぎとしての性格のものではなかったということである。近世の影響が色濃く残る明治期初頭の有職者における工商業・雑業者の割合は二〇%程度であったことについても、それは賃労働を生業としていた人びとのみを対象とした割合であるのか、それとも別に副業的な仕事にも従事していた可能性があるのかにも注意しなければならない。賃金を得る労働の少なくない部分が当時の人口の大部分を占めていた農業従事者による副業や農閑期作業として営まれていた時代は、賃労働そのものが専業の生業とは言い切れなかった。それゆえに、賃金労働者そのものへの社会経済における位置づけに大きなウェイトがおかれることはなかったのではないか。

また、この世帯を基準とした生活水準の考え方は、前近代に限っての話ではなく、夫婦共稼ぎがあたり前になった現代においても言えることだろう。むしろ、核家族世帯で夫の収入で専業主婦の妻と子供を養うという生計が、一部のサラリーマン世帯では可能であった二〇世紀のある時期——具体的にいえば、その全盛期であった戦後の高度経済成長期——は、長期的にみればまったくのイレギュラーなものであったとみるのが自然なのかもしれない。

このようにみると、賃金をもとにした推計は、従来からの王道の実質賃金推計や近年の生存水準倍率法それぞれに、その推計方法の概念を理解した上で、結果を歴史的事実と照らしあわせて包括的にみることが肝要といえる。そして、それと同じように重要なのは、賃金という生計獲得の一手段を通して前近代の日本をみたとき、推計結果だけでは説明しきれない多様な労働形態と人びとの生活や社会のあり方が「あぶりだされた」ということ、そしてその実態にどのようにアプローチしていくのかという問題関心が新たに生まれたということに注目することだろう。単純に貧富の程度を課題設定とするような「貧しさ」論の研究の枠組みを超えて、歴史との対話の手がかりを得るための俯瞰的な視点と含意を数量的アプローチは与えてくれるのである。

近代へ

変化する職人たち

近代における賃金労働者の変化

徳川幕府の滅亡から明治維新を経て社会経済は劇的に変化する。最も大きかった変化の一つは、職人ではない賃金労働者の誕生であろう。実際、明治より前の時代における庶民が賃金を得る労働は、ごく一部にかぎられていたと言ってよい。本書では大きく扱ってはこなかったが、近世における商家や農家における奉公人もまた賃金を得る労働といえる。ただし、その多くは、年季を限った期間雇用であり、その期間は短期から長期のものまで様々であった。この年季奉公は奉公する期間内の賃金を前借りするもので、その受取りは本人ではなく、保証人――そのほとんどは親であったが――に支払われたので、この仕事の形態は、実質的には身売りに近いものといってもよかった（もっとも当の奉公人には衣食住が保証され、若年のときは補助的な「祝儀」や「小遣い」をもらい、奉公人としての出世にともなう給金は支払われた）。

　また、奉公人制度では保証人をたてる必要があり、仮に奉公に出た者が奉公先から逃亡すれば、保証人が見つけて戻るように説得するか、代理の奉公人を探すか、それができなければ前借り金を返却するなどの保証をたてる義務が課されていた。時代が進むにつれて前借りをともなわない奉公も増えたが、賃金を媒介した労働としては圧倒的に雇用者に有利な状態であり、職人のように独立して賃金による生計をたてていた労働者とはまた違った労働形態でもあった。なお、この奉公人制度は明治期になっても残った。一九八〇年代前半に日本で大ヒットしたドラマ「おしん」は、明治から昭和までを生きた一人の女性の生涯を描いたものだが、ＮＨＫウェブサイトによればこの主人公も数え年七歳でわずか一俵の米と引きかえに材木屋に年季奉公に出されたという設定であった。

　その一方で、日本の工業化の進展のなかで、工場で雇われて働くという工場労働者の誕生によって賃労働というものの概念は大きく変わった。もっと厳密にいえば、それまで賃金を得て生計を立てていたという漠然とした職業概念が、賃労働という明確な概念として定義されたとする方が正確かもしれない。工業化をいそぐ政府によって官立工場の建設が進められ、また民間資本による商業が勃興するようになるにしたがって、制度的には身分保証にもとづく雇用から「雇う人」と「雇われる人」の間に結ばれる契約による雇用への移行が進み、現代にまでつづく近代的な労働市場の基礎ができあがった。

本書は前近代の賃金と仕事をテーマの中心としているので、近代的な工場制度の導入以降の賃金労働者についてはこれ以上立ち入ることはしない。伝統的な賃労働の代表であった従来の職人たちが時代の変化という波のなかでどう生きていったのだろうか。そうした工業化のなかでの職人たちを紹介することで、本書のむすびとしたい。

『日本之下層社会』に描かれた職人

横山源之助が明治三二年（一八八九）に全国各地の人びとの生活を調査・記録したルポルタージュとして名高い『日本之下層社会』が描いているように、近代日本の産業革命期に労働者のおかれた状況が社会問題になっていったことは有名である。たとえば、「労働時間の如き、忙しき時は朝床を出でて直に業に服し、夜業十二時に及ぶこと稀ならず。食物はワリ麦六分に米四分、寝室は豚小屋に類して醜陋《しゅうろう》見るべからず」と書かれた製糸女工ら工場労働者の悲惨な待遇についての記述は、学校の教科書や参考書でも取り上げられている。ここで書かれているのは、工業化が進みつつある社会において新たに登場した「工場労働者」のことであるが、そうした新たな労働者層ではなく、前近代から存在した職人が『日本之下層社会』ではどのように描かれていたのかを見てみよう。

『日本之下層社会』では、明治期半ばの全国の職人の平均賃金を農商務省による統計書から算出し、明治二〇年から二五年の間に一七％（原文では一割七分、以下の表記も同様）、二七年までに一九％、二八年までに三四％、二九年までに五五％の上昇をみせたことを例に、日清戦争後の各手工業の勃興の影響によって一般に賃金が上がったとはいえ、「労働者は曩日に比しその生活は大いに進歩せりというものあらば過てり」と主張している。その根拠として、大蔵省理財局の調査で明治二六年から三一年の東京府下の大工以下二七の職種の労働者の平均賃金と白米小売相場との比較をしている。この分析の方法は近世以前の米価による実質賃金の推計の解釈を想起させるが、それによれば、「二十六年一月の平均賃金四十銭五厘にして、白米小売相場の平均は九円四十銭九厘、一日の購買力四升二合七勺二六なるに、三十一年一月の労銀平均は五十九銭六厘にして白米小売相場は十八円二十六銭五厘、即ち三升二合六勺三一に相当し、その購買力の減ぜること、まさに一升〇〇九五なり」として、実質的には賃金が下がったとし、「誰か言う、職人社会は日清戦役後生活は昂上せりと。一方には文明は日に駸々《しんしん》として進みつつあるにもかかわらず、労働は機械のために侵略せられ居る傍ら、旧来より存する職人社会は、年々生活は窮迫を致し、その組織は解体し居るなり」と、機械化が進む工業界において職人の出番が減っていき、その生活や組織が弱くなっていると結論づけている（表18）。

この分析は「大蔵省理財局の調査」を使っているとあるが、実際の資料名は書かれてい

表18　『日本之下層社会』における明治期半ばの賃金と米価の比較

年　次	労　銀		白米小売相場	
	労銀（円）	割合	相場（円）	割合
明治26（1893）年1月	0.405	100	9.479	100
明治27（1894）年1月	0.425	105	10.204	108
明治28（1895）年1月	0.478	118	11.494	121
明治29（1896）年1月	0.502	124	12.049	127
明治30（1897）年1月	0.542	134	13.892	147
明治30（1897）年12月	0.640	159	18.986	200
明治31（1898）年1月	0.598	147	18.265	193

『日本之下層社会』（岩波文庫版）より作成．労銀は賃金．割合は明治26年の労銀を基準（＝100）とした場合における他の年の労銀の比のこと．現在の指数の概念と同じである．

ない。同時期の大蔵省理財局の調査資料としては『金融事項参考書』があり、表中の数値や職種の数など完全に一致しているわけではないが、そこに所収された各職業の賃金表の内容は近いものと考えられるので、確認をしておこう（図39）。

結果は、『日本之下層社会』とほぼ同様のもので、賃金の上昇率よりも米相場の値上がりの方が高いものとなった。具体的な数値で説明すると、『日本之下層社会』では賃金は六年間で一・四七倍になった一方で米相場はその上をいく一・九三倍にまで値上がりしていたが、『金融事項参考書』でも、賃金と米相場の上昇率はそれぞれ一・四二倍、一・九四倍となっている。グラフからもわかるように、特に明治二九年（一八九六）から明治三一年（一八九八）にかけての上昇が大きく、米に代表された物価の急激な高騰を物語っている。ただし、職人の賃金もインフレ上昇率よりは低いレベルではあるが、それなりに上昇傾向にあったのも事実であるものの、五年で物価が二倍となったのに対して、賃金は一・五倍であるので、この五年という短期でみれば物価の上昇に賃金が追いつけていないことになる。

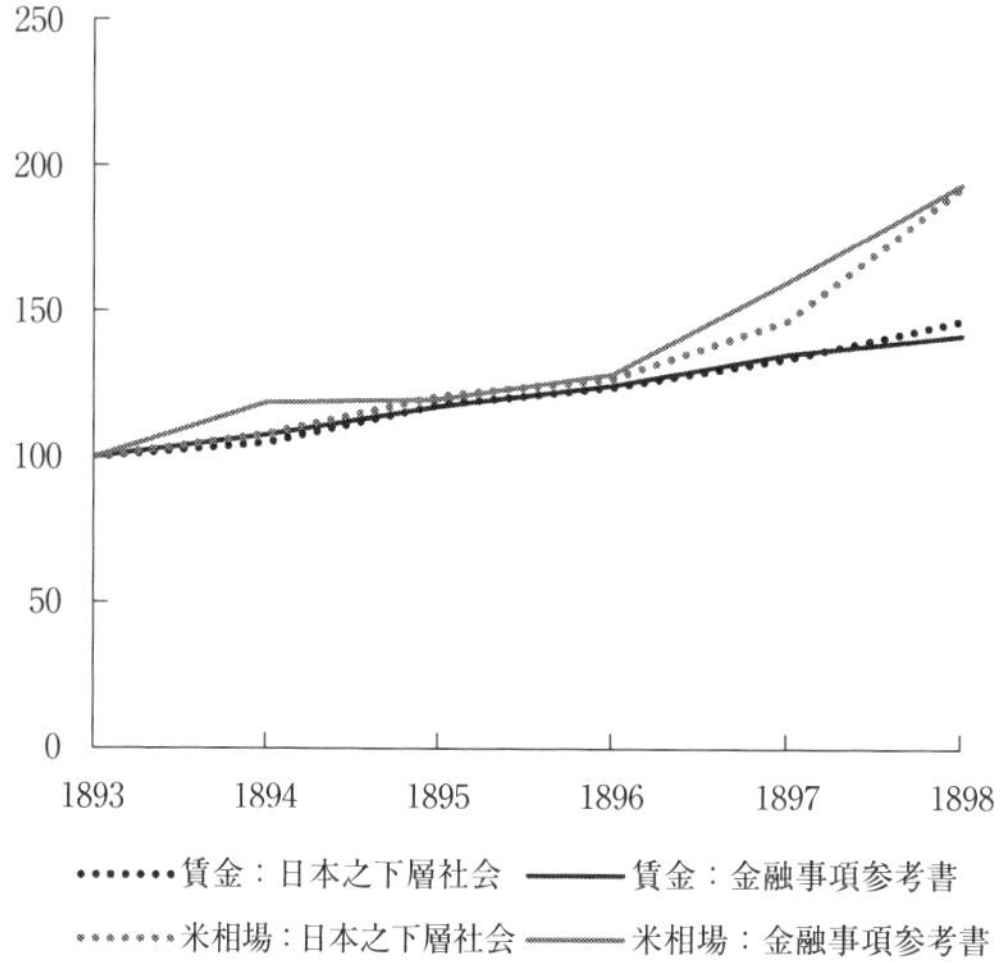

図39　『日本之下層社会』と『金融事項参考書』の比較

明治26年の労銀を基準（＝100）とした場合における他の年の比をあらわす．ただし『日本之下層社会』では各年１月の物価賃金となっているが，ここでは年平均の値としている．

近代を生きた職人たち

工場労働者という新たな職業形態が誕生した近代であったが、職人たちはその姿を消しはしなかった。職人たちは工業化による産業構造全体の変化のなかで、自分たちの熟練の技術をもって対応していったのである。そもそも、明治維新という政治的変革が起きて、海外からの技術が移植されて急速に工業化が進んだからといっても、一朝一夕に社会経済が変わったわけではない。たしかに明治政府が主導した殖産興業政策に支えられ近代産業が発展していくが、近世からの農村工業の流れをくむ在来産業も、近世のような手工業主体で存続するものや、うまく近代工業化に順応するなどして、さまざまなかたちで明治期以降も存続した。その規模は、たとえば、明治期の前半、社会では自由民権運動が盛り上がりをみせていた明治一五年（一八八二）段階での近代産業における就業者の構成をみれば、全有業者二一九八万人のうち非農林業全体の有業者は五一三万五〇〇〇人だが、その内訳をみると、近代的雇用者はわずか三九万八〇〇〇人（七・八％）に対して、在来的雇用者は四七三万七〇〇〇人（九二・二％）とそのほとんどを占めている（図40）。日露戦争（明治三七—三八年〈一九〇四—一九〇五〉）に勝利した後の明治期後半においても、近代的雇用者は一五〇万人以上に増えたが、在来的雇用者も七〇〇万人代後半を数え、その非農林業就業者におけるシェアは八〇％以上を保っていた（中村一九七一）。

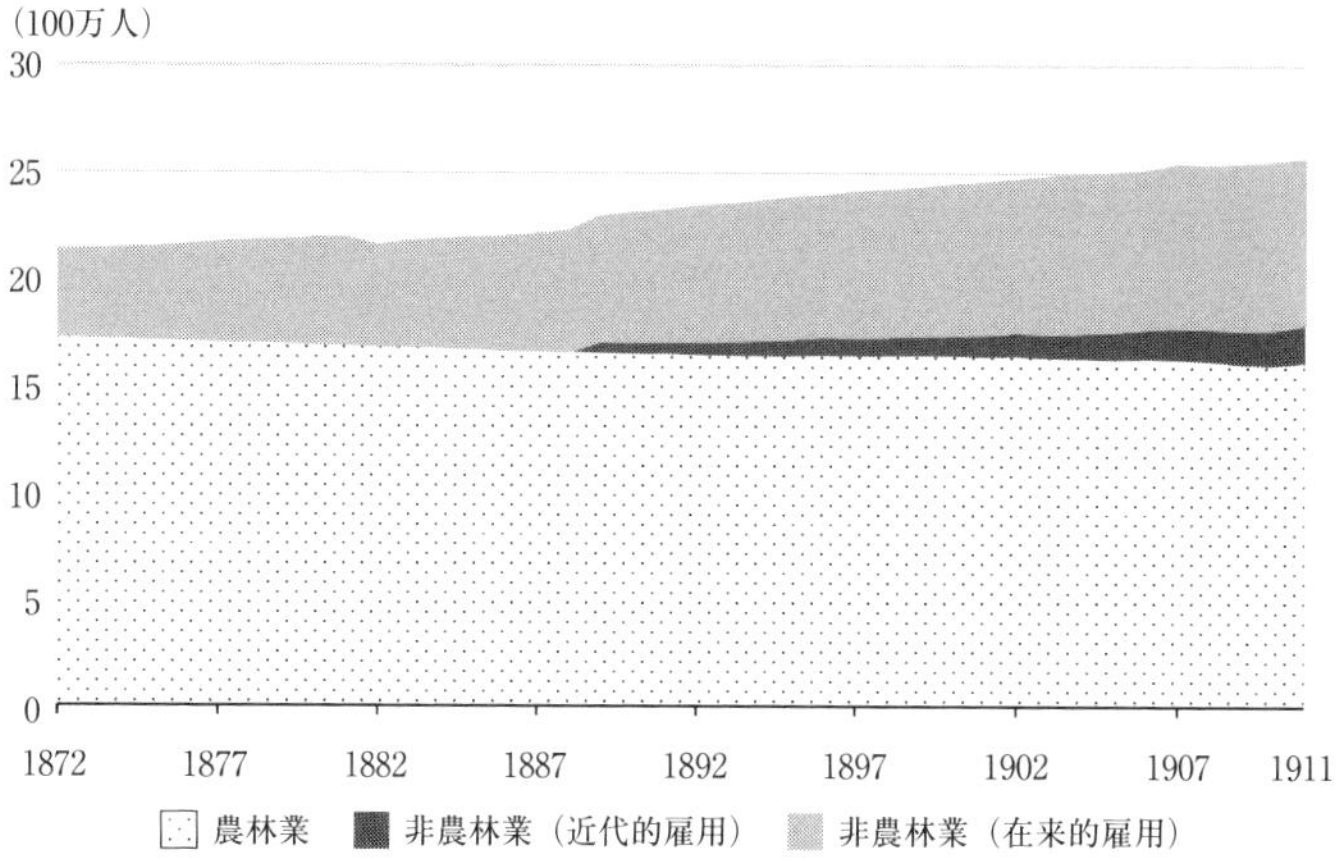

図40　明治期の近代産業就業者数の推移

近代的雇用は，従業員５人以上の工場従業者・鉱山労働者・教員・公務員・私鉄・電力・船員・市町村官員を合計したもの．中村（1971）より作成．

こうした近代産業の中では、職人は従来の伝統的な職人として存在し続けた者、工場制工業に組み込まれて工場労働者となる者、新たに登場した商品やサービスの製造や販売に職人的技術を活かす者、そして産業の変化の渦にのみこまれて没落していった者など、それぞれの道をたどったといわれている（尾高一九九三）。手工業者として存在できたのは、醸造業や醤油・味噌といった在来的な製造業に従事した者で、これらの産業は明治期以降の日本がさらされた製造業の国際競争に巻き込まれる心配のなかった業種である。もちろん、大工や左官などの建築職人、陶器や調度品などの工芸職人もこれに含まれる。

興味深いのは機械系の製造業で職人が工場労働者となった場合である。もちろん、鋳物職人や鍛冶職人のようにもともと身に付いていた金属加工の技術が活かされた場合もあれば、新たに機械の使い方を覚えなければいけないこともあったし、これまで独立自営でやってきた職人が、工場において集団のなかで時間や段取りという工場内ルールにしたがって作業をすることは苦労もあったにちがいない。

また、これまでの日本になかった財やサービスを提供するために新たに専門の職人的技術が求められる場合もあった。それは洋裁・靴・帽子といった服飾関係や、ペンキ塗り・レンガなどの建築関係など、西欧的な文化が日本に普及するにつれて需要が生まれたことにあるが、こうした職種では、その技術的教育や雇用形態は従来の徒弟制が採用されていたものも多かった。

その一方で、染物、提灯などの伝統的な日本文化に根ざした物品をつくる職人たちの一部には、社会や人びとの生活の西欧化のあおりをうけて、衰退していったものも少なくなかった。これも明治期に突然衰退したのではなく、徐々に需要が減っていったこともあるだろうし、職人的な技術ではなく工場において機械で大量生産されていったものにその座を奪われた職人もいた。

工業化のなかで

工業化の時代の賃金

そうしたそれぞれの道を歩んだ職人たちの賃金はどのように変わったのか。近代の工場制の時代に入ると、統計制度の進展もあいまって工場・労働者にかんする調査統計が飛躍的に増え、それら統計表に収録された職種も、大工のような伝統的な職人だけでなく、工場で働く労働者も含まれることから、多岐にわたるものになる。明治期に絞って紹介することとしよう（なお、ここでは、近代化をまさに象徴する、工場に雇用され、工場の定めた規則と時間のなかで労働する労働者＝職工とは区別し、あくまでも独立して生計を立てている職人のみを対象としている）。

まず、賃金にかんする資料であるが、政府や民間による複数の統計資料が作成されたことで、データの取得は前近代に比べれば格段に容易になっている。とはいえ、明治期は日本における近代統計制度の黎明期であるため、統計資料によっては脱漏や集計ミス、実際のソースが曖昧なものも少なからず存在する（佐藤編二〇二〇、佐藤二〇二二）。近代初頭の刊行統計資料は、その種類の多さゆえに、地域・時期がほぼ同じであるにもかかわらず資料によって数値が大きく異なるものも散見される。これは、調査対象として何を選んだのか、また集計手続きや基準の違いによる。たとえばベテラン職人であれば賃金は高いだろうし、見習いクラスなら当然に低くなっている。こうした賃金の差は「上等・中等・下等」や「上手間・並手間」といった情報があれば扱いやすいが、一方でそれらを平均したものや中等の賃金を採用した統計もある。工場労働者における短期の臨時工であった場合、長期で雇用されている労働者との賃金水準は当然違ってくるだろうし、また、前近代と同様に賄いの有無についても、不明なことが多い。また、時代が進むにつれて、過去の調査資料から数値をとってきているものもあるが、出典が曖昧なものもないわけではない。

これに対して、企業や商家といった組織、農家などの経営資料に書かれた、そこで雇用されていた労働者の賃金資料は、刊行資料より情報が豊富で、条件がよければ各年連続のデータが得られることもあり、一次資料としての価値も高い。しかし、逆にいえば、各地の賃金相場という個別事例でしかないという弱点もある。

また、長期の系列と同じようにデータの接続の問題もある。たとえば、明治期半ばに作成されたある統計資料は明治六年（一八七三）から明治三三年（一九〇〇）までの大工賃金が収録されているが、明治期後半は別の資料を使わざるをえないとしよう。その場合、後者の統計資料は明治二五年（一八九二）からデータが収録されている。ということは二つの統計資料を使えば明治期全体をカバーすることができるが、注意しなければならないのは、二つの資料は――前近代のそれが抱えていた問題であるのと同じく――全く別のものであるということである。厳密に言えば、それぞれの統計資料の数字の出所や調査の方法などは同じものではなく、もしかしたら精度にも差があるかもしれない。黎明期の統計資料ならなおさらである。表19を見ればわかるように、明治期の統計資料にあらわれた賃金の情報は実はバラバラなのである。そして、物価についても同様のことがいえるため、実質賃金の計測が実は前近代とは違った意味で困難をともなうものになっている。前近代はそもそも物価と賃金データのサンプルが少ないという事情があったため、ある程度の仮定や代表性を持たせるしか選択肢はなく、また、それを認めざるを得なかったが、近代以降は逆で、サンプルの多さに気をつかっていく必要が出てくるのである。

統計資料が増える

表19　明治期の大工賃金のバリエーション

年次	(1) 貨幣制度調査会報告		(2) 物価賃金及賃銀ニ関スル調査		(3) 統計集誌（第3号）		
	東京		東京	全国	東京		
	時相場 円	銀貨換算 円	円	円	上手間料 匁分厘	並手間料 匁分厘	飯料 匁分厘
1868			0.12		15	12	7.5
1869			0.5		15	12	6
1870			0.5		15	12	6
1871			0.5		18.75	15	6
1872			0.5		20	17	6
1873	0.433	0.418	0.5		21	18.75	6
1874	0.4	0.385	0.5		22.5	20	5.5
1875	0.433	0.421	0.5		22.5	20	5.5
1876	0.433	0.438	0.5		22.5	20	5.5
1877	0.45	0.434	0.5		22.5	20	5.5
1878	0.45	0.409	0.5		22.5	20	5.5
1879	0.5	0.412	0.5		22.5	20	6
1880	0.5	0.339	0.5		(4) 統計集誌（第69号）		
1881	0.5	0.295	0.5		上等 円	中等 円	下等 円
1882	0.5	0.318	0.5				
1883	0.5	0.396	0.5				
1884	0.5	0.459	0.5		0.5	0.45	0.4
1885	0.5	0.472	0.5	0.227	0.5	0.45	0.4
1886	0.5		0.5	0.226	0.5	0.45	0.35
1887	0.5		0.5	0.223			
1888	0.5		0.5				
1889	0.5						

(1) 大蔵省印刷局『貨幣制度調査会報告』(明治28年7月) より．時相場は貨幣相場であり，銀貨換算はそれを銀貨価値に換算 (明治4年は金本位，明治11年以降は金銀の複本位制であった) した価格である．明治27年は4月までの調査．(2) 簡易保険局『物価賃金及賃銀ニ関スル調査，積立金運用資料第14輯』(昭和2年8月) より．(3) 東京統計協会『統計集誌』第3号 (明治15年) より．(4) 東京統計協会『統計集誌』第69号 (明治20年) より．

建築にたずさわる職人の賃金

それでも何らかの指標をもって見極めることも必要な作業であることに変わりはないだろう。さっそく、近代初頭における職人たちの賃金を概観しよう。近世・近代の接続にともなう課題も多いためここでは、拙速な新しい実質賃金の推計をすることは避けて、名目賃金の推移で確認する。資料は、『日本長期統計総覧』所収の「職種別平均賃金：日額」の明治一八年（一八八五）からのデータセットを利用する。これは内閣統計局（現在の総務省統計局の前身組織）が刊行している『帝国統計年鑑』および農商務省（現在の農林水産省と経済産業省の前身組織）による「賃金表」を元にした加工統計である。賃金は基本的には上・中・下の賃金を全国平均した一日あたりの額をあらわしているが、資料によっては年額や月額のものもある（なお、戦前期の賃金史研究における代表的資料としては、労働運動史料委員会が整理・刊行した『日本労働運動資料』第十巻に収録された統計表があり、その引用元の資料と数値もほぼ同じものである。「諸傭賃金累年比較」表は収録期間も明治一三年〈一八八〇〉と数年早い時期から始まっているが、一部職人の賃金が省略されており、また、「諸傭賃金」では職種は広いが採録されている賃金が中等のものとなっている）。

まず、建築にたずさわる一二の職人で、大工、左官、石工、木挽、屋根、瓦葺、煉瓦積、煉瓦製造、船大工、畳刺、建具、経師がこれにあたる（図41・A）。どの職人も時代が進

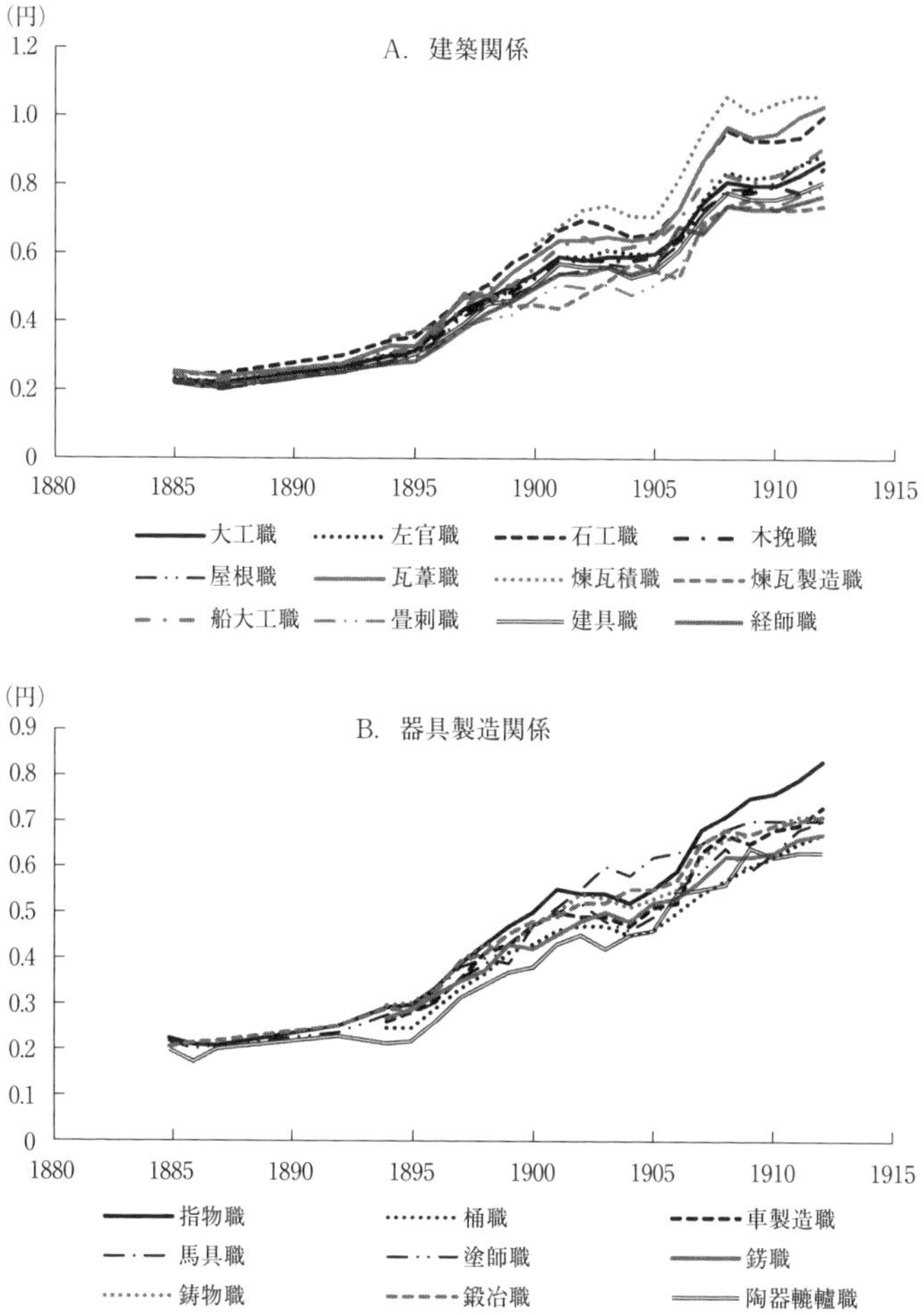

図41　明治期の職人賃金の推移（1/2）

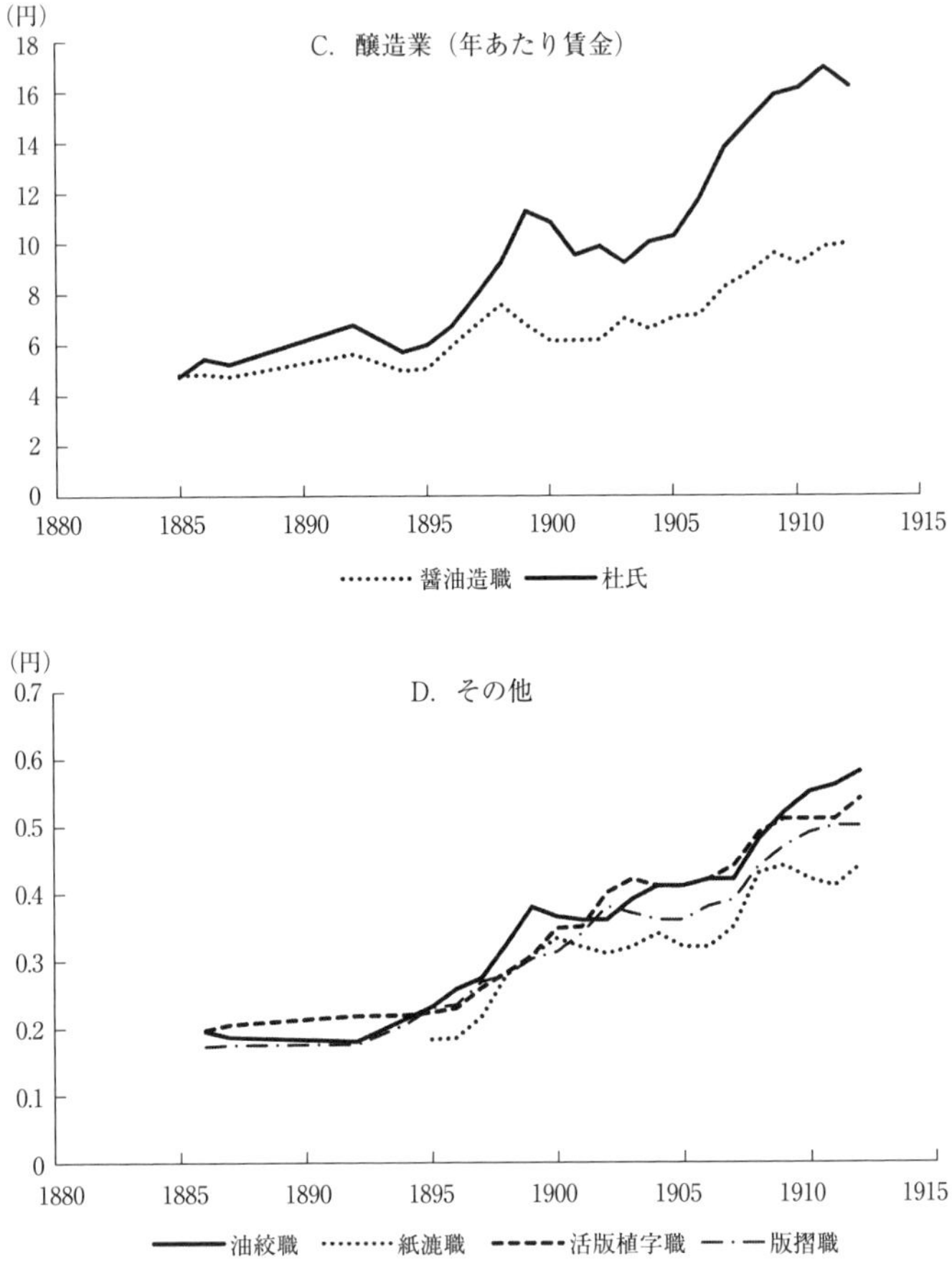

図41　明治期の職人賃金の推移（2/2）

むにつれておおむね賃金が増加傾向にあるが、一八九〇年代後半と一九〇〇年代後半に上昇の画期がみられる。元号でいえば明治三〇年前後と明治四〇年前後になるが、この時期は、日清戦争および日露戦争の戦後恐慌なども経験しているが、一方で日本の資本主義確立期であった。この建築関係の職人のうち、煉瓦積と煉瓦製造が西欧文化の移入により誕生したものにあたるが、比較が可能な時期からみてみると、煉瓦を積み上げて建物を実際に建設する煉瓦積の職人の方が、煉瓦を製造する職人より賃金が高く、約一・五倍の開きがある。興味深いのは、一八九〇年代半ばまでは各職人の賃金に大きな差はなかったのが、徐々に職種による格差が生まれている点である。もっとも分かりやすいのは煉瓦製造であるが、明治期半ばではここにあげた十二の職人のなかで最も高い賃金だったのが、明治末には最も低い賃金になっている。これは想像の域を出ないが、もしかすると、文明開化まもない時期は、西欧建築に必要な煉瓦を製造する職人の数が少なく、需要過多のために賃金は高くなったが、その後、技術の普及や工場での生産が安定するようになったために、相対的に煉瓦製造の職人賃金の上昇の伸びが落ちついたのかもしれない。

建築以外の仕事にたずさわる職人の賃金

次に、器具製造に関係する職人（指物《さしもの》、桶、車製造、馬具、塗師、錺《かざり》、鋳物、鍛冶、陶器轆轤《ろくろ》）をみてみよう（図41・B）。指物職人とは伝統的な家具製造の職人、錺職人は簪《かんざし》や煙管《きせる》といった金属細工、箪笥《たんす》、長持《ながもち》などの家具の金物部品を作る職人である。賃金については、明治期を通じて賃金の上昇がみられる。ただ、当初、建築職人とほぼ同じレベルであった一日あたり二〇銭前後の賃金は、明治期末になっても最高八〇銭強（指物職人）で、そのほとんどは六〇銭から七〇銭程度にとどまり、建築職人が八〇銭前後から一円少しにまで賃金を上げているのにくらべると、やや上昇幅が低くなっている。これは、器具製造の職人が作るものは伝統的な日用製品が多いことにも関連するが、先に説明したように明治期の工業化・西欧化の進展により、人びとの生活が変化するなかで、伝統工芸的な日用製品をつくる職人の需要が少しずつ減っていったことの影響が考えられる。

同じ伝統的な製造業で、醬油造や酒造の杜氏《とうじ》もみておこう（図41・C）。これらの産業は国際競争に巻き込まれることはなかったが、その賃金の推移は対象的である。これは年あたりの賃金であるが、明治期半ばは醬油造・杜氏ともに五円前後であったが、後半になるにつれて、杜氏の賃金が増加するのに対し、醬油造の伸びはそれほどでもなく、明治末頃にはそれぞれ一六円と一〇円となり一・六倍もの開きにいたる。醬油造の職人賃金が大きくは上昇しなかったことについては、明治以降の経済成長にともない、明治期半ば以降、工場による設備の大型化や機械化によって、従来のような職人的な技術の必要性が下がったことが考えられる。また、大豆や塩などの海外原料の使用による製造コストの削減の影響もあったかもしれない。ただし、酒造業も同様に近代化を進めているので、これだけでは両者の賃金格差の説明にはならず、いましばらくの考察が必要である。

最後に、油絞《あぶらしぼり》、紙漉《かみすき》、活版植字、版摺《はんすり》の各職人についてもその推移をみておく（図41・D）。油絞職人とは菜種や胡麻などの植物の種子を絞って油を採取する職人、紙漉職人は楮《こうぞ》や三椏《みつまた》などの原料を漉して和紙を作る職人、活版植字職人とは活版印刷の過程で原稿につかう活字を組んで版を作る職人、版摺職人は前章の浮世絵の製作過程でも出てきた木版印刷で版木に紙をあてて紙を摺る職人である。したがって、油絞、紙漉、版摺は前近代からの伝統的な産業で、活版植字は明治期以降に日本で普及した業種にあたる。各職人とも一八九〇年代半ばまでは同じ賃金水準であり、その後はややばらつきがあるものの総じて上昇傾向にあったことがわかる。このうち油絞職人は従来の家内制手工業から工場制への移行にうまく順応している可能性がある。紙漉職人の賃金の伸びがやや低いのは、明治期になるとパルプを原料とした洋紙が輸入され国内でも製造されるようになったことや、新聞・書籍などの大量印刷物の普及にともなう洋紙の需要の高まりに対して、大量生産に向かない和紙製造が比較劣位にあったことが考えられる（もっとも、和紙は書籍以外にも、傘や建具をはじめとした日本の生活の細部に利用されるものなので、実際に大きく衰退するのは戦後であった）。版摺については近世の産業のイメージが強いかもしれないが、実際は

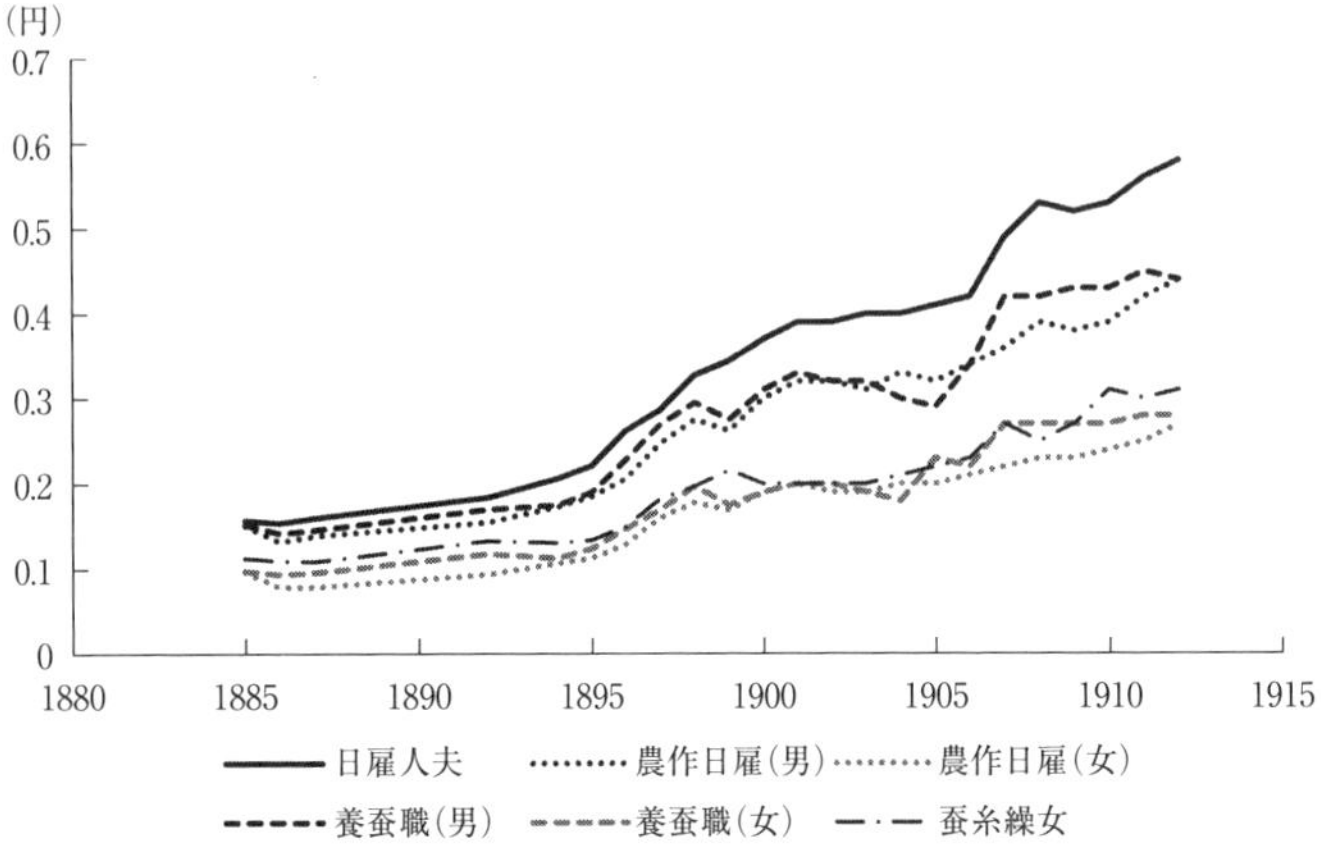

図42　明治期の非熟練労働者の賃金の推移

明治期にも錦絵として製作は続けられ欧米向けの輸出用工芸品として製造されていた。ただし、その生産量や社会における需要などを考えると、別の要因を考えた方がよいかもしれない。

広がる格差

明治という新しい時代になっても職人たちはその技術を武器に在来産業や近代工業で存在感を発揮していた。しかし、一方でそうしたスキルをもたない雑業者の賃金はどう変わり、彼ら彼女らの生活水準はどうなったのだろうか。図42は明治期の非熟練労働者の賃金の推移をあらわしている。日雇人夫、農作日雇、養蚕、蚕糸繰の五つの職業で、このうち農作日雇と養蚕は男女別、蚕糸繰は女性のみの賃金となっている。

この非熟練の賃金の推移には特徴的な傾向があることに気づくだろう。一つは、非熟練労働者の賃金の低さ、もう一つは男性と女性の間の賃金格差である。熟練と非熟練の賃金の乖離は前近代から続く傾向ではあるが、日雇人夫が都市部の男性労働者をさしているのであれば、同じ男性の農作日雇との賃金の開きは明治の終わり頃には一・三倍ほどの差を開くまでになっているが、都市部と農村部での格差が明治期を通じて形成されていったという解釈も可能だろうし、それだけ都市部における労働需要が高かったともいえる。

そして何よりも農作日雇・養蚕ともに賃金の男女間格差が大きいことがわかる。時期によって若干の差はあるが、おおよそ一・五倍から一・七倍の格差が明治期の非熟練労働者の性別の賃金にあったことになる。

ただし、この非熟練労働者の賃金を観察するときは、前章でも説明したように、これらの賃金が生業であったのか、それとも副業であったのかで、解釈は大きく変わることには注意しなければならないだろう。

最後に、前近代以前からの熟練労働者の代表ともいえる大工および職人の平均、それに対する日雇人夫の賃金の趨勢を比較しておく（図43）。このグラフでは熟練と非熟練の賃金は明治期においてともに上昇はしている。明治期半ばから後半にかけての上昇は、全ての職種ともに約三・七倍となってはいるが、当初一・五倍程度だった大工・建築職人平均と日雇人夫の格差は明治末頃になっても広がったままで、熟練・非熟練の格差が縮小するこ

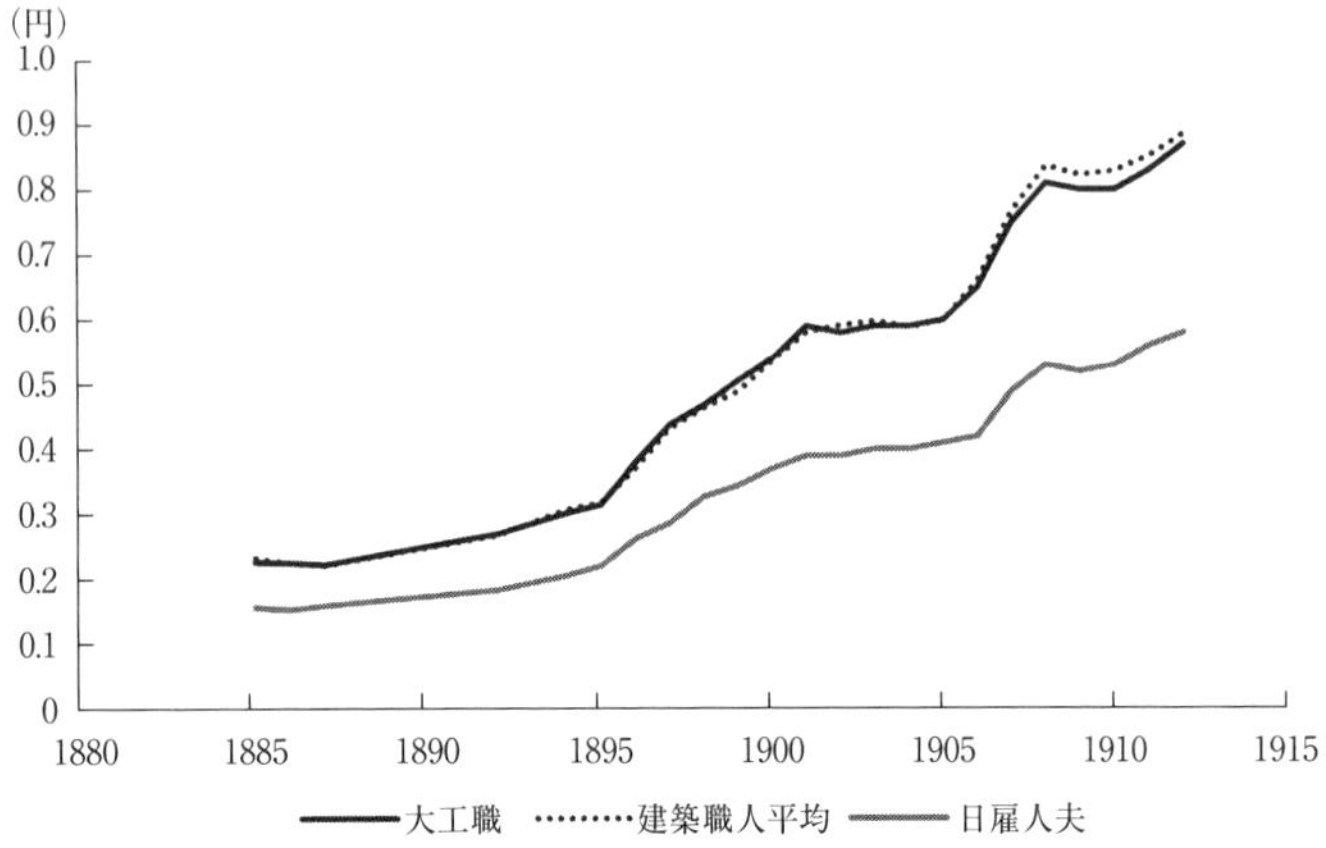

図43　明治期の熟練・非熟練労働者の賃金の比較

とはなかった。

とはいえ、非熟練でもおよそ三〇年の間に三倍以上の賃金の上昇があったのは事実である。何を尺度とするかにもよるが、長期的にみれば前近代よりは近代の方が人びとの暮らしぶりは、収入という意味において少しずつ良くなっていただろうし、近代でも時代が進んでいくにつれて生活水準の上昇があったであろうことは、賃金の上昇を見る限りは、直感的には感じることができるだろう。だからといって、上昇したかのように見える人びとの生活水準を、支払われた額面上の賃金の印象のみで語るわけにもいかない。『日本之下層社会』が主張したように、名目賃金が上昇したとしても物価が同じ程度に上昇すれば、生活水準は上昇したことにならないだろうし、むしろ賃金以上の物価の上昇があったとすれば、生活水準は下がったことになる。しかし、その逆である場合、すなわち賃金が物価を上回るペースで上がった場合は、生活水準は計測の上では改善されたことになる。もちろん、それが短期的な現象であったのか、それとも長期的な傾向であったのかでも印象はずいぶん変わるだろう。

賃金をどのようにみていくのか

たしかに、『日本之下層社会』での描かれていた、産業革命期の労働者が生活にもがいている姿も真実である。それは、特に工業化初期においては、長時間労働や深夜業に耐える低賃金の苦汗労働であっただろうし、それこそ当時の雑誌『日本人』で告発された高島炭坑の納屋制度におけるタコ部屋労働のような苛酷な労働があった。それは、長期的な実質賃金の推移における、ちょうど日本の工業化の転換期の数年間を同時代の人間が、ある種の切迫した肌感覚をもって切り取った、まさにその時期の労働者の生々しい窮乏状態を伝えるルポルタージュであったともいえる。

しかし、いくつかの先行研究によれば明治期を通じて実質賃金の上昇があったことも確認されている。これはどういうことだろうか。ここから説明するのは職人の事例ではないが、製造業の賃金労働者の男工だけでなく、製糸・機械・紡績などの繊維工業の女工らも、明治期後半から明らかな実質賃金の上昇があったことが指摘されており、その実質賃金は、たとえば紡績女工で一九世紀前後の二五年間で二・一三倍、機械女工は三〇年で二・四四倍になっている（安場二〇〇三）。これはかなり高い上昇率であることは否定できない。また（全ての地域・産業にあてはまるものではないが）明治期の信州蚕糸業では賃金が急速に上昇していたことも指摘されている（中林二〇〇三）。誤解を恐れずにいうなら、資本主義の成長の果実を手にしていた労働者もいたのである。

ただし、これらの観察はあくまでも賃金もしくは実質賃金という指標のみでみた結果である。これのみで近代の日本の労働者の生活水準が上昇したと楽観的なことが言えるのかというとそれは別の話でもある。より多くの賃金を得られることと、その労働環境は、ときに賃金と労働の間のトレードオフ以上のいびつな状況を生むのも事実であった。統計上は実質賃金が上昇した女工の場合でも、急速に進む工業化のなかで労働問題が深刻化していった明治期半ばに実施された大規模な全国工場調査の報告書である『職工事情』では、その過酷な労働環境がつぶさに記録されているのもまた事実である。

繰り返すが、『日本之下層社会』といった労働問題を扱うルポや報告書がその時代に世に出たことの理由それ自体を問うこと、そしてそうした記述資料の背景にある社会経済を文献的研究および数量的研究によって包括的に分析することは、人びとの大部分が賃金による収入に頼って生きていて、その間に格差が開きつつある現在においても重要な意味をもつはずである。また、資本主義の成長の果実を労働者とは比較にならないほど大きく手に入れた富裕層が誕生し、格差が拡大していったのもこの時代である。

だからといって、そうした近代日本の負のイメージのみに引きずられて、悲観的な視点だけで歴史を語ることは不自然であるだろうし、逆に無理をして楽観的な前向きな解釈をするのもねじ曲げた歴史観を醸成しかねない。工業化期の賃金労働者たちのイメージは、従来教科書的に記述されてきたような「貧しさ」を強調するだけのものでなく、もっと複雑な解釈と、それにもとづく歴史的インプリケーションを見出すことが現代のわれわれには求められているのではないだろうか。

近代の職人はどのように描かれたのか——エピローグ

勤勉と怠惰のはざまで

工業化が進み、日清戦争に勝利し、あたかも日本が列強国への仲間入りをしようとしていると人びとが思うようになった——実際の国力比でみれば、西洋諸国にはまだまだおよばない後進国であったが——明治期の後半に出版された本に、大工の生活について以下のような記述がある。

茲《ここ》に年期小僧を二人使ふて、女房と子供一人、これに親方自身と都合五人家族といふ大工の生活を記さんに、一ヶ月の費用は余程の倹約をして米代七円五十銭、炭、薪、油、味噌、醤油代等に五円、総ての菜代に四円五十銭、雑用五円、親方の晩酌の酒肴代に四円五十銭、之れに家賃六円を加へて三十二円五十銭の金は必らず毎月極まりの入用にして、又職人などといふものは、一体石部堅吉《いしべけんきち》といふ堅情《かたぎ》のものは少なきものにて、此の親方も時々は微酔《ほろよひ》機嫌の千鳥足にて鼻歌を唄ひながら出掛ると、終には品川又は洲崎などに流れ込み、女房の顔を膨らすこともあり（中略）此《かく》の如き調子にて夫婦の消費する金も毎月十円を下らず、是を前の三十円に加ふれば、ザット四十三円余となる。

此の金額が一ヶ月の総費用として、之より収入の計算をして見れば、親方の手間賃は一日八十五銭なれば、一ヶ月にて廿五円五十銭となる筈なれども、今日は宿酔《ふつかよひ》にて気分が悪いとか、又今日は仲間の交際とかにて月に五日位は必ず休業の日あれば、働く日は廿五日にして全く二十一円廿五銭の収入なり。之れに二人の小僧中一人は無賃なれども、一人は半人前の手間賃が取れるものなれば、乃ち月十二円を加えて都合三十三円余なり、此れにては費用に十円の不足を生ずる勘定なれども今一つの収入あり、これは親方が小僧相手の夜業に小箱とか塵取とか米櫃とかいふもの、小細工にて六七円の揚りあれば、之にても尚ほ三円の不足ある訳なれども、種々の遣り繰りにて其出入の勘定を合わして行き（後略）

（隅谷巳三郎『如何にして生活すべき乎』開拓社、一九〇〇年）

大工の親方、妻と子ども、住込みの年季奉公の弟子二人で構成される五人世帯の家計についいて、月の生活費は、米代七円五〇銭、調味料と燃料代が五円、野菜四円五〇銭、雑費五円に加えて、嗜好品として親方の晩酌の酒肴代に四円五〇銭、家賃六円で、合計三二円五〇銭となっているのだが、夫が浪費したり、それに怒った妻も浪費するという理由のマイナス一〇円があるため、総支出はおおよそ四三円と見積もられている（ちなみに、米以外の調味料と薪や炭などの燃料代が一括になっているのは『文政年間漫録』と同様である）。

これに対する収入は、親方が一日働いて得られる賃金は八五銭で一ヶ月二五円五〇銭ということは、一ヶ月三〇日働いているということになるが、実際のところは前日飲みすぎて二日酔いで働けないとか、仲間内の入り用で五日は休みになるからなどの理由をつけて実働は二五日で、その月収入は二一円五〇銭となっている。これに半人前ではあるが弟子の一人が稼いでくる一二円を加えて、世帯収入は三三円となる。もっとも、これでは先の支出額四三円に一〇円ほど足りないので、商家の小僧向けに小箱・塵取・米櫃といった日用品を作る内職をして、六円から七円を得るのだが、それでも三円の不足となるので、いろいろやり繰りして何とかやっている、といった具合である。これは読み物的なものなので、ここでその真偽について問うことそのものには意味がなく、大工の生活のイメージは当時このようなものであったというニュアンスでみるべきだろう。

もう一つ、少し時代が経った大正時代の生活相談の書物にある大工の生活をみてみよう。

日給九十銭の大工職　家族三人（東京）

不経済な職人気質　主人は大工職で日給九十銭であります。一ヶ月には二十七円の収入のある筈ですが、天気の都合で働けぬこともあれば、時折は仕事の切目もございますので、かつかつ二十五円位しか働けません。『宵越《よいごし》の金は持たぬ』といったやうな向見《むかふみず》ずの金遣ひをするのが、私共の職人仲間の一般でございます。ですから一朝主人が病み臥したり、或は死去でもした場合には、忽ち路頭に迷ふ家族が少なくありません。こんな傷ましい有様を終始見ききしてをる私共は、時には他人事とは思はれぬほどのことがございます。それに職業柄いつどんな怪我をして働けなくならぬとも限りませんから、たとひ三度の食は二度に減じても、余財を作つて貯金しておかねばなりません。家族は夫婦の外に当年四つの男児とであります。いろいろと苦心の末、例月ほぼ次のやうにして暮らせるやうになりました。

○貯　　金　五円	○子供貯金　五十銭	○米　　代　四円
○総　菜　代　四円五十銭	○家　　賃　四円五十銭	○電　灯　代　四十五銭
○薪　炭　料　一円三十銭	○新　聞　代　二十五銭	○主人小遣　二円
○交　際　費　一円	○雑　　費　一円五十銭	

△支出合計金　二十五円

（東京家政研究会編『貯金の出来る生活法』東京家政研究会、一九一六年）

この記事は大工の妻からみた家計という設定である。一日九〇銭の大工仕事で、一ヶ月二七円の収入になっているが、これは三〇日すべてに仕事が入ったという前提であり、実際は天気が悪かったり、仕事のスケジュールの都合などで二五円ほどの収入しかない。支出は、家の貯金五円五〇銭（家と子どものための貯金がそれぞれ五円と五〇銭で計五円五〇銭）、米代四円、総菜（副食）代四円五〇銭、家賃四円五〇銭、電灯代四五銭、薪炭料（燃料代）一円三〇銭、新聞代二五銭、夫の小遣い二円、交際費一円、雑費一円五〇銭で、計二五円となり、収支の上ではマイナスにはならず、貯金もできている。

この記事は貯金の大切さを説く本に載っているものなので、そのような趣旨で書かれているのは当然だが、注意しなければならないのが、職人の世界では「宵越しの金はもたない」というのが一般的であるという記述である。もちろん、最初の記事も含めて、これら出版物に描かれた大工の家計は、どこから得られた情報をもとにしているのか、それとも著者の創作物なのか、賃金の根拠や、それこそ浪費についての実態などは一切書かれていないので、収入面はともかく、消費における浪費の占める割合が標準的なものかどうかは何ともいえない。この記事も、その家計の詳細が事実にもとづくものかどうかを問うことはできないが、そうした伝統的な大工職人のイメージが流布していたことをあらわすものとはいえるだろう。

もちろん勤勉な大工という描写も登場する。一例として、明治期の子供向けに書かれた修身系の書籍をあげておこう。

……このたてものは、山田千太郎と云ひふ大工の仕事場であります。多くのしよく《（職）》にん《（人）》が、せっせと、はたらいてをるでは、ありませぬか、千太郎の父は、もと、大きな身代《しんだい》でありましたが、常に酒を好み、そして、はたらくことをきらひ《（嫌ひ）》ましたゆゑ、しまひには、村のうちにて、一ばんまづしき《（貧しき）》しよたい《（所帯）》となりました。しかるに、千太郎は、父とちがひ、酒は少しものまず、かせぎましたゆゑ、仕事のたのみて《（頼み手）》は、しだいにふえ、家はますますはんじやう《（繁昌）》して、つひに、かゝる見事な仕事場をたて、そして、あまたの職人をつかふやうに、なつたのであります。怠るものは、必まづしけれども、勤むるものは、必富むにちがひありませぬ。されば、皆さんは、なまけものにならぬやうに、心がけねば、なりますまい。

（秋原捨五郎編『家庭読本：少年書類』博文館、一八九二年）

ここでの主人公は千太郎という浪費をしない勤勉な大工であるが、その前提として紹介されているのは、酒好きで身を滅ぼした千太郎の父の姿である。もちろん、大工は独立自営業者であるから、その仕事への姿勢は自身の差配に委ねられるが、宵越しの金は持たないとか、酒の飲み過ぎといった生活状態に求められているのは、勤勉とは間逆の怠惰な職人という姿であった。もっとも、出典元が勤勉であることの重要さを説くという趣旨のものであるので、その反面教師の事例として浪費や酒におぼれる粗野なイメージのものが出てくるのは表現方法として当然なのかもしれないが、そうしたものの代表として、この手の記述で描かれる伝統的な職人の姿があったこと、そしてそれはバイアスのかかった印象、つまり、専門技術はもっているものの、仕事に対してややルーズで、それ故に貧乏な職人というイメージがつきまとうものでもあった。

労働と通俗道徳

また、こうした公式統計でない明治期の書物にかかれた仕事の記事には、常に通俗道徳的な価値観、すなわち勤勉や倹約であることが美徳であること、それによって生計を維持することの大切さを説くものが多い。「怠るものは、必ずまづしけれども、勤むるものは、必富むにちがひありませぬ」がまさにそれである。

勤勉であることは貧困にならないための考え方の一つではあるが、本当に問題なのは、勤勉そのものが必ずしも貧困からの脱出と直結しているわけではないということであろう。たとえば、先にも触れた『職工事情』で報告されている生活調査には工場労働者に混じって職人たちの事例を確認することができるが、そこにあるのは、決して怠惰ではないのにもかかわらず貧困の状態が続くような社会、またいったん貧困に転落してしまうと復活できないような、がんじがらめの社会構造が横たわっている。

今宮村新家○○○○番地
戸主　○○○○五十二歳男
生国、大和国磯城《しき》郡多村ノ農、諸方ヲ渡リテ一年前ヨリ此ニ来ル
羅《ら》宇《う》職　平均一日儲高十五銭
主婦ハ戸主ノ妻　四十六歳
百姓ノ手伝、又ハ按摩ヲナシ、月ニ二円位ノ収入アリ
宗旨ハ融通念仏、外ニ夫婦共琴平及大師ヲ信ス
子供　長男二十五歳、長女二十二歳、次女十九歳、皆国ニアリテ百姓奉公ヲナシ居ル
妻ノ里ニテ世話シ居ル
子供等ヨリ一文モ仕送リ呉レス
家賃　一日五銭
一日米五合（粥ニス）　一升十四銭
其他、一日三、四銭カヽル
戸主、当今胃病ニテ酒ヲ呑マス
夜具、自分持
戸主、癩《らい》病ノ如シ

（中略）

上橋通〇丁目〇〇〇番地
戸主　〇〇〇〇

生国　備後
ペンキ職、一日儲高四、五十銭、一ヶ月稼日二十日位
主婦ハ戸主ノ妻
　内職ニ燐寸《まっち》小箱ヲ貼ル、一日儲高五、六銭
子供一人、男十六歳沖仲仕、一日儲高二十五銭（一ヶ月稼日二十日位）
浄土宗、外ニ亭主ハ不動稲荷ヲ信仰ス
家賃一日五銭五厘、三畳、土間一畳半
一日米一升三合、一升十七銭
外ニ惣菜十銭
夜具内ニアリ
戸主ハ学問アリ、子供ニ教ユル
妻石州ノモノ、早ク両親ニ別レ身内ノモノヲ尋ネテ十五歳ノ時、神戸ニ来ル
（『職工事情』）

この二つの事例は本章の冒頭で紹介した明治期後半の大工に比べて賃金が低い。同じ職人でも大工は一日八五銭であったのに対して、ここでの職人は羅宇職は一五銭、ペンキ塗りは四〇―五〇銭で、妻は共に内職や手伝いをして収入を補っている。家賃は、大工が六円の家に住んでいたが、この職人たちの家賃は一日五銭から五銭五厘なので、月三〇日で計算すれば一円五〇―六〇銭程度であり、典型的な「貧民」の集落の住人であった。この調査は大阪の貧民地区を対象としたものだが、戸主と妻ともに他地域より仕事を求めて大阪に移り住んでいることも分かる。戸主の状況をよく見ると、羅宇職は胃病のため酒は飲んでおらず、癩病（ハンセン病の古称）にもかかっているとある。また、ペンキ職は（程度は不明だが）子供に教育ができる程には学がある。

ここでは二つの職人の事例しかあげていないが、『職工事情』の生活調査に出てくる貧民には「元車夫」「元農」といった、以前は専門の生業についていた人びとが少なくなく、彼ら彼女らは病気など何らかのきっかけで十分に働くことができなくなり、やがて貧困になっていったことがその記述から読みとれる。先に紹介した大工の妻の話でも、貯金がいくらあっても夫がいったん病気や死去、怪我をしてしまうと路頭に迷ってしまうことへの不安がつづられていたが、それは勤勉であることがまるで強迫観念のように心にこびりついて、そうあることが貧困と真逆の世界として目的化されてしまっているかのようである。

近代工業化の労働者をめぐる社会経済の背景には、こうした「通俗道徳の罠」が常にひそんでいたことは留意しておく必要があるだろう（安丸一九九九、松沢二〇一八）。

「貧しさ」論を超えて

たしかに、もう少しポジティブに見方を変えれば、近世以降、世間で描かれた職人のイメージとは「貧しくても明るく力強く前向きに生きる庶民の姿」の代表例とみることもできるかもしれない。しかし、そうした評価をすることもまた「善良でつつましい庶民の姿」という通俗道徳が理想とするステレオタイプをまとったものであり、それを強制するものである。貧しい者が本当にほしいのは豊かさであって、貧しくてもカツカツだったとしてもなんとかなるという生活や、それを是とする世の中ではない。彼ら彼女らは貧しいけれど前向きに生きていたという単純な話ではない。仮にそう見えたとしても、それは前を向いて進んでいかなければ世の中を生きていくことができなかったからである。

これは生活水準というものをどのように考えるのかにも直結する。貧しさというものを当事者がどのように受けてとめているのか、それを見る他者はどのように貧しさを考えているのか、また、どうしてもその評価にかかわらざるをえない賃金史研究はどのように向き合うべきなのか。そこには歴史上の当事者と傍観者による、それぞれの主観的な評価と客観的な評価が複雑にからめこまれているのである。

つまるところ、貧しさや豊かさの歴史を絶対的な尺度で「表象」することはできないのかもしれない。しかし、何らかの基準をもって「計測」することはできる。賃金とはそのための一つの指標である。どのような歴史資料から数的情報を抽出して、それをどのような方法でデータ化し分析したのか、それを理解した上で計測した歴史的経緯を観察することは、いいかえれば、賃金という指標をフィルターとして人びとの生活やその生きていた社会の経済や構造を歴史的にふり返るという作業でもある。歴史というものを考えるとき、それぞれの歴史像や賃金、労働者、経済のイメージがあるだろう。しかし、まずはそれぞれのなかに存在する「あるべき姿」を一度横において、何らかの基準をもうけてフラットに観察してみるのもまた必要な作業なのではないだろうか。そうした定量的な分析を、分析の背景にある歴史的現象——人びとや組織が何を考え、そしてどのように行動していたのか——を定性的に探り、照らし合わせることで、歴史の真実に少しでも近づくことができればと思う。

あとがき

本書の執筆の依頼を受けたのは、日本学術振興会特別研究員PDとして東京大学社会科学研究所にいた二〇一八年の三月だった。吉川弘文館の永田伸さんより、前年に名古屋大学出版会より上梓した『経済成長の日本史』の中で部分的に紹介していた中近世の実質賃金推計について、より長期に、マクロな視点から一般向けに執筆することはできないかとのことだった。数量経済史、しかも超長期の推計という文献歴史学からすれば「極北」と評されるような研究をしている筆者にとっては、日本史学の伝統ある出版社からのお誘いには正直とまどいがあった。しかし、かつて文学部で日本史学を学んだ歴史学徒でもあった身としては、すごく光栄なことであり、純粋にうれしかった。

とはいえ、そこからが長い道のりだった。翌年の二〇一九年春より関西学院大学経済学部に赴任したが、はじめての専任校であったこともあり、日々の講義やゼミ、それらの準備になかなか慣れることができず、そうこうしている内に、年末からのCOVID－19による混乱で、さらに執筆のペースが遅くなってしまった。二〇二一年からは所属する学部の執行部に入り、各種委員など学内業務も増えた。また、仕事や研究プロジェクトのお誘いがあればすべて断らずに引き受ける謎ポリシーをつらぬいていたので、気がつけばオーバーフロー状態になってしまい、ほぼ執筆が止まってしまったような状況だった。結果、刊行までに五年半ほどかかった。このようなダメダメな筆者に、あきらめずこまめに連絡を続けてくださった永田さんには、感謝しかない。校正が始まっても、ああでもない、こうでもないと本文の半分近くに修正や追加の文章を入れ、ほとんどの図表も大幅に作り直すという、まとまりのない作業をしてしまった。根気よく校正を担当していただいた木之内忍さんにも深くお礼を申し上げたい。

本書の執筆にかんして、早島大祐先生（関西学院大学文学部）には、筆者のあぶなっかしい性格を見抜いてか、ことあるごとに声をかけてもらい、いろいろ相談にものっていただいた。高槻泰郎（神戸大学経済経営研究所）、萬代悠（公益財団法人三井文庫）、森本真世（東京大学社会科学研究所）の各氏には、できあがった原稿に対して貴重なコメントをいただいた。内容だけでなく書き方や表現の部分にいたるまで多くのアドバイスをいただけたことは本当にありがたかった。白杉一葉氏（大阪市史料調査会）には古文書の解読を手伝っていただいた。深く感謝したい。

本書のむすびとして、執筆にあたって「あえてそうしたこと」がいくつかあったので、それらを説明したい。数量経済史としての賃金史であり、その立ち位置を明確にすること、現代の我われが直面する賃金と物価をめぐる状況については、極力言及しないようにしたこと、そして、実際に当時の人びとが賃金をどのように感じていたのかを定量的かつ定性的に表現すること、以上の三点である。

本書では、数量経済史としての賃金史について、「メソッド（method）」だけでなく「メソドロジー（methodology）」の意味で読者に理解してもらうように書いた。ここでのメソッドとは、特定の目的を達成するために使用される手法そのもの、すなわち、データベース形成や計量的分析やその手順のことを指す。これらの手法を適切にたどることで、過去の動向やトレンドを解明し、経済現象の理解を深めることができる。これに対して、メソドロジーとは、数量経済史としての手法や歴史的アプローチの体系的な枠組みとその構築のことを指す。つまり、数量分析をするにあたっての基本的概念、データの収集と分析の考え方、理論的な枠組みの検討などが含まれ、そうしたメソドロジーにもとづいて研究は進められる。旅行を例にするなら、メソッドとは旅行先での移動手段を選ぶことや、宿泊施設を予約すること、観光名所を訪れることなど具体的な行動や手続きのことを指し、メソドロジーは、目的地の選定や予算・時間枠の検討とそれにもとづいた旅程を作成すること、つまり旅行者がスムーズに旅をするための計画とその実行のことになる。

たとえば、本書では、いたるところでデータの性質やデータベースの作り方、推計の手順や結果について「くどい」説明をしているが、これは分析結果が改訂の余地を残していることの言い訳として書いているのではない。ましてや、手間のかかる作業だったとか、推計することがいかに難しかったとかを強調したくないし、「大変なことでしたね」とか「努力したのは分かるけど」みたいな感想など言われたくもない。なぜなら、数量経済史においては、そうした作業は反証可能性を担保する上で必要だからである。数字で示された歴史像というものは、どうしても論争的になるため、この手順を怠ることはできない。したがって、そこで示された分析上の限界は、それがなされた段階での限界でしかない。限界はいつかは越えられることを暗示しているのである。

確かに数量的な分析には多くの試行錯誤や困難がともなう。しかし、それはあくまでも技術的な手法、すなわちメソッドの問題でしかない。なぜ推計をする必要があるのか、それを実施するにあたってどのような歴史的事実があり、そこからどのような方法が考えられるのか、結果は他の研究や資料に対してどのように評価できるのか、それを吟味した上で次の議論に進むという、数量的研究におけるメソドロジーの部分まで説明するようにした。はじめて数量経済史に触れる読者や、そうした研究をいぶかしげに思っている読者にも、その根本の部分を理解してもらいたい。それでも、筆者の力量不足や紙幅の都合で説明しきれていない部分が多いのも事実である。それに対する批判は甘んじて受ける。

現代の我われが直面する賃金と物価をめぐる状況に極力言及しないようにしたことについては、物価や賃金、またその先にある生活水準や貧困の問題は、（それが今日的な概念として人びとが認識していなかった時代も含めて）社会がずっと向き合ってきた課題でもあることが念頭にあった。本書を単なる二〇二二―二三年の社会情勢にのみ対応した内容にしたくなかったので、あからさまに現代的意義を問うたり、今日の物価賃金や貧困問題につなげるようなスタイルでは書いていない。そういったことは、筆者がいちいち説明せずとも、実は歴史上の資料や数字がおのずと語っているはずである。結果的には、読み手が現代社会の物価・賃金問題に置きかえて読むことのできる内容にもなってはいるが、そのときその問題関心によって解釈や読後の印象が変わるはずなので、そうした点を意識した。

そして、当時の人びとが賃金や物価をどう感じていたのかを表現することを可能なかぎり試みた。数値ではなく人の体感として考えた場合、長期的にみるのか短期的にみるのかで印象は大きく変わるからである。賃金も上がっていれば、物価の上昇はさほど気にならないかもしれないが、高くなる前の価格は覚えていて、自分の手取りが増えているにもかかかわらず「値段が上がったなあ」としばらくは感じるだろう。しかし、時間が経つとともに上昇した物価は普段の価格として定着してしまう。もちろん、賃金の増減の度合いによっても印象は違う。このような人びとの感覚は、昔も今も変わらないように思うが、実質賃金や物価指数という指標は、歴史上の人びとがもっていた生活の感覚を表象できるのだろうか。逆に、数字を使わずに文献資料の言説のみで、変動し続ける物価や賃金の推移を正しく説明できるのか。だからこそ本書では数字とデータだけでなく文献資料も含めて、定量的に、かつ定性的に、複数の目をもって分析するように努めたが、はたしてその目的は達成できているのだろうか。

正直にいえば、筆者が意図的にやろうとした三つの目的は達成にはまだまだほど遠くて、依然として模索を続けているような状況である。それは数量的な歴史研究を続ける限り、ずっと自分に問い続けていかなければならないものなのだろう。

二〇二三年六月一八日

高島正憲

参考文献

・配列は、〈書籍・論文〉〈資料〉に区分し、〈日本語文献（五十音順）〉〈外国語文献（アルファベット順）〉とした。
・本文における引用ページの表記は、日本語文献からの引用は「XX頁」、外国語文献からの引用は「p. X / pp. XX」とした。
・外国語文献の翻訳書からの引用の場合は、著者名は翻訳書の表記とし、刊行年は「（原著刊行年）／（翻訳書刊行年）」とした。
・資料については、書名の五十音順とした。

〈書籍・論文〉

日本語文献

明石茂生「近世後期経済における貨幣、物価、成長　1725–1856」『経済研究』第四〇巻第一号、一九八九年、四二–五一頁
東潮『邪馬台国の考古学―魏志東夷伝が語る世界』角川選書、二〇一二年
阿部猛編『日本古代人名辞典』東京堂出版、二〇〇九年
飯田泰之『日本史で学ぶ「貨幣と経済」』PHP文庫、二〇一三年

家塚智子「中世社会における職人へのまなざしの変遷：職人歌合を中心に」『職能民へのまなざし』世界人権問題研究センター、二〇一五年、一―三〇頁
井上正夫「東アジア国際通貨と中世日本―宋銭と為替からみた経済史」名古屋大学出版会、二〇二二年
今村啓爾『日本古代貨幣の創出―無文銀銭・富本銭・和銅銭』講談社学術文庫、二〇一五年
岩井克人『貨幣論』ちくま学芸文庫、一九九八年
岩崎佳枝『職人歌合―中世の職人群像』平凡社選書、一九八七年
岩崎佳枝「文学としての『七十一番職人歌合』」岩崎佳枝・網野善彦・高橋喜一・塩村耕校注『新日本古典文学大系61　七十一番職人歌合　新撰狂歌集　古今夷曲集』岩波書店、一九九三年、五六一―五七九頁
岩橋勝「物価と景気変動」西川俊作・尾高煌之助・斎藤修編『日本経済の200年』日本評論社、一九九六年、五五―七五頁
岩橋勝『近世日本物価史の研究：近世米価の構造と変動』大原新生社、一九八一年
宇佐美龍夫『東京地震地図』新潮選書、一九八三年
梅村又次「建築業労働者の実質賃金―1726―1958年」『経済研究』第一二巻第二号、一九六一年、一七二―一七六頁
遠藤元男『日本職人史の研究』Ⅰ～Ⅵ、雄山閣、一九八五年
大林組プロジェクトチーム「現代技術による豊臣期大坂城の復元と積算」『城（季刊大林　No.16）』一九八七年、二―二一七頁

大川一司・野田孜・高松信清・山田三郎・熊崎実・塩野谷祐一・南亮進『長期経済統計8 物価』東洋経済新報社、一九六七年
大河直躬『番匠（ものと人間の文化史5）』法政大学出版局、一九七一年
大蔵省理財局編『金融事項参考書 自明治二十六年一月至明治三十六年三月』大蔵省、一九〇二年
尾高煌之助『職人の世界・工場の世界』リブロポート、一九九三年
小畑弘己「出土銭貨にみる中世九州・沖縄の銭貨流通」『文学部論叢』第五七巻、一九九七年、七五―九九頁
貨幣制度調査会編『貨幣制度調査会報告』貨幣制度調査会、一八九五年
神木哲男『日本中世商品流通史論』有斐閣、一九八〇年
金沢悦男「八・九世紀における銭貨の流通―特に畿外を中心として」虎尾俊哉編『日本古代の法と社会』吉川弘文館、一九九五年
川戸貴史『中近世日本の貨幣流通秩序』勉誠出版、二〇一七年
簡易保険局『物価賃金及賃銀ニ関スル調査、積立金運用資料第十四輯』簡易保険局、一九二七年
北原糸子『地震の社会史―安政大地震と民衆』吉川弘文館、二〇一三年
京都市歴史資料館編『京都町式目集成』京都市歴史資料館、一九九九年
京都大学近世物価史研究会『15〜17世紀における物価変動の研究』読史会、一九六二年
近世史料研究会編『江戸町触集成』第一六巻、塙書房、二〇〇一年
金融研究会編『我国商品相場統計表』金融研究会、一九三七年

グレーバー、デヴィッド著／酒井隆史監訳『負債論―貨幣と暴力の5000年』似文社、二〇一一年／二〇一六年
黒木喬『明暦の大火』講談社現代新書、一九七七年
黒田明伸『貨幣システムの世界史　増補新版〈非対称性〉をよむ』岩波書店、二〇一四年
斎藤修『賃金と労働と生活水準―日本経済史における18-20世紀』岩波書店、一九九八年
斎藤修『比較経済発展論：歴史的アプローチ』岩波書店、二〇〇八年
斎藤修・高島正憲「人口と都市化と就業構造」深尾京司・中村尚史・中林真幸編『岩波講座日本経済の歴史1　中世　11世紀から16世紀後半』岩波書店、二〇一七年、五七-八九頁
斎藤修・高島正憲「中世後期日本の実質賃金―変動と格差」『経済研究』第七一巻第二号、二〇二〇年、一二九-一四三頁
栄原永遠男「都のくらし」直木孝次郎編『古代を考える　奈良』吉川弘文館、一九八五年、七七-一二〇頁
栄原永遠男「平城京住民の生活誌」岸俊男編『日本の古代9　都城の生態』中央公論社、一九八七年、一八七-二六六頁
栄原永遠男『天平の時代（日本の歴史4）』集英社、一九九一年
栄原永遠男「月借銭解に関する基礎的考察」『正倉院紀要』第四〇号、二〇一八年、一九七-二三八頁
桜井英治『日本中世の経済構造』岩波書店、一九九六年
桜井英治「中世の技術と労働」大津透・桜井英治・藤井譲治・吉田裕・李成市編『岩波講座日本歴史

中世4』岩波書店、二〇一五年、二七九－三二四頁
櫻木晋一「出土銭貨からみた中世貨幣流通」鈴木公雄編『貨幣の地域史―中世から近世へ』岩波書店、二〇〇七年、四三－八〇頁
佐藤正広編『近代日本統計史』晃洋書房、二〇二〇年
佐藤正広『数字はつくられた―統計史から読む日本の近代』東京外国語大学出版会、二〇二二年
佐藤常雄・大石慎三郎『貧農史観を見直す（新書・江戸時代3）』講談社現代新書、一九九五年
佐野陽子「建築労働者の実質賃金―1830－1894」『三田学会雑誌』五五巻一一号、一九六二年、一〇〇九－一〇三五頁
鎮目雅人「歴史からみた現代貨幣理論の適用可能性」『金融経済研究』第44号、二〇二二年、一一五－一二九頁
渋沢青淵記念財団龍門社編『渋沢栄一伝記資料』第一七巻、渋沢栄一伝記資料刊行会、一九五七年
清水克行『室町時代は今日もハードボイルド―日本中世のアナーキーな世界』新潮社、二〇二一年
下房俊一「注解『七十一番職人歌合』稿（一）」『島根大学法文学部紀要文学科編』第九巻第一号、一九八六年、五七－九二頁
高木久史「信用貨幣の生成と展開」鎮目雅人編『16世紀日本における貨幣の発行と流通』慶應義塾大学出版会、二〇二〇年、四三－七六頁
高島正憲『経済成長の日本史―古代から近世の超長GDP推計 730－1874』名古屋大学出版会、二〇一七年

高島正憲「奈良時代における収入格差について」『経済研究』第七一巻一号、二〇二〇年、六三-八二頁
高島正憲「都市人口の超長期変動―推計と分析」日本人口学会研究企画委員会編『日本人口学会報告書　歴史人口学の課題と展望』日本人口学会、二〇二二年、一四三-一五一頁
高島正憲・深尾京司・今村直樹「徳川時代におけるマクロ経済の概観」、ISS Discussion Paper Series J-224、二〇一七年a、東京大学
高島正憲・深尾京司・今村直樹「序章　成長とマクロ経済」深尾京司・中村尚史・中林真幸編『岩波講座日本経済の歴史2　近世　16世紀末から19世紀前半』岩波書店、二〇一七年b、一-一二頁、五〇-五三頁
高島正憲・深尾京司・西谷正浩「序章　成長とマクロ経済」深尾京司・中村尚史・中林真幸編『岩波講座日本経済の歴史1　中世　11世紀から16世紀後半』岩波書店、二〇一七年、一-一三頁、四九-五二頁
高槻泰郎『大坂堂島米市場―江戸幕府 vs 市場経済』講談社現新書、二〇一八年
高槻泰郎『近世米市場の形成と展開―幕府司法と堂島米会所の発展』名古屋大学出版会、二〇一二年
竹内理三・山田英雄・平野邦雄編『日本古代人名辞典』第一-七巻、吉川弘文館、一九五八-一九七七年
谷直樹『中井家大工支配の研究』思文閣出版、一九九二年
坪井清足『よみがえる平城京―天平の生活白書』日本放送出版協会、一九八〇年
東野治之『貨幣の日本史』朝日選書、一九九七年
友部謙一『前工業化期日本の農家経済―主体均衡と市場経済』有斐閣、二〇〇七年

虎尾達哉『古代日本の官僚―天皇に仕えた怠惰な面々』中公新書、二〇二一年
中島圭一「中世的生産・流通の回転」中島圭一編『十四世紀の歴史学―新たな時代への起点』高志書院、二〇一六年、三五一―三七二頁
中林真幸『近代資本主義の組織―製糸業の発展における取引の統治と生産の構造』東京大学出版会、二〇〇三年
中部よし子「中世後期の畿内都市の職人―奈良を中心として」永原慶二・所理喜夫編『戦国期職人の系譜　杉山博博士追悼論集』角川書店、一九八九年、二二九―二五〇頁
中村隆英『戦前期日本経済成長の分析』岩波書店、一九七一年
中村博司『大坂城全史―歴史と構造の謎を解く』ちくま新書、二〇一八年
奈良国立博物館編『平成七年正倉院展目録』奈良国立博物館、一九九五年
奈良国立博物館編『第六十八回「正倉院展」目録』奈良国立博物館、二〇一六年
奈良国立博物館編『第七十回「正倉院展」目録』奈良国立博物館、二〇一八年
西川俊作『日本経済の成長史』東洋経済新報社、一九八五年
西山松之助編『江戸町人の研究』第五巻、吉川弘文館、一九七八年
日本銀行調査局編『図録日本の貨幣1　原始・古代・中世』東洋経済新報社、一九七二年
バッシーノ、J.-P.・馬　徳斌・斎藤修「実質賃金の歴史的水準比較―中国・日本・南欧、1700-1920年」『経済研究』第五六巻第四号、二〇〇五年、三四八―三六九頁
林まゆみ「中世民衆社会における被差別民と造園職能の発展過程」『ランドスケープ研究』第五八巻第

五号、一九九五年、一七―二〇頁
早島大祐『首都の経済と室町幕府』吉川弘文館、二〇〇六年
速水融『歴史人口学の世界』岩波現代文庫、二〇一二年
速水融・宮本又郎「概説17―18世紀」速水融・宮本又郎編『日本経済史1　経済社会の成立』岩波書店、一九八八年、一―八四頁
原田伴彦『中世における都市の研究』大日本雄弁会講談社、一九四二年
平野哲也『江戸時代村社会の存立構造』御茶の水書房、二〇〇四年
深尾京司・攝津斉彦「成長とマクロ経済」深尾京司・中村尚史・中林真幸編『岩波講座日本経済の歴史3　近代1　19世紀後半から第一次世界大戦前（1913）』岩波書店、二〇一七年、一―二二頁
深尾京司・斎藤修・高島正憲・今村直樹「生産・物価・所得の推定」、深尾京司・中村尚史・中林真幸編『岩波講座日本経済の歴史2　近世　16世紀末から19世紀前半』岩波書店、二〇一七年、二八三―三〇〇頁
古川顕『貨幣論の革新者たち―貨幣と信用の理論と歴史』ナカニシヤ出版、二〇二〇年
牧原憲夫『文明国をめざして（全集　日本の歴史13）』小学館、二〇〇八年
松沢裕作『生きづらい明治社会―不安と競争の時代』岩波ジュニア新書、二〇一八年
松村恵司「北陸道の和同開珎：畿外の銭貨流通をめぐって」須田勉編『日本古代考古学論集』同成社、二〇一六年、四六四―四八二頁
水島司・島田竜登『グローバル経済史』放送大学教育振興会、二〇一八年

水鳥川和夫「中世畿内における使用升の容積と標準升」『社会経済史学』第七五巻第六号、二〇一〇年、五八五-六〇六頁
水鳥川和夫「中世西日本における使用升の容積と標準升」『社会経済史学』第七六巻第四号、二〇一一年、五二五-五四五頁
水鳥川和夫「中世東日本における使用升の容積と標準升」『社会経済史学』第七八巻第一号、二〇一二年、九九-一〇八頁
三井文庫編『増補改訂・近世後期における主要物価の動態』東京大学出版会、一九八九年
光田憲雄『江戸の大道芸人―庶民社会の共生』つくばね舎、二〇〇九年
三舟隆之・馬場基編『古代の食を再現する―みえてきた食事と生活習慣病』吉川弘文館、二〇二一年
宮川久美「正倉院文書の訓読と注釈　月借銭解編　第一分冊」『奈良佐保短期大学紀要』第一八号、二〇一〇年、一-三二頁
宮川久美「正倉院文書の訓読と注釈　月借銭解編　第六分冊」『奈良佐保短期大学紀要』第二三号、二〇一五年、一-四七頁
宮崎市定『五代宋初の通貨問題』星野書店、一九四三年
宮本又次・大阪大学近世物価史研究会編『近世大阪の物価と利子（日本近世物価史研究3）』創文社、一九六三年
モース、マルセル著／吉田禎吾・江川純一訳『贈与論』ちくま学芸文庫、一九二五年／二〇〇九年
百瀬今朝雄「室町時代における米価表：東寺関係の場合」『史学雑誌』第六六巻第一号、一九五九年、

五八―七〇頁
森克己著・新編森克己著作集編集委員会編『続々日宋貿易の研究（新編森克己著作集第3巻）』勉誠出版、二〇〇九年
労働運動史料委員会編『日本労働運動史料　第十巻　統計篇』労働運動史料刊行委員会、一九五九年
脇田晴子『日本中世被差別民の研究』岩波書店、二〇〇二年
安場保吉「産業革命の時代の日本の実質賃金―比較経済史的アプローチ」『社会経済史学』第七一巻第一号、二〇〇五年、四九―六〇頁
安丸良夫『日本の近代化と民衆思想』平凡社ライブラリー、一九九九年
渡邊保忠著・渡邊保忠先生著作刊行委員会編『日本建築生産組織に関する研究　1959』明現社

外国語文献

Allen, R. C.（2001）“The Great Divergence in European Wages and Prices from the Middle Ages to the First World War,” *Explorations in Economic History*, 38(4), pp. 411–417.
Bassino, J.-P. and D. Ma（2005）Japanese Unskilled Wages in International Perspective, Research in Economic History, 23, pp.229–248.
Bassino, J.-P., K. Fukao, and M. Takashima（2010）“Grain Wages of Carpenters and Skill Premium in Kyoto, c. 1240–1600: A Comparison with Florence, London, Constantinople-Istanbul and Cairo,” paper presented at Economic History Society Conference, Durham, UK, 28 March 2010, mimeo.
Bassino, J.-P. and M. Takashima “A First Escape from Poverty in Late Medieval Japan: Evidence from

Urban Real Wages (1400-1914)", paper presented at Summer Workshop on Economic Theory (SWET) 2019. (小樽経済センター、二〇一九年八月十日), mimeo.

Farris, W. W. (2006) *Japan's Medieval Population: Famine, Fertility, And Warfare in a Transformative Age*, Honolulu: University of Hawai'i Press.

Farris, W. W. (2009) *Daily Life and Demographics in Ancient Japan*, Ann Arbor: The University of Michigan.

Kumon, Y. (2021) "The Labor Intensive Path: Wages, Incomes and the Work Year in Japan, 1610-1890", *Journal of Economic History*, 82(2), pp. 368–402.

Nakabayashi, M., K. Fukao, M. Takashima and N. Nakamura (2020) "Property systems and economic growth in Japan, 730-1874," Social Science Japan Journal, 23(2), pp. 147–184.

Saito, O. (2015). 'Climate, famine, and population in Japanese history: a long-term perspective', in B. L. Batten, and P. C. Brown eds., Environment and society in the Japanese Islands, Corvallis: Oregon State University Press, pp. 213–229.

Smith, T. C. (1988) Native sources of Japanese industrialization, 1750–1920, Berkeley: University of California Press, 1988／スミス、トマス・C著／大島真理夫訳『日本社会史における伝統と創造：工業化の内在的諸要因 1750－1920年　増補版』ミネルヴァ書房、二〇〇二年

Takashima, M. (2022) "Carpenter's wage in 17th century Japan: Basic data, issues and findings," paper presented at the 143rd Osaka Workshop on Economics of Institutions and Organizations (OEIO),

Osaka University, Japan, 15 April 2022, mimeo.

〈資　料〉

『吾妻余波』（岡本経朝『古今百風吾妻余波』森戸錫太郎、一八八五年）
「安政二乙卯十月二日　江戸大地震」（鈴木棠三・小池章太郎編『藤岡屋日記』15、三一書房、一九九五年）
『イエズス会士日本年報』（村上直次郎訳／柳谷夫編『イエズス会士日本年報　上・下（新異国叢書3・4）』雄松堂書店、一九六九年）
『伊藤万喜書簡集』（妻鹿淳子編『美作小林家文書　伊東万喜書簡集：江戸から実家への手紙』清文堂、二〇一三年）
『永禄記』（神宮司庁編『神宮遷宮記』4、表現社、一九三二年）
『江戸参府旅行日記』（呉秀三訳注『ケンプェル江戸参府紀行上巻（異国叢書第六巻）』駿南社、一九二八年、斎藤信訳『江戸参府旅行日記（東洋文庫303）』平凡社、一九七七年）
『燕石雑志』（日本随筆大成編輯部編『日本随筆大成』第一期19、吉川弘文館、一九九五年）
『玉葉』（国書刊行会校注『玉葉　第二』国書刊行会、一九六九年）
『高野山文書』（東京大学史料編纂所編『大日本古文書　家わけ第一（高野山文書之二）』東京大学出版会、一九五二年）
『古今和歌集』（小島憲之・新井栄蔵校注『古今和歌集（新日本古典文学大系5）』岩波書店、一九八九

年）
『骨董集』（国民図書株式会社編『日本随筆全集　第十三巻』、一九二八年、日本随筆大成編輯部編『日本随筆大成』第一期15、吉川弘文館、一九九五年）
『西鶴織留』（新編西鶴全集編集委員会編『新編西鶴全集』第四巻・本文篇、勉誠出版、二〇〇四年）
『三十二番職人歌合』（塙保己一編『群書類従　第二十八輯』続群書類従完成会、一九五九年）
『七十一番職人歌合』（岩崎佳枝・網野善彦・高橋喜一・塩村耕校注『七十一番職人歌合（新日本古典文学大系61）』岩波書店、一九九三年）
『続日本紀』（木和夫・稲岡耕二・笹山春生・白藤禮幸校注『続日本紀一–五（新日本古典文学大系12–16）』岩波書店、一九八九–一九九八年）
『職工事情』（農商務省商工局編／大河内一男解説『職工事情（生活古典叢書4）』光生館、一九七一年）
『大日本古文書』（東京大学史料編纂所編『正倉院編年文書一–二五（大日本古文書）』東京大学出版会、一九九八年）
『只今御笑草』（日本随筆大成編輯部編『日本随筆大成』第二期20、吉川弘文館、二〇〇九年）
『東大寺要録』（筒井英俊編『東大寺要録（全）』国書刊行会、一九四四年）
『東都歳時記』（長谷章久監修『東海道名所図会　下巻・東都歳時記　全（日本名所図会全集6）』名著普及会、一九七五年）
『土佐日記』（長谷川政春・今西祐一郎・伊藤博・吉岡曠校注『土佐日記・蜻蛉日記・紫式部日記・更級日記（新日本古典文学大系24）』岩波書店、一九八九年）

『日葡辞書』（土井忠生・森田武・長南実編訳『邦訳日葡辞書』岩波書店、一九八〇年）
『日本紀略』（黒板勝美・国史大系編修会編『日本紀略：後編・百錬抄（新訂増補 国史大系11 新装版）』NetLibrary、二〇一一年）
『日本書紀』（黒板勝美・国史大系編修会編『日本書紀：上・下（新訂増補 国史大系1・2 新装版）』NetLibrary、二〇一一年）
『日本帝国統計年鑑』（一橋大学経済研究所 人文学・社会科学データインフラストラクチャー構築推進事業「公開統計テキストデータベース」、https://d-infra.ier.hit-u.ac.jp/Japanese/）
『日本之下層社会』（横山源之助著／立花雄一解説『日本の下層社会』岩波文庫、一九四九年）
『兵庫北関入船納帳』（林屋辰三郎編『兵庫北関入船納帳』中央公論美術出版、一九八一年）
『フロイス日本史』（松田毅一・川崎桃太訳『完訳フロイス日本史』中公文庫、二〇〇〇年）
『文政年間漫録』（三田村鳶魚校訂『未刊随筆百種 第二』米山堂、一九二七年）
『平安遺文』（竹内理三編『平安遺文：古文書編 新続補遺』東京堂出版、一九六四―一九七六年）
『街の姿』（太平書屋編『街の姿：晴風翁物売物貰図譜 江戸篇』太平書屋、一九八三年）
『視聴草』（史籍研究会編『視聴草（内閣文庫所蔵史籍叢刊 特巻第二）』汲古書院、一九八四―一九八六年）
『守貞謾稿』（宇佐美英機校訂『近世風俗志（守貞謾稿）』岩波文庫、一九九六年）

〈その他〉

古今亭志ん朝『志ん朝復活：色は匂へと散りぬるを ぬ「高田馬場」「甲府い」』ソニー・ミュージックジャパンインターナショナル（音楽ＣＤ）、二〇〇二年

総務庁統計局監修『日本長期統計総覧（明治元年から昭和60年）』日本統計協会（データＣＤ）、一九九九年

連続テレビ小説おしん（https://www6.nhk.or.jp/drama/pastprog/detail.html?i=asadora31）閲覧日：二〇二三年三月二三日

著者紹介

一九七四年、大阪府に生まれる
一九九七年、立命館大学文学部史学科卒業
二〇一四年、一橋大学大学院経済学研究科博士課程単位取得退学
日本銀行金融研究所アーキビスト、一橋大学経済研究所研究員、日本学術振興会特別研究員PDなどを経て、
現在、関西学院大学経済学部准教授、博士（経済学）

〔主要著書・論文〕

『経済成長の日本史』（名古屋大学出版会、二〇一七年）
『岩波講座日本経済の歴史』一・二（共著、岩波書店、二〇一七年）
Japan and the Great Divergence 730-1874 (co-authored, *Explorations in Economic History*, 72, 2019)

歴史文化ライブラリー
575

賃金の日本史
仕事と暮らしの一五〇〇年

二〇二三年（令和五）九月一日 第一刷発行
二〇二四年（令和六）五月二十日 第四刷発行

著者 高《たか》島《しま》正《まさ》憲《のり》
発行者 吉川道郎
発行所 会社《株式》吉川弘文館
東京都文京区本郷七丁目二番八号
郵便番号一一三—〇〇三三
電話〇三—三八一三—九一五一〈代表〉
振替口座〇〇一〇〇—五—二四四
https://www.yoshikawa-k.co.jp/
印刷＝株式会社 平文社
製本＝ナショナル製本協同組合
装幀＝清水良洋・宮崎萌美

ISBN978-4-642-05975-6

歴史文化ライブラリー

1996.10

刊行のことば

現今の日本および国際社会は、さまざまな面で大変動の時代を迎えておりますが、近づきつつある二十一世紀は人類史の到達点として、物質的な繁栄のみならず文化や自然・社会環境を謳歌できる平和な社会でなければなりません。しかしながら高度成長・技術革新にともなう急激な変貌は「自己本位な刹那主義」の風潮を生みだし、先人が築いてきた歴史や文化に学ぶ余裕もなく、いまだ明るい人類の将来が展望できていないようにも見えます。このような状況を踏まえ、よりよい二十一世紀社会を築くために、人類誕生から現在に至る「人類の遺産・教訓」としてのあらゆる分野の歴史と文化を「歴史文化ライブラリー」として刊行することといたしました。

小社は、安政四年（一八五七）の創業以来、一貫して歴史学を中心とした専門出版社として書籍を刊行しつづけてまいりました。その経験を生かし、学問成果にもとづいた本叢書を刊行し社会的要請に応えて行きたいと考えております。

現代は、マスメディアが発達した高度情報化社会といわれますが、私どもはあくまでも活字を主体とした出版こそ、ものの本質を考える基礎と信じ、本叢書をとおして社会に訴えてまいりたいと思います。これから生まれでる一冊一冊が、それぞれの読者を知的冒険の旅へと誘い、希望に満ちた人類の未来を構築する糧となれば幸いです。

吉川弘文館

歴史文化ライブラリー

文化史・誌

山寺立石寺 霊場の歴史と信仰 —— 山口博之
神になった武士 平将門から西郷隆盛まで —— 高野信治
跋扈する怨霊 祟りと鎮魂の日本史 —— 山田雄司
将門伝説の歴史 —— 樋口州男
殺生と往生のあいだ 中世仏教と民衆生活 —— 苅米一志
浦島太郎の日本史 —— 三舟隆之
おみくじの歴史 神仏のお告げはなぜ詩歌なのか —— 平野多恵
〈ものまね〉の歴史 仏教・笑い・芸能 —— 石井公成
スポーツの日本史 遊戯・芸能・武術 —— 谷釜尋徳
戒名のはなし —— 藤井正雄
墓と葬送のゆくえ —— 森 謙二
運 慶 その人と芸術 —— 副島弘道
ほとけを造った人びと 止利仏師から運慶・快慶まで —— 根立研介
祇園祭 祝祭の京都 —— 川嶋將生
洛中洛外図屏風 つくられた〈京都〉を読み解く —— 小島道裕
化粧の日本史 美意識の移りかわり —— 山村博美
乱舞の中世 白拍子・乱拍子・猿楽 —— 沖本幸子
神社の本殿 建築にみる神の空間 —— 三浦正幸
古建築を復元する 過去と現在の架け橋 —— 海野 聡
生きつづける民家 保存と再生の建築史 —— 中村琢巳
大工道具の文明史 日本・中国・ヨーロッパの建築技術 —— 渡邉 晶
苗字と名前の歴史 —— 坂田 聡
日本人の姓・苗字・名前 人名に刻まれた歴史 —— 大藤 修
日本料理の歴史 —— 熊倉功夫
日本の味 醤油の歴史 —— 林 玲子・天野雅敏編
中世の喫茶文化 儀礼の茶から「茶の湯」へ —— 橋本素子
香道の文化史 —— 本間洋子
天皇の音楽史 古代・中世の帝王学 —— 豊永聡美
話し言葉の日本史 —— 野村剛史
ガラスの来た道 古代ユーラシアをつなぐ輝き —— 小寺智津子
たたら製鉄の歴史 —— 角田徳幸
金属が語る日本史 銭貨・日本刀・鉄炮 —— 齋藤 努
名物刀剣 武器・美・権威 —— 酒井元樹
賃金の日本史 仕事と暮らしの一五〇〇年 —— 高島正憲
書物と権力 中世文化の政治学 —— 前田雅之
気候適応の日本史 人新世をのりこえる視点 —— 中塚 武
災害復興の日本史 —— 安田政彦

民俗学・人類学

古代ゲノムから見たサピエンス史 —— 太田博樹

歴史文化ライブラリー

日本人の誕生 人類はるかなる旅——埴原和郎
倭人への道 人骨の謎を追って——中橋孝博
役行者と修験道の歴史——宮家 準
幽霊 近世都市が生み出した化物——髙岡弘幸
遠野物語と柳田國男 日本人のルーツをさぐる——新谷尚紀

考古学

タネをまく縄文人 最新科学が覆す農耕の起源——小畑弘己
イヌと縄文人 狩猟の相棒、神へのイケニエ——小宮 孟
顔の考古学 異形の精神史——設楽博己
〈新〉弥生時代 五〇〇年早かった水田稲作——藤尾慎一郎
弥生人はどこから来たのか 最新科学が解明する先史日本——藤尾慎一郎
文明に抗した弥生の人びと——寺前直人
樹木と暮らす古代人 木製品が語る弥生・古墳時代——樋上 昇
アクセサリーの考古学 倭と古代朝鮮の交渉史——高田貫太
古 墳——土生田純之
古墳を築く——一瀬和夫
東国から読み解く古墳時代——若狭 徹
東京の古墳を探る——松崎元樹
埋葬からみた古墳時代 女性・親族・王権——清家 章
鏡の古墳時代——下垣仁志
神と死者の考古学 古代のまつりと信仰——笹生 衛
土木技術の古代史——青木 敬
大極殿の誕生 古代天皇の象徴に迫る——重見 泰
国分寺の誕生 古代日本の国家プロジェクト——須田 勉
東大寺の考古学 よみがえる天平の大伽藍——鶴見泰寿
海底に眠る蒙古襲来 水中考古学の挑戦——池田榮史
中世かわらけ物語 もっとも身近な日用品の考古学——中井淳史
ものがたる近世琉球 喫煙・園芸・豚飼育の考古学——石井龍太

各冊一七〇〇円〜二一〇〇円（いずれも税別）
▽残部僅少の書目も掲載してあります。品切の節はご容赦下さい。
▽書目の一部は電子書籍、オンデマンド版もございます。詳しくは出版図書目録、または小社ホームページをご覧下さい。